Trésors du temps

Niveau Avancé

Yvone Lenard
California State College, Dominguez Hills

"Voyage en France" color photography by Wayne Rowe

1817 Harper & Row, Publishers
New York
Evanston
San Francisco
London

The tapestry pictured on the front cover was
designed by Michel Tourlière. The tapestry was
woven in the Suzanne Goubely-Gatien atelier
in Aubusson, France.

8485RRD98765

Acknowledgments:

Quoted Material

Page 24: "Les Druides ne vont généralement pas à la guerre . . ." Adapté du *De bello Gallico* par Julius Caesar. Paris: Librairie Ch. Delagrave./ **Page 25:** "Vercingétorix, fils de Celtil . . ."Adapté du *De bello Gallico* par Julius Caesar. Paris: Librairie Ch. Delagrave./ **Pages 26-27:** D'*Une aventure d'Astérix: le bouclier arverne* par Goscinny. Publié avec l'autorisation spéciale de Goscinny et Uderzo. Nevilly-sur-Seine: Dargaud Editeur,©édition 1968./ **Pages 44-45:** "Alors Roland sent que la mort vient . . ." Adapté de *La chanson de Roland* traduite par Joseph Bédier. Paris: H. Piazza, 1922./ **Page 45:** "L'empereur . . ."Adapté de *La chanson de Roland* traduite par Joseph Bédier. Paris: H. Piazza, 1922./ **Pages 64-70:** "La farce du cuvier." Adapté de la *Bibliotheca romanica*, anonyme. Strasbourg: J. H. Ed. Heitz, imprimeur-éditeur./ **Page 71:** "Le printemps." Adapté de *Charles d'Orléans et la poésie aristocratique*, quatrième volume des *Anciens de la bibliothèque du bibliophile*. Lyon: Chez Henri Lardauchet./ **Pages 88-89:** "La naissance de Pantagruel." Adapté de *Pantagruel*, Chap. III, par François Rabelais. Paris: Librairie Droz, 1946./ **Pages 89-90:** "Le jugement de Jehan le Fou." Adapté de *Le tiers livre*, chap. XXXVII, par François Rabelais. Genève: Librairie Droz, 1964./ **Pages 90-91:** "Contre le colonialisme. "Adapté des *Essais*, livre III, chap. VI, par Michel de Montaigne. Paris: Nelson, Editeurs./ **Page 91:** "Heureux qui comme Ulysse." Adapté des *Oeuvres choisies de Joachim du Bellay*, L. Becq de Fouquières. Paris: Charpentier et Cie, Libraires-Editeurs, 1876./ **Pages 106-109:** "Le bourgeois gentilhomme: la leçon de philosophie." Adapté des *Oeuvres complètes de Molière*, M. Felix Lemaistre. Paris: Garnier Frères, Libraires-Editeurs./ **Pages 110-111:** Deux lettres de Madame de Sévigné. Adapté des *Lettres de Mme de Sévigné* par Suard. Paris: Firmin-Didot et Cie, imprimeurs-éditeurs./ **Pages 112-113:** Trois fables de la Fontaine. Adapté des *Oeuvres complètes de La Fontaine*, tome I, Ch. Marty-Laveaux. Paris: Paul Daffis, Editeur, 1863./ **Pages 162-163:** "Soudain, une terrible tempête commença." Adapté de *Candide ou l'optimisme* par François-Marie Voltaire, traduite de l' allemand par M. le Dr. Ralph. Paris: Editions de la Pléiade, 1930./ **Page 164:** " Le masque de fer."Adapté de *Siècle de Louis XIV* par François-Marie Voltaire. Paris: Librairie Firmin Didot Frères, 1847/ **Page 165:** "Le ruban volé." Adapté de *Les confessions* par Jean-Jacques Rousseau. Paris: Edition Garnier Frères, ©1964./ **Pages 165-167:** "Emile."Adapté de *Emile ou de l'éducation*, livres II et V par Jean-Jacques Rousseau. Paris: Librairie de Firmin-Didot Frères, Fils & Cie, 1874./ **Page 186:** "Misère dans la campagne de France sous Louis XVI." Adapté de *Voyages en France pendant les années 1787, 1788, 1789* par Arthur Young. Paris: Guillaumin et Cie, Libraires, 1882./ **Page 187:** "Mme Vigée-Lebrun parle de Marie-Antoinette." Adapté des *Souvenirs de Madame Vigée le Brun*, tome premier. Paris: Charpentier et Cie, Libraires Editeurs, 1869./ **Page 188:**"Le 14 juillet 1789: faut-il exécuter ou féliciter cet officier?" Adapté de *Revue rétrospective ou bibliothèque historique*, tome IV. Paris: A l'imprimerie de H. Fournier Aîné, 1834./ **Pages 206-207:** "A Paris, sous la Terreur." Adapté de *Histoire de la révolution* par deux amis de la liberté./ **Pages 207-208:** "L'exécution de Louis XVI." Adapté du *Journal de ce qui s'est passé à la Tour du Temple, pendant la captivité de Louis XVI, roi de France* par M. Cléry. London: L'imprimerie de Baylis, 1798./ **Pages 228-229:** "Le retour de Russie." De *Les châtiments* par Victor Hugo. Paris: Nelson Editeurs, 1957./ **Pages 229-230:** "Les soirées à Combourg." Adapté de *Mémoires d'outre-tombe*, tome I, ch. III, extrait des *Oeuvres choisies de Chateaubriand* par Ch. Florisoone. Paris: Librairie Hatier./ **Pages 230-231:** "Le lac." Abrégé de *Premières méditations poétiques*, par A. de Lamartine. Paris: Librairie Hachette, 1924./ **Pages 254-255:** "Demain, dès l'aube . . ." De *Les contemplations*, livre IV, XIV, par Victor Hugo. Paris: Editions Garnier Frères, ©1962./ **Pages 255-256:** "Après la bataille." De *La légende des siècles* par Victor Hugo. Paris: Editions Gallimard,©1950./ **Pages 256-258:** "A quoi rêvent les jeunes filles." De *A selection from the Poetry and Comedies of Alfred de Musset*, Act I, Scene I, edited by Oscar Kuhns. Boston: Ginn and Company, copyright 1895./ **Pages 259-261:** " La parure." Abrégé et adapté de *Boule de suif: Oeuvres complètes illustrées de Guy de Maupassant*. Paris: Société d'Editions Littéraires et Artistiques, 1902./ **Page 262:** "Il pleure dans mon cœur" et "La lune blanche." De *Romances sans paroles* de *Poésies complètes de Paul Verlaine*. Argenteuil: Editions de la Banderole, 1923./ **Pages 282-284:** "Knock, ou le triomphe de la médecine." Abrégé de *Knock, ou le triomphe de la médecine* par Jules Romains. Paris: Editions Gallimard, Copyright 1924./ **Page 285:** "Batterie." De *Poésie, 1916-1923* par Jean Cocteau. Paris: Librairie Gallimard, copyright 1925./ **Pages 286-288:** "Le mur." Abrégé de *Le mur* par Jean-Paul Sartre. Paris: Editions Gallimard, copyright 1939./ **Pages 288-289:** "Je chante" par Charles Trenet, copyright 1937 by Vianelly, ed. De *Les grandes étapes de la civilisation française* par Jean Thoraval, Colette Pellerin, Monique Lambert, et Jean le Solleuz. Paris: Bordas, ©1967.

Graphic Material

Air France 281 top/ **Alinari-Scala** 18/ **Archives Nationale**, Paris, photo Giraudon 63 left/ **Archives Photographique**, Paris, facing title page-bottom left; 5 top, center left, bottom right/ with special permission from the **City of Bayeux**, photo Giraudon 42-43/ **Bibliothèque Municipale**, Cambrai 22 left/ **Bibliothèque Nationale**, Service Photographique, Paris 19 left; 21 top left; 22; 40; 41 right; 59, 60 right; 62; 63 right; 83; 84 right; 103 right, 159 bottom right; 160 left; 178; 200; 203 top left, photos from Giraudon; 205, photo from Giraudon; 227 left/ **Trustees of the British Museum**, 60 bottom left; 161 right; 202; 223 top right/ **Anne S. K. Brown Military Collection**, Providence, Rhode Island 224 top/ **Cabinet des dessins du Louvre**, in deposit at Versailles, photo Giraudon 184/ **Château de Compiègne**, photo Giraudon 247 left; 248 top/ **Dumbarton Oaks Collection**, Washington D.C. 19 right/ **Editorial Photocolor Archives**, Inc. 1/ Courtesy of the **Fogg Art Museum**, Harvard University, Bequest-Collection of Maurice Wertheim, James K. Ufford, Photographer 250/ **French Cultural Services** 86 left; 182 top left/ **French Government Tourist Office** facing title page-top left, top right, bottom left; 4; 5 bottom left; 20; 21 top right; bottom; 61; 85; 247 bottom/ **The French Line** 281 center/ **Collection Hanfstaengl**, London, Wallace Collection, photo Giraudon 159 top right/ **Historical Pictures Service**, Chicago 87 right; 251 left/ **L'Illustration**, Paris 275 left/ **Kunsthistorisches Museum**, Vienna 84 top left/ **Mansell Collection**, London, photo Bulloz 204 right/ **The Metropolitan Museum of Art**, New York 22 right, Purchase, 1925; 181 left, The Michael Friedsam Collection, 1931/ **Musée de l'Armée**, Paris 226, Service Photographique; 247 left, Photo Bulloz/ **Musée de Beaux Arts**, Grenoble, photo Lauros-Giraudon 87 left/ **Musée Carnavalet**, Paris 182 center, right, Collections Liesville, photo Bulloz; 203 bottom, photo Giraudon; 204 left, photo Bulloz/ **Musée de Cluny**, Paris, photo Bulloz 84 bottom left/ **Musée Condé**, Chantilly, photo Giraudon 58; 156; 248 bottom/ **Musée de la Légion D'Honneur**, Paris, photo Lauros-Giraudon 220/ **Musée du Louvre**, Paris, photo Giraudon facing title page-center left; 41 left; 101 left, right; 103 left; 157 center; 158-159; 179 center; 222; 224-225 bottom/ **Musée National de Malmaison**, Paris 221, Cliché Laverton; 223 left, photo Giraudon/ **Musée National de Versailles**, photo Giraudon 100; 105 bottom; 159 top right; 182 right; 183 left; 246 left/ **Cliché des Musées Nationaux**, Paris facing title page-center left; 82; 101 center; 105 top; 157 left, right; 160 top; 179 left, right; 223 bottom right/ **Cabinet des Estampes**, Musées de Strasbourg 224 bottom/ Courtesy of **The Newberry Library**, Chicago 102; 160 right; 161 left; 244; 245; 246 right; 253 top right/ Prints Division, **The New York Public Library**, Astor Lenox and Tilden Foundations 181 right/ Courtesy of **Northwestern University Library**, Evanston 253 except top right/ **Osterreichische National bibliothek**, Vienna 227 right/ **Public Archives of Canada** 180 top right/ **Radio Times Hulton Picture Library**, London 203 top right; 204 center; 275 right/ **Renault**, Inc. 281 bottom/ **Jean Roubier** 60 top left/ **Städtisches Museum**, Weisbaden 19 center/ Engraving by **Edmond Texier** from *Tableau de Paris*, Paris, 1852 251 right/ **Trinity Church**, Saint John, New Brunswick 180 top left/ **Ullstein Bilderdienst**, Berlin 86 right/ **Underwood & Underwood** 277/ **United Press International** 274; 276 right; 277 bottom; 278 left, right/ **United States Army** 278 top/ **Wide World Photos** 276 left

Table des matières

Préface

This book is entitled **Trésors du temps**. What are those "treasures of time"? They are all the treasures that the past has left us: great monuments, important ideas, memorable events (both happy and tragic), beautiful literature and poetry which survive intact the centuries. These treasures of the past form the background of our daily lives, and they are the fabric from which our present-day culture is made.

The blending of past and present is nowhere more vivid and important than in today's France. There, the ultramodern springs right by the side of the very old, without disrupting the harmony. Paris is proud of its medieval cathedral and of its contemporary highrise towers. The city of Chinon points to both the ruins of the castle made famous by Joan of Arc and to the nuclear plant of Avoine, one of the most famous in the world.

In this book, you will travel in time. **Un peu d'histoire** will introduce you to the highlights of French history and civilization. **Vie et littérature** will offer selections from the greatest writers associated with each period. These selections have been chosen from among those which have still today the same interest that they had in their time. **Perfectionnez votre grammaire** will help you review and improve your expression in French. Finally, in the section **Bavardez avec les Français** you will have ample chance to practice the informal conversation style in the context of today's culture.

We hope that you will take special pleasure in the color section, **Voyage en France**. The photographs were chosen to illustrate, precisely, the idea that the beauty and vitality of today's France is enriched by the "treasures of time." Step through these pictures into the reality of French life and culture.

Je vous souhaite beaucoup de plaisir et de succès avec ce livre.

Yvone Lenard

Self-Pacing Instruction, and Self-Pacing Objectives for Trésors du temps

What is self-pacing, or individualized, instruction?
It is a system under which the student, and not the instructor, sets his or her own pace of instruction.

There are no "surprise" quizzes, no unexpected examination questions. You know all the time exactly how you are going to be tested and what you are working for.

Self-paced instruction is failure-proof: If you do not fulfill the assigned objectives, you simply go back and work over them some more. It will slow you down, but you will not have "flunked" a whole test, involving several lessons.

More responsibility is placed on you, the student, and therefore you will encounter a greater challenge.

You will be competing only with yourself. This method of instruction eliminates competition between students. Your only competition is yourself: You will be showing how well you can do, on amounts of materials determined by you, and at dates selected by you, all under the guidance, of course, of your instructor.

How does this self-pacing instruction work?

Very simply. Once your teacher has agreed that you may proceed at your own pace, he (or she) will ask you to prepare certain materials, on which you will be tested at a pre-determined date, that you will have decided upon together. This is called a "contract." You look over the materials involved, you look over the objectives you will have to meet, and you "sign a contract" to be ready to meet these objectives by a certain date. The test will be, precisely, the objectives you will find listed below, plus perhaps others your teacher will give you. In other words, you know in advance what the test is going to be, and you prepare for that test.

You will perhaps decide that you want to prepare an entire lesson. Fine. You see your objectives, and you decide how much time you might need. One week? Two? Three? More? Less? It is up to you. Even if you guess wrong the first time, you will soon learn how you can best pace yourself—a great training in self-reliance and self-discipline!

You will perhaps decide that you prefer to take on smaller bites and that you only want to prepare one section of one lesson. Fine. You see your objectives, and you decide how much time you might need. Two days? Three? More? Less? It is up to you. You will soon learn how to pace yourself. You may find that some sections demand more time, others less, that the same section may be a breeze in certain lessons, a stickler in others. Take your time or cram; it is up to you. Your instructor and you will check on the results at every step.

You should obtain excellent results with self-pacing instruction. As a matter of fact, only a grade of B or better is considered passing under this system. So, if you fail to obtain a B on a certain set of objectives, simply go over the material and try again for the test. You will not have "failed"; you will simply invest some extra time in the project.

LEÇON 1

1. **Un peu d'histoire** (p. 3)
   Answer at least eight of the questions on **Un peu d'histoire**, page 9.

2. Extra questions on **Un peu d'histoire** (These questions are not in the book.)
   Answer the following questions:

   A. Quelles sont les principales montagnes de France?
   B. Quels sont les principaux fleuves de France? (Un fleuve est une rivière que se jette dans la mer.)
   C. Nommez quatre grandes villes de France.
   D. Quels sont les mers et les océans qui forment les frontières de la France?

3. **Vie et littérature** (p. 6)
   Answer at least five of the questions on **Vie et littérature**, page 9.

4. Dictation (optional)
   Write, under dictation, the first two paragraphs of La France, ses provinces et ses départements, page 6: "La France n'est pas un continent massif. . . . l'océan Atlantique, à l'ouest."

5. **Perfectionnez votre grammaire** (p. 10)
   Do exercises on page 14 and following: Exercises 1, 2, 3, and 4.

6. **Bavardez avec les Français** (p. 16) ORAL
   Choose one of the five subjects proposed on page 17. Arrange with another student (or with other students) to take the same subject and to play different parts. Prepare your conversation. When you are ready, you will perform. You will be graded on pronunciation, delivery, variety of terms used, and accuracy of grammar.

7. Composition (10 lines minimum) ORAL and/or WRITTEN
   Choose one of the two following subjects and prepare a composition:

   A. Expliquez la situation géographique de la France. Comparez cette situation à la situation des Etats-Unis.
   B. Quelles sont les traces laissées en France par la préhistoire?

LEÇON 2

1. **Un peu d'histoire** (p. 19)
   Answer at least eight of the questions on **Un peu d'histoire**, page 29.

2. Extra questions on **Un peu d'histoire** (These questions are not in the book.)
   Answer the following questions:

   A. Quelle est la plus ancienne ville en France?
   B. Qui était Jules César?
   C. Quelles sont les principales constructions faites en Gaule par les Romains?
   D. Quelle est l'origine de la langue française?
   E. Qui était Saint-Denis? Quelle est la légende attachée à son nom?

3. **Vie et littérature** (p. 19)
   Answer at least six of the questions on **Vie et littérature**, page 29.

4. Dictation (optional)
   Write, under dictation, the first paragraph of the text, La religion des Gaulois, page 24:
   "Les Druides ne vont généralement pas à la guerre. . . . et on laisse rouiller sa mémoire."

5. **Perfectionnez votre grammaire** (p. 30)
   Do the exercises on pages 36 and 37: Exercises 1, 2, 3, and 4.

6. **Bavardez avec les Français** (p. 38) ORAL
   Choose one of the four subjects proposed on page 39. Arrange with another student (or other students) to take the same subject and to play different parts. Prepare your conversation. When you are ready, you will perform. You will be graded on pronunciation, delivery, variety of terms used, and accuracy of grammar.

7. Composition (10 lines minimum) ORAL and/or WRITTEN
   Select one of the three subjects proposed under V. Sujets de composition, page 37, and prepare a composition.

LEÇON 3

1. **Un peu d'histoire** (p. 41)
   Answer at least eight of the questions on **Un peu d'histoire**, page 47.

2. Extra questions on **Un peu d'histoire** (These questions are not in the book.)
   Answer the following questions:

   A. Pourquoi Charlemagne est-il célèbre?
   B. Qui étaient les Vikings?
   C. Comment les Vikings sont-ils devenus français?
   D. Comment Guillaume le Conquérant a-t-il acquis son nom?
   E. Pourquoi y a-t-il tant de mots français en anglais?

3. **Vie et littérature** (p. 44)
   Answer at least eight of the questions on **Vie et littérature**, page 47:

   A. *La Chanson de Roland:* Answer at least four questions.
   B. *Tristan et Yseut:* Answer at least four questions.

4. Dictation (optional)
   Write, under dictation, the first paragraph of *Tristan et Yseut*, page 6: "Le beau Tristan est allé. . . . pour la vie."

5. **Perfectionnez votre grammaire** (p. 48)
   Do the exercise on page 53 and following: Exercises 1, 2, 3, and 4.

6. **Bavardez avec les Français** (p. 56) ORAL
   Choose one of the four subjects proposed on page 57. Arrange with another student (or other students) to take the same subject and to play different parts. Prepare your conversation. When you are ready, you will perform. You will be graded on pronunciation, delivery, variety of terms used, and accuracy of grammar.

7. Composition (12 lines minimum) ORAL and/or WRITTEN
   Select one of the four subjects proposed under V. Sujets de composition, page 55, and prepare a composition.

LEÇON 4

1. **Un peu d'histoire** (p. 59)
   Answer at least eight of the questions on **Un peu d'histoire**, page 71.

2. Extra questions on **Un peu d'histoire** (These questions are not in the book.)
   Answer the following questions:

   A. Quelle est la date de la première Croisade?   Quel était le cri des Croisés?
   B. Combien de Croisades y aura-t-il en tout?   Quel est le roi de France qui muert dans la dernière Croisade?
   C. Pourquoi les épices étaient-ils si importants au Moyen-Age?
   D. Pourquoi Jeanne d'Arc est-elle allée délivrer la France des Anglais?
   E. Comment est-elle morte?

3. **Vie et littérature** (p. 64)
   A. Answer at least eight of the questions on **Vie et littérature**, page 72:

      La Farce du Cuvier: Answer at least six questions.
      Le printemps: Answer at least two questions.

   B. Choose between performing a role in a reading of *La Farce du Cuvier* (the whole text or only a page) or reciting by heart *Le printemps*.

4. Dictation (optional)
   Write, under dictation, Les conséquences des Croisades, page 60:
   "Les Croisés ont découvert. . . . une entreprise commune."

5. **Perfectionnez votre grammaire** (p. 73)
   Do the exercises on page 77 and following: Exercises 1, 2, 3, 4, 5, 6, and 7.

6. **Bavardez avec les Français** (p. 80) ORAL
   Choose one of the four subjects proposed on page 81. Arrange with another student (or other students) to take the same subject and to play different parts. Prepare your conversation. When you are ready, you will perform. You will be graded on pronunciation, delivery, variety of terms used, and accuracy of grammar.

7. Composition (12 lines minimum) ORAL and/or WRITTEN
   Select one of the four subjects proposed on page 79 under VIII. Sujets de composition and prepare a composition.

LEÇON 5

1. **Un peu d'histoire** (p. 83)
   Answer at least nine of the questions on **Un peu d'histoire**, page 92.

2. Extra questions on **Un peu d'histoire** (These questions are not in the book.)
   Answer the following questions:

   A. Pourquoi les explorateurs du XVᵉ siècle voulaient-ils trouver une route plus pratique pour aller aux Indes?
   B. Dans quelle province du Canada sont Montréal et Québec?
   C. Qui a découvert l'imprimerie? Où? En quelle année?
   D. De quel pays vient la Renaissance française?
   E. Quel roi, et à quelle époque, a décidé que le français serait la langue officielle de la France?

3. **Vie et littérature** (p. 88)
   Answer at least eight of the questions on **Vie et littérature**, page 92:

   La naissance de Pantagruel: Answer at least three questions.
   Le jugement de Jehan le Fou: Answer at least one question.
   Contre le colonialisme: Answer at least two questions.
   Heureux qui, comme Ulysse . . . : Answer at least two questions.

4. Dictation (optional)
   Write, under dictation, the first paragraph of *La naissance de Pantagruel*, page 88: "Quand Pantagruel est né . . . . la tristesse ou la joie?"

5. **Perfectionnez votre grammaire** (p. 93)
   Do the exercises on pages 96 and 97: Exercises 1, 2, 3, and 4.

6. **Bavardez avec les Français** (p. 98) ORAL
   Choose one of the four subjects proposed on page 99. Arrange with another student to take the same subject and to play the other part. Prepare your conversation. When you are ready, you will perform. You will be graded on pronunciation, delivery, variety of terms used, and accuracy of grammar.

7. Composition (12 lines minimum) ORAL and/or WRITTEN
   Select one of the subjects proposed under V. Sujets de composition, page 97, and prepare a composition.

LEÇON 6

1. **Un peu d'histoire** (p. 101)
   Answer at least nine of the questions on **Un peu d'histoire**, page 71.

2. Extra questions on **Un peu d'histoire** (These questions are not in the book.)
   Answer the following questions:

   A. Pourquoi Richelieu a-t-il fait la guerre aux protestants?

   B. Y a-t-il plus de mots dans le vocabulaire anglais, ou dans le vocabulaire français?
      Pourquoi?

   C. Quelle est la conséquence des "Salons" que dure encore aujourd'hui et qui a une
      influence sur toute l'expression en français?

3. **Vie et littérature** (p. 106)

   A. Answer at least eight of the questions on **Vie et littérature**, page 114:

      Questions générales: Answer at least one question.
      Le Bourgeois Gentilhomme: Answer at least three questions.
      Le roi et son vieux courtisan: Answer at least one question.
      Lettre à Mme de Grignan sur la mort de Vatel: Answer at least three questions.

   B. You have a choice between memorizing and reciting one of the three *Fables* by
      La Fontaine on pages 112 and 113, or retelling, in your own words, one of these
      Fables. (This retelling may be done orally or in writing, as your teacher indicates.)

4. Dictation (optional)
   Write, under dictation, the second paragraph of *Lettre à Mme de Grignan sur la mort
   de Vatel*, page 111: "Le Roi arriva jeudi soir. . . . Vatel ne voulait rien entendre."

5. **Perfectionnez votre grammaire** (p. 115)
   Do the exercises on page 117 and following: Exercises 1, 2, 3, 4, and 5.

6. **Bavardez avec les Français** (p. 120) ORAL
   Choose one of the four subjects proposed on page 121. Arrange with another student
   (or other students) to take the same subject and to play different parts. Prepare your
   conversation. When you are ready, you will perform. You will be graded on pronunciation, delivery, variety of terms used, and accuracy of grammar.

7. NO COMPOSITION with this lesson. Instead, you will arrange with another student to
   prepare and then perform in class a reading (with expression, gestures, etc.) of about
   one page from the text by Molière, *Le Bourgeois Gentilhomme*, page 106. You will
   be graded on your pronunciation, good acting, liveliness, etc. Do not be self-conscious,
   and take the part either of M. Jourdain or of the maître de philosophie.

LEÇON 7

1. **Un peu d'histoire** (p. 157)
   Answer at least nine of the questions on **Un peu d'histoire**, page 167.

2. Extra questions on **Un peu d'histoire** (These questions are not in the book.)
   A. Pourquoi y a-t-il beaucoup de noms français de villes dans le midwest (Detroit, Mich.; Boise, Idaho; Des Moines, Iowa; Saint-Louis, Mo.; Louisville, Ky., etc.)?
   B. En l'honneur de quel roi a-t-on nommé Saint-Louis, Louisville et la Louisiane?
   C. Un question morale: A votre avis, qu'est-ce qui est plus immoral: un roi qui fait des guerres constantes et terribles ou un roi qui a des favorites? (Comme, par exemple, Louis XV et Mme de Pompadour.)

3. **Vie et littérature** (p. 162)
   A. Select at least one text by Voltaire (*Candide*, page 162, or *Le Masque de fer*, page 164) and answer at least four questions on that text, taken from the questions on **Vie et litterature**, page 168.
   B. Select at least one text by Rousseau (*Le Ruban volé*, page 165, or *Emile*, page 165, or *Le danger des fables*, page 166, or *Emile et les voyages à pied*, page 166, and answer at least three questions on that text, taken from the questions on **Vie et littérature**, page 168.

4. Dictation (optional)
   Write, under dictation, the first paragraph of *Le Masque de Fer*, page 164: "En 1661, il arriva un événement . . . : s'il se découvrait."

5. **Perfectionnez votre grammaire** (p. 169)
   Do the exercises on page 172 and following: Exercises 1, 2, 3, 4, 5, 6, and 7.

6. **Bavardez avec les Français** (p. 176) ORAL
   Choose one of the four subjects proposed on page 177. Arrange with another student (or with other students) to take the same subject and to play different parts. Prepare your conversation. When you are ready, you will perform. You will be graded on pronunciation, delivery, variety of terms used, and accuracy of grammar.

7. Composition (12 to 15 lines minimum) ORAL and/or WRITTEN
   Select one of the subjects proposed under VIII. Sujets de composition, page 175, and prepare a composition.

LEÇON 8

1. Un peu d'histoire (p. 179)
   Answer at least eight of the questions on **Un peu d'histoire**, page 189.

2. Extra questions on **Un peu d'histoire**.
   Answer at least three more questions on **Un peu d'histoire**, page 189.

3. Vie et littérature (p. 186)
   A. Answer at least three of the questions on *Misère dans la campagne de France*, page 189.
   B. Answer at least two of the questions on *Mme Vigée-Lebrun parle de Marie-Antoinette*, page 189.
   C. Answer at least three of the questions on *Le 14 Juillet 1789*, page 189.

4. Dictation (optional)
   Write, under dictation, the second paragraph of *Misère dans la campagne de France*, page 186: "Ce monsieur me raconta des choses horribles! . . . . pour empêcher toute violence."

5. Perfectionnez votre grammaire (p. 190)
   Do the exercises on page 194 and following: Exercises 1, 2, 3, 4, 5, and 6.

6. Bavardez avec les Français (p. 198) ORAL
   Choose one of the four subjects proposed on page 199. Arrange with another student (or other students) to take the same subject and to play different parts. Prepare your conversation. When you are ready, you will perform and be graded on pronunciation, delivery, variety of terms used, and accuracy of grammar.

7. Composition (15 lines minimum) ORAL and/or WRITTEN
   Select one of the subjects proposed under VII. Sujets de composition, page 197, and prepare a composition.

LEÇON 9

1. **Un peu d'histoire** (p. 201)
   Answer at least eight questions on **Un peu d'histoire**, page 208.

2. Extra questions on **Un peu d'histoire** (see page 209), Le système métrique:

   A. Que savez-vous sur le système métrique?
   B. Quelle est son origine?
   C. D'où vient le système employé aux Etats-Unis?
   D. Quels sont les avantages du système métrique?

3. **Vie et littérature** (p. 206)

   A. Answer at least four questions on *A Paris, sous la Terreur*, page 209.
   B. Answer at least five questions on *L'exécution de Louis XVI*, page 209.

4. Dictation (optional)
   Write, under dictation, the paragraph on the metric system, Une innovation durable de la République: Le système métrique, page 205: "Chaque province avait son propre système . . . le système métrique eux aussi."

5. **Perfectionnez votre grammaire** (p. 210)
   Do the exercises on page 214 and following: Exercises 1, 2, 3, 4, 5, 6, 7, 8, and 9.

6. **Bavardez avec les Français** (p. 218) ORAL
   Choose one of the seven subjects proposed on page 219. Arrange with another student (or other students) to take the same subject and to play different parts. Prepare your conversation. When you are ready, you will perform. You will be graded on pronunciation, delivery, variety of terms used, and accuracy of grammar.

7. Composition (15 lines minimum) ORAL and/or WRITTEN
   Select one of the subjects proposed under X. Sujets de composition, page 217, and prepare a composition.

LEÇON 10

1. **Un peu d'histoire** (p. 221)
   Answer at least nine of the questions on **Un peu d'histoire**, page 231.

2. Extra questions on **Un peu d'histoire**
   Instead of answering more questions, formulate four questions of your own, different from those asked on page 231, on **Un peu d'histoire**.

3. **Vie et littérature** (p. 228)
   A. Answer at least three questions on *Le Retour de Russie*, page 232.
   B. Answer at least three questions on *Les Soirées à Combourg*, page 232.
   C. You have a choice between answering at least three questions on *Le Lac*, page 232, or memorizing and reciting the first three stanzas of the poem.

4. Dictation (optional)
   Write, under dictation, the first paragraph of *Les Soirées à Combourg*, page 229: "A huit heures . . . . et on se couchait."

5. **Perfectionnez votre grammaire** (p. 233)
   Do the exercises on page 239 and following: Exercises 1, 2, 3, 4, 5, and 6.

6. **Bavardez avec les Français** (p. 242) ORAL
   Choose one of the four subjects proposed on page 243. Arrange with another student (or other students) to take the same subject and to play different parts. Prepare your conversation. When you are ready, you will perform. You will be graded on pronunciation, delivery, variety of terms used, and accuracy of grammar.

7. Composition (15 lines minimum) ORAL and/or WRITTEN
   Choose one of the subjects proposed under VII. Sujets de composition, page 241, and prepare a composition.

LEÇON 11

1. **Un peu d'histoire** (p. 245)
   Answer at least nine of the questions on **Un peu d'histoire**, page 263.

2. Extra questions on **Un peu d'histoire**
   Formulate at least four questions of your own, different from those asked on page 263, on **Un peu d'histoire**.

3. **Vie et littérature** (p. 254)
   A. Choose one of the two poems by Victor Hugo, *Demain, dès l'aube*, page 254, or *Après la bataille*, page 255, and answer at least four questions on the poem of your choice.
   B. Choose either *A quoi rêvent les jeunes filles*, page 256, or *La parure*, page 259, and answer at least four questions on the text of your choice.
   C. Memorize and recite one of the two poems by Verlaine: *Il pleure dans mon coeur* or *La lune blanche*, page 262.

4. Dictation (optional)
   Write, under dictation, the introductory paragraph of *La parure*, page 259: "Madame Loisell est jeune et jolie . . . . ses préparatifs."

5. **Perfectionnez votre grammaire** (p. 265)
   Do the exercises on page 269 and following: Exercises 1, 2, 3, and 4.

6. **Bavardez avec les Français** (p. 272) ORAL
   Choose one of the four subjects proposed on page 273. Arrange with another student (or with other students) to take the same subject and to play different parts. Prepare your conversation. When you are ready, you will perform. You will be graded on pronunciation, delivery, variety of terms used, and accuracy of grammar.

7. Composition (15 lines minimum) ORAL and/or WRITTEN
   Select one of the subjects proposed on page 271, under V. Sujets de composition, and prepare a composition.

LEÇON 12

1. **Un peu d'histoire** (p. 275)
   Answer at least eight of the questions on **Un peu d'histoire**, page 289.

2. Extra questions on **Un peu d'histoire**
   Formulate at least four questions of your own, different from those asked on page 289, on **Un peu d'histoire**.

3. **Vie et littérature** (p. 282)
   A. Answer at least three questions on *Knock, ou le Triomphe de la Médicine*, page 290.
   B. Answer at least four questions on *Le Mur*, by Jean-Paul Sartre, page 290.
   C. Compose a short (10 lines minimum) poem, in a style similar to that of *Je Chante* by Charles Trenet (poem is on pages 288-289) but on a different subject. That subject might be Je pleure, or Je travaille or Je m'amuse, but there are many other possibilities.

4. Dictation (optional)
   Write, under dictation, the last paragraph of *Knock, ou le Triomphe de la Médicine*, page 284: "Il faudra tâcher de trouver . . . . et nous commencerons le traitement."

5. **Perfectionnez votre grammaire** (p. 291)
   Do the exercises on page 295 and following: Exercises 1, 2, 3, 4, and 5.

6. **Bavardez avec les Français**
   Choose one of the five subjects proposed on page 299. Arrange with another student to take the same subject and to play a different part. Prepare your conversation. When you are ready, you will perform. You will be graded on pronunciation, delivery, variety of terms used, and accuracy of grammar.

7. Composition (15 lines minimum) ORAL and/or WRITTEN
   Select one of the three subjects proposed on page 297, under VI. Sujets de composition, and prepare a composition.

La géographie de la France

MANCHE

Lille

Somme

Le Havre

Rouen

Meuse

Seine

Paris

Marne

Moselle

LORRAINE

Strasbourg

Brest

NORMANDIE

Vosges

Rhin

BRETAGNE

Loire

VAL DE LOIRE

Dijon

Nantes

BOURGOGNE

Vienne

Loire

JURA

VENDÉE

Saône

Mt. Blanc
4.807m.

OCÉAN

ILE
D'OLÉRON

Limoges

Lyon

ATLANTIQUE

LIMOUSIN

MASSIF

ALPES

Dordogne

Bordeaux

CENTRAL

Rhône

Garonne

Durance

PROVENCE

CÔTE D'AZUR

Nice

Toulouse

Marseille

ILES D'HYÈRES

PYRÉNÉES

MER
MÉDITERRANÉE

Un peu d'histoire

Le passé très ancien de la France

Un passé très ancien

Comme tous les pays, la France a des origines beaucoup plus anciennes que la mémoire humaine. Son territoire date de différentes périodes géologiques dont chacune a laissé des marques. Ce sont les montagnes, les plaines, et les rivières qui forment le relief de la géographie de la France.

La France est une péninsule de l'Europe

Si vous examinez une carte du monde, vous y remarquez l'immense masse du continent asiatique. L'Europe est simplement un promontoire de ce continent, et la France, à son tour est une péninsule de l'Europe. Si vous savez, d'autre part, qu'une force mystérieuse, mais puissante, pousse les migrations humaines vers l'ouest, vous ne serez pas surpris que la population de la France soit formée de toutes sortes de peuples. Ces peuples sont venus de différentes parties de l'Europe, à des époques différentes, attirés vers ce pays au sol riche et au climat assez doux.

La mystérieuse préhistoire

Nous savons peu de choses de la période préhistorique. Comme son nom l'indique, elle date d'avant l'histoire, c'est-à-dire avant la période où les documents écrits existent. Il n'y a donc pas de documents écrits de cette période, mais il reste des quantités d'autres souvenirs.

2. L'Europe est un promontoire du continent asiatique, et la France est une péninsule de l'Europe.

EUROPE

FRANCE

ASIE

2

3. Carnac. Une partie des célèbres alignements.

Des monuments étranges

La préhistoire nous a laissé d'extraordinaires monuments. Ceux-ci datent de la période mégalithique, et on les trouve un peu partout en France et dans l'Europe du Nord, mais surtout en Bretagne et en Angleterre. Ce sont les pierres levées qu'on appelle du nom celtique de *menhirs*, ou celles qui sont arrangées en forme de table gigantesque, les *dolmens*. Les *menhirs* et les *dolmens* abondent encore aujourd'hui en Bretagne. A Carnac, en Bretagne, de longues lignes de *menhirs*, longues de plusieurs kilomètres, serpentent à travers les champs. Ce sont les célèbres **alignements de Carnac**. Qui les a construits? Sûrement, de très anciens habitants de la région. Dans quel but? On ne sait pas exactement. Oh, il y a beaucoup de théories, mais personne n'est sûr. Quelques-uns de ces monuments servaient de tombes, mais les autres? Leur usage reste mystérieux. Comme ces monuments représentent un travail énorme, on peut être certain d'une chose: c'est que les constructeurs avaient des raisons puissantes de les édifier. Raisons religieuses? scientifiques? Un jour, sans doute, cette raison sera découverte. Les savants, de nos jours, commencent à penser que les peuples «primitifs» étaient probablement beaucoup moins ignorants qu'on ne croit.

Des peintures au plafond des cavernes

Datant aussi de la préhistoire on trouve, avec des traces d'habitations très anciennes, des cavernes, dont le plafond est couvert de peintures. La plus célèbre, en France, est *Lascaux* (il y en a une autre, aussi très célèbre, en Espagne, à Altamira.) Quand on les a découvertes, les savants les croyaient d'abord fausses: «Des peintures récentes, masquaradées en antiquités», disait l'un d'eux. Elles représentent des animaux: chevaux, antilopes, bisons, comme il en existe encore, et aussi d'autres qui n'existent plus depuis longtemps, comme l'auroch. Peintes en couleurs, d'un dessin très realiste, elles ont été exécutées au cours de beaucoup d'années, car des dessins plus récents recouvrent des images plus anciennes. On a longtemps pensé que ces peintures avaient une valeur magique pour les hommes des cavernes. Par exemple, est-ce que la représentation d'un animal aide le chasseur à tuer un de ces animaux, dans l'esprit des primitifs? Aujourd'hui, on ne sait pas. Mais on admire un art vieux de plus de trente mille ans.

4. Caverne de Lascaux. Peintures de chevaux et autres animaux préhistoriques.

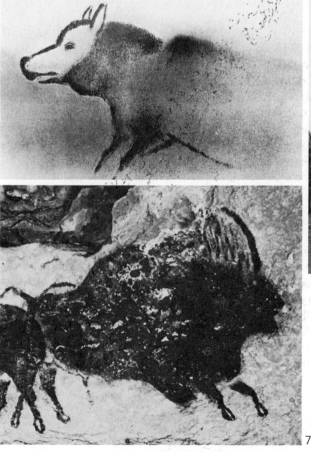

5. Caverne des Eyzies. Ce loup date de 30.000 ans.

6. Carnac. Dolmen, ou table géante de pierre.

7. Caverne de Lascaux. Un bison, animal qui n'existe plus aujourd'hui en France.

Vie et littérature

La France, ses provinces et ses départements

La France n'est pas un continent massif, comme les Etats-Unis ou l'URSS (Union des Républiques Socialistes Soviétiques, ou Russie). On compare souvent sa taille à celle du Texas. Ses frontières sont naturelles, et lui donnent une personnalité bien définie.

Ces frontières sont des montagnes, comme les Pyrénées, qui la séparent de l'Espagne; les Alpes, qui la séparent de la Suisse et de l'Italie; les Vosges, qui la séparent de l'Allemagne. Ce sont aussi des mers: la Manche au nord, la Méditerranée au sud, et un océan, l'Océan Atlantique, à l'ouest.

Les Français ont une origine multiple, et le caractère unique de la psychologie française vient de cette diversité. Il n'y a pas de race française au sens propre du terme. Il y a, dit André Siegfried, spécialiste de géographie humaine, des Germains dans le nord, des Celtes dans le plateau central et dans l'ouest, des Méditerranéens dans le sud. «Nous sommes une race mélangée,» dit Siegfried, «Mais on sait qu'une sélection trop stricte ne développe pas l'intelligence, et que les mélanges donnent souvent de bons résultats.»

Chaque province garde, à cause de la diversité de son territoire et de ses habitants, sa personnalité propre. La Normandie est fertile et pluvieuse «verte comme un saladier,» et produit en quantité des produits laitiers renommés. Le célèbre fromage de Camembert vient de Normandie. La Bretagne a un sol pauvre, mais elle touche à l'Atlantique et à la Manche, avec une importante industrie de pêche. La région de la Côte atlantique, ou Guyenne, produit les incomparables vins de Bordeaux. La Provence est riche en souvenirs historiques. Elle attire des quantités de touristes sur sa Côte d'Azur, produit des fruits délicieux et des fleurs, dont beaucoup servent dans l'industrie des parfums. La Bourgogne, comme la Côte atlantique, est une riche région de fermes et de vignobles: Tout le monde connaît les grands vins de Bourgogne. Au nord de la Bourgogne, il y a la Champagne qui produit . . . . Vous avez deviné! Elle produit le champagne. C'est un moine bénédictin, Dom Pérignon, qui, au XVIIe siècle a eu l'idée de fermenter le vin dans la bouteille. Le résultat? Eh bien, aujourd'hui, le champagne, joyeux, léger, pétillant, est inséparable, pour beaucoup de gens, de l'idée de fête et de célébration.

Jusqu'à la Révolution de 1789, la France était effectivement divisée en *provinces*, et les termes de Bretagne, Normandie, Bourgogne, Provence, Guyenne représentaient des divisions administratives aussi bien que géographiques. Mais le gouvernement révolutionnaire voulait éliminer les restes de l'administration royale. Il voulait former un pays moderne, unifié et centralisé à Paris. Pour cela, il a supprimé «officiellement» les anciennes provinces, et il les a remplacées par des *départements*.* Le département est plus petit que la province. Il y a 95 départements. Ils sont nommés d'après des montagnes de la région, comme les Pyrénées, les Hautes-Pyrénées, les Basses-Pyrénées, les Pyrénées-Orientales. Ou bien ils sont nommés d'après des rivières: La Loire, le Rhône, la Dordogne, la Seine-et-Marne. A l'origine, il y avait la Loire-Inférieure, la Seine-Inférieure, la Charente-Inférieure, ainsi nommés parce qu'ils se trouvaient sur le cours inférieur de ces rivières (près de la mer). Mais les

---

*If you compare France to a "state" (like the States in the United States), the ***département*** is comparable to the ***county***. At the same time, since France is a single state, not a federation of States, like the US, the ***département*** could be compared to the State. It is an administrative division with a ***chef-lieu*** (capital city), and depending on the central gouvernement in Paris.

habitants ont protesté contre cette discrimination: «Nous ne sommes inférieurs à personne!» Maintenant, le gouvernement a changé ces noms . . . humiliants, on parle de la Loire-Maritime, de la Seine-Maritime et de la Charente-Maritime, et tout le monde est content.

Si vous écrivez une lettre adressée en France, vous indiquez naturellement le département:

Monsieur André Lavergne
28 rue de la Paix
Nice (Alpes-Maritimes)

Récemment, le gouvernement a décidé de remplacer le nom des départements par leur numéro dans la liste alphabétique. Le premier est l'Ain (01000) et le dernier est l'Yonne. Ainsi, bien que le nom du département soit clair pour tout le service postal, l'adresse correcte et moderne de Monsieur Lavergne est, aujourd'hui:

Monsieur André Lavergne
28 rue de la Paix
06000 Nice

Mais il est probable que si vous rencontrez Monsieur Lavergne, il ne vous dira pas: «Je suis de 06000.» Il ne vous dira probablement pas non plus: «Je suis des Alpes-Maritimes.» Mais il vous dira probablement, avec fierté: «Je suis un Provençal, de la Côte d'Azur!»

Les régions de la France

La France était autrefois divisée en provinces. Aujourd'hui, elle est officiellement divisée en départements. Mais on reconnaît aujourd'hui aussi les régions, groupes de départements, qui correspondent aux provinces.

Les départements de la France

Questions sur *Un peu d'histoire*

1. Quels sont les éléments qui forment le relief d'un pays? / **2.** Quelle est la situation de la France par rapport à l'Asie? Par rapport à l'Europe? / **3.** Quelles sont les conséquences de la situation de la France sur la population? / **4.** Quels sont les documents qui nous restent de la préhistoire? / **5.** Quelle est la différence entre un *menhir*, un *dolmen* et un *alignement*? Où trouve-t-on surtout ces monuments? / **6.** Qu'est-ce qu'on sait sur l'origine de ces monuments préhistoriques? Qu'est-ce qu'on peut imaginer? / **7.** Qu'est-ce qu'on appelle peintures des cavernes? / **8.** Où trouve-t-on ces peintures? / **9.** De quelle période datent-elles? / **10.** Pourquoi les hommes préhistoriques faisaient-ils ces peintures? / **11.** Faut-il penser que les peuples anciens étaient complètement ignorants et superstitieux, ou faut-il penser, au contraire, qu'ils étaient plus avancés que nous n'imaginons? Pourquoi? / **12.** L'histoire écrite de la France date de deux mille ans. Est-ce peu, ou beaucoup, comparé à la période de la préhistoire?

Sujet de discussion ou de composition

Si notre civilisation était détruite, qu'est-ce que les archéologues en trouveraient, dans vingt mille ans? Reconnaîtraient-ils les objets qu'ils trouveraient? (Vous pouvez être sûr que la vie aura changé!) Par exemple, reconnaîtraient-ils une bande magnétique? Un poste de radio à transistor? Une télévision? etc. . . . Qu'est-ce qu'ils penseraient peut-être?

Questions sur *Vie et littérature*

1. Quelles sont les frontières de la France? Et quelles sont les frontières des Etats-Unis? / **2.** Y a-t-il une race française, au sens strict du mot? Pourquoi? Est-ce bon ou mauvais? / **3.** Qu'est-ce qui caractérise: la Normandie? la Bretagne? la Côte atlantique? la Provence? la Bourgogne? / **4.** Où produit-on le champagne? Expliquez l'origine de ce produit./ **5.** Qu'est-ce qu'une province? La France est-elle divisée en provinces aujourd'hui? Pourquoi? Expliquez la différence entre une province et un département./ **6.** Qu'est-ce que le numéro placé devant le nom d'une ville, comme *06000 Nice*, indique? Est-ce que le nom de certains départements a changé? Pourquoi? / **7.** Comparez les divisions administratives de la France aux même divisions aux Etats-Unis. (Par exemple: comparez l'état avec le département, la région avec la province, et prenez des exemples précis.)

Perfectionnez votre grammaire

L'adjectif

I. La terminaison de l'adjectif

L'adjectif s'accorde en genre et en nombre avec le nom qu'il qualifie. En général, il prend un **e** au féminin et un **s** au pluriel:

un grand monument	une grand**e** ville
des grand**s** monuments	des grand**es** villes

A. Les formes de l'adjectif

1. S'il se termine en **e** au masculin (riche, pauvre, jeune, rouge, jaune, etc.), il ne change pas au féminin

un pays riche	des pays riche**s**
une région rich**e**	des régions riche**s**

2. S'il ne se termine pas en **e** au masculin, il ajoute un **e** au féminin (français, américain, grand, petit, joli, etc.)

le peuple français	des monuments français
la race français**e**	des idées français**es**

3. Un certain nombre d'adjectifs ont une terminaison irrégulière.
(voir table page suivante)

un vieu**x** château	des vieu**x** châteaux
une vi**eille** maison	des vi**eilles** maisons

Table de la terminaison de l'adjectif

Terminaison de l'adjectif	Singulier		Pluriel	
	Masculin	*Féminin*	*Masculin*	*Féminin*
—e riche, rouge, pratique, historique	*même term.* riche, etc.	*même term.* riche, etc.	**—s** riches, etc.	**—s** riches, etc.
—t, —d, —e, —s, —i, —ain petit, grand, français, américain	*même term.* petit, grand, français, etc.	**—e** petite, grande, française, etc.	**—s** petits, grands *adjectif en —s* *même term.* français	**—es** petites, grandes, françaises
—eux délicieux, furieux, heureux	*même term.* délicieux, etc.	**—euse** délicieuse, etc.	*même term.* délicieux	**—euses** délicieuses
—eau beau, nouveau	*même term.* bel, nouvel *devant voyelle*	**—elle** belle, nouvelle	**—eaux** beaux, nouveaux	**—elles** belles, nouvelles
—al oral, spécial	*même term.* oral, etc.	**—ale** orale, etc.	**—aux** oraux, etc.	**—ales** orales, etc.
—er fier, cher, premier, dernier	*même term.* fier, cher, etc.	**—ère** fière, chère, etc.	**—s** fiers, chers, etc.	**—ères** fières, chères, etc.
—el naturel, quel artificiel	*même term.* naturel, etc.	**—elle** naturelle, etc.	**—els** naturels, etc.	**—elles** naturelles, etc.
—if sportif, attentif	*même term.* sportif, etc.	**—ive** sportive, etc.	**—ifs** sportifs, etc.	**—ives** sportives, etc.
—ien parisien, italien	*même term.* parisien, etc.	**—ienne** parisienne, etc.	**—iens** parisiens, etc.	**—iennes** parisiennes, etc.
adjectifs irréguliers bon blanc vieux fou	bon blanc vieux (vieil *devant voyelle)* fou (fol *devant voyelle)*	bonne blanche vieille folle	bons blancs vieux fous	bonnes blanches vieilles folles

B.   La place de l'adjectif

1.   **Règle générale**   L'adjectif est placé:

a. **avant le nom** s'il est subjectif, c'est-à-dire s'il indique une opinion.* Les adjectifs
   qui sont très généralement placés devant le nom sont:

beau/belle   jeune/jeune   *méchant*
bon/bonne   joli/jolie   *court*
grand/grande   mauvais/mauvaise   *autre*
gros/grosse   nouveau/nouvelle   *meilleur*
haut/haute   petit/petite
                    vieux/vieille

(prochain)
If used with
time = last
number = before
noun

Exemples: une grande ville, une jolie fille, une petite maison, un nouveau costume,
une mauvaise note, un beau pays, un vieux monsieur, une vieille dame,
une haute montagne, etc.

Il est impossible de faire une faute si vous employez ces adjectifs devant le nom.

b. **après le nom** s'il est objectif, c'est-à-dire s'il indique une description, un fait. Les
   adjectifs qui sont généralement placés après le nom sont:

les adjectifs de couleur: un ciel bleu, un mur blanc, des cheveux noirs, des
yeux gris, etc.

les adjectifs de nationalité: la race française, une ville américaine, un monsieur
anglais, un problème européen, le continent asiatique, etc.

la plus grande partie des autres adjectifs: une question orale, un produit
artificiel, un événement historique, une idée intéressante, une raison
importante, etc.

Il est impossible de faire une faute si vous employez ces adjectifs après le nom.

2.   L'emploi de plusieurs adjectifs

Quand un nom est qualifié par plusieurs adjectifs, chaque adjectif a sa place normale:

un ciel	une ville
un beau ciel, un ciel bleu	une grande ville, une ville américaine
un beau ciel bleu	une grande ville américaine

---

*But you have to accept the French view of what that means. It means, essentially, that adjectives like **beau, bon,
grand, gros, haut, jeune, joli, mauvais, nouveau, petit,** and **vieux** will be in front of the noun, because they indicate
an opinion of the speaker. (What is good or bad, young or old, small and large, depends on you, not on the thing
itself.) It does not mean that all adjectives which might be an opinion (like **intéressant, intelligent,** etc.) would go
before the noun.

3. Applications spéciales de la règle

Il est quelquefois possible de changer la place de l'adjectif. Par exemple:

> La Bretagne est une région **pauvre**.
> Ces **pauvres** gens n'ont rien à manger.

L'adjectif qui est normalement après le nom (**pauvre**) peut aussi être avant le nom. Dans ce cas, l'adjectif change de sens:

> La Bretagne est une région **pauvre**.

«pauvre» est un fait, il est descriptif, la Bretagne ne produit pas beaucoup. L'adjectif est après le nom.

> Ces **pauvres*** gens n'ont rien à manger.

«pauvres» exprime mes sentiments, mon émotion, j'ai pitié de ces gens.

La place de certains adjectifs peut changer pour cette raison:

un homme **brave** *(brave)*	mon **ancienne** *(former)* maison
un **brave** *(good)* homme	l'histoire **ancienne** *(ancient)*

L'adjectif change aussi quelquefois de place pour des raisons poétiques:

> la neige blanche   mais   Blancheneige
>
> *(In English:* white snow   *but*   Snow White *)*

4. Une application pratique et importante: la place de **dernier** et de **prochain**

   a. la semaine **dernière** *(last week)*, le mois **dernier**, l'an **dernier**, l'année **dernière**

   dernier a une valeur objective parce que nous sommes tous dans le même calendrier. **La semaine dernière** est la même pour tout le monde.

   la **dernière** semaine de cette classe, le **dernier** mois de l'année, la **dernière** fois que vous avez parlé, etc.

   dernier a une valeur subjective quand le nom est qualifié (le **dernier** jour **de la semaine**) ou quand il s'agit de quelque chose qui est **dernier** seulement pour vous ou pour un certain groupe.

---

*The same thing is expressed in English by shifting the accent to the noun or to the adjective. Try pronouncing:

    Brittany is a *poor* region.

and:

    Poor people! They have nothing to eat.

b. la semaine prochaine, le mois prochain, l'été prochain

prochain a une valeur objective. Nous sommes tous dans le même calendrier.

la prochaine semaine de classe, le prochain trimestre, mon prochain voyage, la prochaine fois, etc.

prochain a une valeur subjective, limitée à la personne qui parle ou à un certain groupe.

Attention! Ne dites pas: ~~le jour dernier~~ dites: la veille

La veille de Noël *(The day — or the night — before Christmas)*

Ne dites pas: ~~le jour prochain~~ dites: Le lendemain

Il a dit qu'il partirait le lendemain. *(He said that he would leave the next day.)*

Exercices

I. La place et l'accord de **premier,*** **dernier** et **prochain**

Complétez les phrases suivantes par l'adjectif à la place et à la forme correctes.

EXEMPLE: *(prochain)* Après le week-end commence la (semaine).
Après le week-end commence la semaine prochaine.

1. *(premier)*   Lundi est le (jour) de la semaine de classe.
2. *(dernier)*   C'est la (fois) que je mange cette horrible cuisine.
3. *(prochain)*   Au revoir! A la (fois).
4. *(premier)*   Admirez les (roses) de la saison.
5. *(prochain)*   Mon (voyage) sera en France, j'espère.
6. *(dernier)*   L'(année), j'aimais bien ma classe de français.
7. *(premier)*   Ce n'est pas notre (classe) de français!
8. *(prochain)*   Resterez-vous chez vous l'(été)?
9. *(dernier)*   Noël est dans le (mois) de l'année.
10. *(prochain)*   La (fois), je ne ferai pas la même erreur.

II. La place et l'accord de l'adjectif

Complétez les phrases suivantes par l'adjectif à la place et à la forme correctes.

EXEMPLE: *(bon)* Vous avez beaucoup d'(idées).
Vous avez beaucoup de bonnes idées.

_____

*Employez *premier* avant le nom.

1. *(intéressant)*   Vous avez beaucoup d'(idées).
2. *(ancien)*   Etudiez-vous l'(histoire)?
3. *(mauvais)* ✓   Il n'y a pas de (garçons) dans cette classe.
4. *(français)*   Nous parlons des (monuments*), et de la (race).
5. *(vieux)* ∨   Ma grand-mère est une (dame).
6. *(mystérieux)*   Les dolmens ont des (origines).
7. *(original)*   Il y a des (théories) sur le passé de la France, parce que certains savants ont un (esprit) et des (documents).
8. *(oral)*   Aimez-vous les (examens)? Les (questions**)?
9. *(cher)*   Bonjour, (monsieur) et (madame).
                     Bonjour, mes (amis) et mes (amies).
10. *(jeune, parisien***)*   Jacqueline est une (fille). Jean-Pierre est un (homme).
11. *(délicieux)*   Ma mère fait une (cuisine). En particulier, elle fait un (gâteau), des (soupes), et des (desserts).

III. **Complétez le paragraphe suivant avec les adjectifs indiqués.**

Tous les pays ont des (origine, *ancien*). En Amérique, les (lac, *grand*) indiquent la présence d'une (mer, *intérieur*) dans des (temps, *ancien*). Il y a des (lac, *salé*) comme celui de Salt Lake City. Les (rivière, *grand*) et les (montagne, *haut*) datent de (période, *géologique*).

Les (habitant, *primitif*) ont souvent laissé des (trace, *admirable*) de leur existence. En Amérique, comme en France, on trouve des (*beau*, peinture, *réaliste* ou *stylisé*) sur les murs des (caverne, *vieux*). Il y a aussi des (monument, *mystérieux*) qui indiquent une (habitation, *humain*, *ancien*) du territoire.

IV. **Composez des phrases descriptives originales avec des adjectifs.**

EXEMPLE: Un dolmen   *(grand, ancien)*
                       C'est une grande table de pierre. Les dolmens sont des monuments très anciens.

1. Les migrations   *(grand) (humain)*
2. Des monuments   *(vieux) (étrange)*
3. Des alignements   *(long) (haut)*
4. Un menhir   *(celtique) (levé)*
5. Les peintures des cavernes   *(célèbre) (récent) (réaliste)*

---

*When a noun ends with two consonants (like *monument, banc, respect, doigt, temps,* etc.) it is masculine. This is a very useful rule. (The exceptions are *la dent* — tooth, and *la jument* — mare).
When a noun ends in **-tion, it is feminine: *la solution, la pollution, la composition,* etc.
***Adjectives are not capitalized in French:
        une dame française, un problème européen
        un produit américain, l'empire britannique

1 Bavardez avec les Français

Demandez des renseignements

Informations culturelles. Quand vous vous adressez à une personne que vous ne connaissez pas, dites: «Pardon, monsieur (ou: madame / mademoiselle)». Et ajoutez poliment, à la fin de votre question: «S'il vous plaît.»

Pardon, monsieur,* la route de . . . . Carnac . . . . , s'il vous plaît?

   — Allez tout droit.
   — Tournez à droite / à gauche.
   — Tournez à gauche au carrefour.
   — Tournez à la prochaine rue.

Pardon, madame, je cherche . les toilettes / la . poste / l'hôtel / la gare / l'aéroport / une . pharmacie / un téléphone / une station . d'essence / un garage / l'arrêt de l'autobus .

   — C'est . au coin / en face . . .
   — C'est tout près.
   — C'est loin d'ici.
   — Ce n'est pas loin.

Pardon, mademoiselle, où pourrais-je acheter . un sandwich / quelque chose à boire / un . guide / un billet *(=a ticket)* / des cartes . postales / des timbres . ?

Vous en trouverez . dans un café / à l'entrée . de ce monument / au guichet / au bureau de . tabac / à la poste .

Merci, . monsieur / madame / mademoiselle . Vous êtes bien aimable.

   — Pas de quoi, monsieur.
   — Avec plaisir, madame.
   — A votre service, mademoiselle.

Au revoir, . monsieur / madame / mademoiselle .

Au revoir, . monsieur / madame / mademoiselle .

1. Le — (tiret) placé devant la réponse indique les différentes réponses.

2. Les mots placés sur des points comme: . à la poste / au café . indiquent les différentes variations possibles.

*Le pluriel de *monsieur: messieurs; madame: mesdames; mademoiselle: mesdemoiselles.*

Divisez la classe en groupes de 2 (ou de plus de 2) personnes. Chaque personne prend un rôle, et chaque groupe prépare sa conversation.

1. *You* ask a Frenchman the road to Carnac. He tells you to go straight ahead, and to turn right at the intersection. You ask him if the intersection is far. He says that it is very near. You thank him, he answers, and you say goodbye.

2. *You* ask a *lady* where you can find the toilets. "In the little café, just across the street," she tells you. You thank her. She adds: "There is also a toilet in the gas station not far from here on the left." You thank her again, she answers, and you say goodbye.

3. *You* ask a French girl where you can buy a sandwich and something to drink. "In the café," she tells you. You also want to buy some postcards of the monument facing you. "You will find some at the entrance of the monument, opposite the ticket window." Conclude the conversation.

4. *You* tell *two ladies* that you are looking for the airport. One says: "Oh, it is very far from here." You ask for the way. The other says: "Turn to the right. There is a bus stop just around the corner. That bus goes to the airport." Conclude the conversation.

5. Compose an imaginative, and humorous, conversation between *a tourist*, who is very lost indeed, and a *group of helpful French people*. Perhaps they succeed in putting him on his way, perhaps in confusing him even more! Conclude the conversation.

Un peu d'histoire

La conquête de la Gaule par les Romains
Clovis, premier roi chrétien de la France

La France s'appelait la Gaule

Le pays que nous appelons la France était en grande partie couvert de forêts et habité par des Celtes, ou Gaulois, organisés en tribus quand les Romains sont arrivés. On date le commencement de l'histoire de France de 50 avant Jésus-Christ, date de la conquête de la Gaule par les Romains.

Marseille est la ville la plus ancienne de France

Au cinquième siècle avant Jésus-Christ, les Grecs avaient fondé un port sur la Méditerranée, qu'ils appelaient *Massilia*. Massilia est aujourd'hui Marseille, une des plus grandes villes de France et le plus grand port sur la Méditerranée. La possession de Massilia permettait aux Grecs de contrôler le passage le long du Rhône, de la Loire et de la Seine, par lequel ils allaient en Angleterre, où se trouvaient de riches mines de métal.

Quand notre histoire commence, au 1er siècle avant Jésus-Christ, Massilia prospère. Ses habitants sont devenus Romains, puisque la Grèce est conquise par les Romains.

Les Gaulois attaquent Massilia. La riposte romaine

Les Gaulois attaquent constamment le territoire qui entoure Massilia. Ils voudraient bien prendre la ville, pleine de richesses qui les tentent. C'est alors que les habitants de Massilia font appel aux Romains pour les aider. Jules César, le général qui deviendra empereur, arrive à la tête de son armée, et non seulement il sauve Massilia des Gaulois, mais il fait la conquête de la région qui entoure la ville. Annexée à l'Empire romain, cette région va s'appeler *Provincia romana*, la Province romaine. Elle s'appelle aujourd'hui la Provence.

1. Des Barbares attaquent un forteresse romaine. Remarquez la différence entre l'équipement des Romains et celui des Barbares. Pourtant, les Barbares gagneront la lutte finale.

2. Jules César sur une pièce de monnaie romaine.
3. Un légionnaire romain.
4. Petite statue en or, de la période gallo-romaine.

5

5. Les arènes de Nîmes sont parfaitement conservées aujourd'hui.

Conquête du reste du territoire. Résistance héroïque de Vercingétorix

Mais les Romains ne s'arrêtent pas là. Avide de conquêtes, César va prendre possession de tout le territoire qui constitue la France. Il a laissé un récit de cette conquête. C'est le *De Bello Gallico*,* premier document écrit, qui nous donne une description du pays et de ses habitants.

Les Gaulois sont batailleurs et braves, mais ils n'ont pas l'énorme organisation des Légions romaines. Pourtant un jeune chef mène la résistance contre l'envahisseur. C'est Vercingétorix, dont le nom reste célèbre en France aujourd'hui. Vaincu, il est fait prisonnier par César qui l'emmène à Rome, et malgré ses promesses, le traite cruellement. Vercingétorix, en chaînes, marchera dans le cortège triomphal de César, et après quelques années misérables en prison, sera exécuté. La Gaule est maintenant romaine.

Les Gaulois adoptent la vie et la langue des Romains

Les Gaulois, qui sont de nature curieux, qui aiment le changement et les idées nouvelles (comme les Français d'aujourd'hui) acceptent avec enthousiasme les façons de vivre des Romains. Les Romains leur apportent, en effet, une excellente administration, des routes solides en pierre. Ils construisent des monuments qui durent encore: Temples aux dieux romains, aqueducs qui amènent l'eau aux villes, arènes où la population va voir des combats de gladiateurs, bains publics très confortables.

Les Gaulois adoptent aussi le latin, langue des Romains. Mais ce n'est pas le latin classique; c'est un latin simplifié, parlé par les Légions d'occupation. La langue française va dériver de ce *latin vulgaire* qui se transformera au cours des siècles.

---

*De Bello Gallico, "On the War in Gaul" is Caesar's own chronicle of the war that led to the conquest of Gaul by the Romans. It is a Latin classic, studied by every Latin student.

7

6

6. La Maison-Carrée à Nîmes était, à l'origine, un temple romain.

7. Vercingétorix sur une pièce de monnaie gauloise.

8. Le Pont du Gard est un aqueduc construit par les Romains pour amener l'eau nécessaire à la ville de Nîmes.

8

9.

9. Une église chrétienne de la période de Charlemagne. Remarquez la main de Dieu.

10. Saint Denis, premier évêque de Paris. Décapité par les Romains, la légende dit qu'il a porté sa tête pendant 7 kilomètres.

11. La fleur de lys, qui restera l'emblème des rois de France.

10   11

Les invasions barbares

C'est une période de prospérité et de grand progrès pour la Gaule. Mais c'est aussi une période de grand danger: des bandes de barbares venus de l'Europe centrale attaquent constamment Rome et la Gaule. Ces Barbares (ou Goths) ont une culture et des armes bien inférieures à celles des Romains. Mais ils attaquent résolument et constamment. Enfin, en 476, Rome cède à leur chef Odoacer et c'est la chute de Rome. Bientôt, l'Empire romain va tomber aussi, et l'excellente administration de la Gaule va disparaître: les routes sont abandonnées, les temples tombent en ruines, les fonctionnaires ne sont plus payés et quittent leur poste . . . Le pays tombe dans un abandon et une ruine qui seraient complets si ce n'était la présence de l'Eglise chrétienne.

Les commencements de l'Eglise chrétienne

Le pays est sauvé d'un retour à la sauvagerie complète par la présence de l'Eglise. En effet, depuis la mort de Jésus-Christ, ses adeptes ont répandu la nouvelle religion de foi, d'espérance et de charité: le christianisme.* Au début, ils sont persécutés, et beaucoup des nouveaux chrétiens sont martyrisés, jetés aux bêtes sauvages dans les arènes. Mais en 313, l'empereur Constantin déclare que la religion chrétienne est légale dans son empire.

L'Eglise en Gaule

Les premiers chrétiens sont martyrisés. A Paris, par exemple, Saint Denis, évêque de la ville, est décapité sur la colline qui s'appelle maintenant Montmartre. Mais Saint Denis ramasse sa tête et la porte plus de sept kilomètres. Enfin, il laisse tomber sa tête et meurt. Cet endroit, c'est aujourd'hui Saint-Denis, près de Paris, et on y a construit la basilique de Saint-Denis, qui commémore le martyr chrétien. C'est là qu'on a ensuite enterré tous les rois de France.

---

*The first historic mention of the existence of christianism is to be found in the *Annals* by the Roman historian Tacitus. He writes of groups of adepts of ''Christos,'' multiplying in Rome and gaining converts to the new religion. Emperor Nero considered them a threat to law and order (because they refused to accept the Roman gods and placed divine authority above that of the Emperor). He often had them arrested, thrown to the beasts in the arena, or burned at the stake on street corners to entertain the people.

12. Le baptême de Clovis à Reims (496). La colombe du ciel apporte l'huile sainte. A gauche, Saint Remi baptise le nouveau roi chrétien. A droite, un noble offre la couronne.

Quand l'Empire romain tombe et cesse son administration en Gaule, c'est l'Eglise, déjà bien organisée, qui va prendre le pouvoir et assurer l'administration du pays. C'est pourquoi la France est, et reste aujourd'hui, un pays chrétien et catholique. C'est aussi l'origine de l'autorité de l'Eglise en France, qui va, pendant plus de mille ans, avoir une grande part dans le gouvernement.

Le premier roi chrétien: Clovis

Clovis est le chef d'une armée barbare établie dans l'est de la France. Il n'est pas chrétien, c'est un païen, mais sa femme, Clotilde, est une princesse chrétienne. Un jour, Clovis, poursuivi par ses ennemis, promet, s'il est sauvé, d'accepter le Dieu des Chrétiens. Il est sauvé! Alors, il est baptisé par l'évêque de Reims, Saint Rémi (496). Ce baptême est triplement important: Il consacre Clovis comme *roi des Francs* par la volonté de Dieu, et comme chrétien; il est à l'origine de l'alliance des rois de France et de l'Eglise; enfin, comme avec Clovis, toute son armée est aussi devenue chrétienne, c'est l'établissement du christianisme en France.

La légende raconte qu'une colombe, le jour du baptême, est descendue du ciel, apportant dans son bec une petite fiole contenant l'huile sacrée, envoyée par Dieu, qui va servir à consacrer le roi. Cette huile, conservée à Reims, servira à la consécration des rois de France après Clovis.

La fleur de lys

Une autre légende dit que ce fameux jour, où Clovis était poursuivi par ses ennemis, il s'est caché dans un marécage où poussaient des iris d'eau (*water iris*). Il a promis de prendre cette fleur comme emblème s'il était sauvé. Comme vous le savez déjà, il a été sauvé, et cette fleur, la *fleur-de-lys* (transformation du mot fleur d'iris) est restée l'emblème des rois de France.

Clovis est la forme ancienne de Louis

Le nom de Clovis est la forme ancienne du nom qui sera *Louis* en français moderne. En souvenir de Clovis, premier roi chrétien de France, fondateur du droit divin des rois, beaucoup de rois de France s'appelleront Louis. Le dernier sera Louis XVIII, mort en 1824.

Vie et littérature

La littérature des Gaulois, c'est essentiellement de la poésie, des chansons, transmises oralement, et chantées par les *bardes*. Cette poésie n'est pas parvenue jusqu'à nous. Mais il existe beaucoup de textes qui nous parlent de la vie chez les Gaulois. Les passages suivants sont adaptés de l'ouvrage de Jules César, *De Bello Gallico (On the War in Gaul)*.

La religion des Gaulois

Longtemps avant le christianisme, les Gaulois avaient leur propre religion. Ils adoraient un grand nombre de dieux qui représentaient les forces de la Nature. Il y avait, entre autres, Belenus, dieu du soleil, et Velléda, déesse de la Terre.

Les prêtres des Gaulois s'appelaient les *druides*. Voilà ce que dit César à propos des Druides:

Les Druides ne vont généralement pas à la guerre, et ils ne paient pas d'impôts comme les autres. Attirés par de si grands avantages, beaucoup de jeunes garçons viennent suivre leur enseignement, dans l'espoir d'être druides aussi un jour, et beaucoup restent à l'école pendant vingt ans et plus.

Les Druides disent que leur religion ne leur permet pas d'écrire les choses qui touchent aux questions religieuses. Pour tout le reste, ils n'hésitent pas à écrire, comme leurs comptes, par exemple, et ils se servent de l'alphabet grec pour cela. Pourquoi ne pas écrire les choses de la religion? Sans doute parce que les gens qui se fient à l'écriture négligent la mémoire. C'est une chose commune: Quand on est aidé par des textes écrits, on s'applique moins à retenir par cœur, et on laisse rouiller sa mémoire.

Le point essentiel de leur enseignement, c'est que les âmes sont immortelles, mais qu'après la mort, elles passent dans le corps d'un autre. Ils pensent que cette conviction est le meilleur stimulant du courage, parce qu'on n'a plus peur de la mort.

* * * * * * * * *

Les Druides figurent dans la cérémonie du Nouvel An qui laisse encore aujourd'hui des traces dans notre culture. Pendant plusieurs semaines avant le jour du Nouvel An, les Druides vont dans la forêt chercher du gui. Mais pas du gui ordinaire, qui pousse en abondance sur beaucoup d'arbres, comme les pommiers et les peupliers. Non. Ils cherchent du gui, qui pousse sur un chêne, car le bois du chêne est très dur, et il est rare que le gui y pousse. Le gui poussé sur un chêne est sacré pour les Gaulois. Quand on a enfin trouvé ce gui, on marque soigneusement sa place, mais on ne la révèle à personne.

Quand la nuit du Nouvel An arrive, les Druides mènent les fidèles en grande cérémonie vers le chêne où pousse le gui sacré. Le plus agile des Druides monte à l'arbre, et avec une faucille d'or, il coupe le gui qui tombe dans un drap de pur lin blanc, étendu sous l'arbre. «Au gui l'an neuf!», crient les Gaulois joyeux. Chaque chef de famille de la tribu emportera son brin de gui sacré qui protègera du mal pendant l'année qui commence.

Portrait de Vercingétorix

Comme les autres Gaulois de son temps, Vercingétorix portait une longue moustache, de longs cheveux en tresses qu'il blondissait en les lavant à l'eau de chaux. On le représente souvent coiffé d'un casque surmonté de petites ailes. Voilà ce que dit de lui Jules César, son ennemi, qui a fini par gagner la guerre contre lui, mais qui admire ses qualités d'homme et de chef militaire:

Vercingétorix, fils de Celtil, était très puissant. Son père avait été tué parce qu'il avait essayé de devenir roi des Gaules. Vercingétorix avait vingt ans quand il a réuni d'abord une petite troupe, puis une grande armée composée de toutes sortes de peuples des Gaules. A l'unanimité, on lui donne le commandement suprême. Quand il a les pouvoirs, il détermine combien de soldats il veut de chaque ville, combien d'armes et de provisions. A la plus grande activité, il joint une sévérité extrême: la terreur de la punition encourage ceux qui hésitent. Pour une faute grave, c'est la mort par le feu, ou par toutes sortes de tortures. Pour une faute légère, il fait couper une oreille ou crever un œil au coupable, et il le renvoie chez lui, pour qu'il serve d'exemple aux autres.

Adapté du *De Bello Gallico*

QUELQUES GAULOIS...

Astérix, le héros de ces aventures. Petit guerrier à l'esprit malin, à l'intelligence vive, toutes les missions périlleuses lui sont confiées sans hésitation. Astérix tire sa force surhumaine de la potion magique du druide Panoramix...

Obélix, est l'inséparable ami d'Astérix. Livreur de menhirs de son état, grand amateur de sangliers, Obélix est toujours prêt à tout abandonner pour suivre Astérix dans une nouvelle aventure. Pourvu qu'il y ait des sangliers et de belles bagarres...

Panoramix, le druide vénérable du village, cueille le gui et prépare des potions magiques. Sa plus grande réussite est la potion qui donne une force surhumaine au consommateur. Mais Panoramix a d'autres recettes en réserve...

Assurancetourix, c'est le barde. Les opinions sur son talent sont partagées: lui, il trouve qu'il est génial, tous les autres pensent qu'il est innommable. Mais quand il ne dit rien, c'est un gai compagnon, fort apprécié ....

Abraracourcix, enfin, est le chef de la tribu. Majestueux, courageux, ombrageux, le vieux guerrier est respecté par ses hommes, craint par ses ennemis. Abraracourcix ne craint qu'une chose: c'est que le ciel lui tombe sur la tête, mais comme il le dit luimême: «C'est pas demain la veille!»

Astérix

Les livres d'**Astérix le Gaulois** ont un grand succès en France en ce moment. Voilà les deux premières pages d'un de ces livres, **Le Bouclier arverne** *(The Shield of Vercingétorix)*.

A gauche, faites connaissance avec les personnages principaux: **Astérix**, son ami **Obélix**, le druide **Panoramix** (dans la version en anglais, *Getafix*), le barde **Assurancetourix** *(Cacophonix)* et le chef **Abraracourcix** *(Democratix)*. Il y a aussi un petit chien, **Idéfix** *(Dogmatix)*.

Clovis

Un des épisodes les plus célèbres de la vie de Clovis, c'est l'histoire du vase de Soissons. Elle nous est racontée par le chroniqueur Grégoire de Tours, qui admire beaucoup la conduite du roi. Il est probable que vous l'admirerez moins que lui.

Les ennemis de Clovis avaient enlevé d'une église un vase d'une grandeur et d'une beauté merveilleuse, ainsi que beaucoup d'autres objets sacrés. L'évêque de cette église envoie au roi des messagers: «Même si vous ne pouvez pas retrouver tous les objets sacrés, pouvez-vous au moins retrouver le vase qui est notre trésor?» Le roi répond: «Suivez-nous jusqu'à Soissons. C'est là que nous allons partager entre nous ce que nous avons repris à nos ennemis. Quand ce vase sera entré dans ma part du butin, je ferai ce que l'évêque me demande.» Car, parmi les guerriers francs, le butin est partagé également entre les soldats et le roi. Quand il arrive à Soissons, le roi va sur la place où est déposé le butin. «Je vous prie, mes braves guerriers» dit-il «de mettre ce vase en supplément, avec ma part.» Et il montre le vase dont nous avons parlé. A ces paroles, les plus raisonnables répondent: «Glorieux roi, tout ici est à toi, et nous-mêmes, nous sommes soumis à ton désir. Fais comme tu voudras, et prends ce vase si tu le désires.» Mais à ce moment, un des soldats, stupide, jaloux et en colère, brandit sa hache et crie: «Tu n'auras rien d'autre que ce que le sort te donnera!» Et il frappe le vase qui se brise en mille morceaux. Tous les autres restent stupéfaits.

Le roi ne dit rien, et il donne simplement les morceaux du vase au messager de l'évêque. Mais il n'oublie pas l'insulte du jeune soldat. Un an plus tard, il fait assembler un jour toute son armée pour inspecter les armes et l'équipement. Quand il arrive devant celui qui avait frappé le vase à Soissons, il lui dit: «Tes armes sont mal tenues. Ta lance, ton épée, ta hache, tout cela est en mauvais état.» Et il jette la hache du soldat à terre. Le soldat se baisse pour la ramasser. Alors le roi, levant la sienne à deux mains, frappe le soldat et le tue, en disant: «Voilà ce que tu as fait au vase de Soissons!»

Adapté de Grégoire de Tours, *Histoire des Francs*

Comme vous voyez, les qualités de Clovis sont peut-être nombreuses, et il a certainement le désir de faire plaisir à l'Eglise. Mais cette mémoire d'éléphant, cette rancune, cette dissimulation, cet orgueil, c'est encore le Barbare, même s'il est en train de se civiliser. Il faut croire que le baptême n'a pas donné à Clovis beaucoup de vertus chrétiennes, comme la charité et le pardon des offenses!

Questions sur *Un peu d'histoire*

1. Quel était le nom ancien de la France? Quelle est la date qui marque le commencement de l'histoire de France? / **2.** Pourquoi cette date est-elle importante? / **3.** Quel est le nom moderne de *Massilia*? Où cette ville est-elle située? Pourquoi était-elle importante dans l'antiquité? Pourquoi est-elle importante aujourd'hui? / **4.** Pourquoi les Romains sont-ils venus en France? / **5.** Quelle est l'origine du nom de la *Provence*? Où est située la Provence? / **6.** Qui était Vercingétorix? Quel est son rôle dans la guerre entre les Romains et les Gaulois? / **7.** Quelles sont les conséquences de la conquête de la Gaule par les Romains? / **8.** Comment l'Empire romain a-t-il fini? / **9.** Quelle est l'importance de l'église chrétienne, après la fin de l'Empire romain? / **10.** Qui était Clovis? Comment est-il devenu chrétien? / **11.** Quelle est l'origine de la fleur-de-lys? Est-ce que cette histoire est certainement vraie, ou est-ce une légende? / **12.** Que veut dire le nom de *Clovis*? Retrouve-t-on ce nom sous une autre forme dans l'histoire de France?

Sujet de discussion et de composition

Les Français datent leur histoire à partir du moment de la conquête de la Gaule par les Romains . . . C'est, bien sûr, une date arbitraire, car le pays existe longtemps avant la conquête romaine, et son histoire aussi. Pourquoi choisir cette date?

Quelle est la date qui marque le commencement de l'histoire des Etats-Unis? Est-ce que la situation, dans le cas des Etats-Unis, est parallèle à celle de la France, ou différente? Expliquez.

Questions sur *Vie et littérature*

1. Est-ce que les Gaulois étaient chrétiens? Pourquoi? En quoi consistait leur religion? / **2.** Quelle était l'importance des *druides* dans la société gauloise? / **3.** Qu'est-ce que le *De Bello Gallico*? Qui l'a écrit? A quelle occasion? / **4.** En quoi consistait la cérémonie du Nouvel An chez les Gaulois? Quelle trace de ces coutumes reste-t-il dans notre civilisation? / **5.** Comment était Vercingétorix, d'après César? Que pensez-vous des punitions qu'il réservait aux soldats coupables? / **6.** *Astérix!* Astérix, est-il un personnage vraiment historique? Qui est-il? Et que savez-vous sur lui et sur ses amis? / **7.** La popularité des livres sur *Astérix* illustre le fait que les gens ont souvent la nostalgie du passé de leur nation. Y a-t-il un phénomène semblable dans la culture américaine? / **8.** Résumez brièvement l'affaire du vase de Soissons, sans répéter le texte. / **9.** Quelle est l'opinion de Grégoire de Tours (il vivait au VIe siècle) sur l'attitude de Clovis dans l'affaire du vase de Soissons? Etes-vous d'accord avec lui? Pourquoi?

Perfectionnez votre grammaire

Les verbes des trois groupes
La construction de deux verbes avec ou sans préposition

Il y a trois groupes de verbes. On classifie les verbes d'après la terminaison de leur infinitif. Les verbes du premier groupe se terminent en **—er**, ceux du 2e groupe en **—ir**, ceux du 3e groupe en **—re**.

I. Les verbes du premier groupe, ou verbes en **—er**

A. Le premier groupe est le plus grand. Il comprend plus de 2.000 verbes. Tous les verbes en **—er** sont réguliers, excepté **aller** (qui a un présent et un futur irréguliers) et **envoyer** (qui a un futur irrégulier).

La conjugaison du verbe en **—er**

EXEMPLE: **parler**

je	parl	**e**
tu	parl	**es**
il	parl	**e**
nous	parl	**ons**
vous	parl	**ez**
ils	parl	**ent**

Tous les verbes réguliers de ce groupe ont la même terminaison.

B. Changements orthographiques de certains verbes du premier groupe

1. Verbes terminés en **—yer (payer, ennuyer, noyer,** etc.)	2. Verbes terminés en **—érer (espérer, préférer,** etc.)
EXEMPLE: **payer**	EXEMPLE: **espérer**
je paie	j' espère
tu paies	tu espères
il paie	il espère
nous payons	nous espérons
vous payez	vous espérez
ils paient	ils espèrent
Explication — Devant un **e muet**, remplacez le **y** par un **i**. (Pas de changement dans le cas de **nous** et **vous**.)	*Explication* — Devant un **e muet,*** remplacez l'accent aigu par un accent grave. (Pas de changement dans le cas de **nous** et **vous**.)

---

*Remember the rule you learned in your first year of French: When a word ends in e + consonant + mute e (*père, mère, pièce, Thérèse, Hélène,* etc.), there is a grave accent on the è. That is why you must change the accent whenever the verb ends in this manner: *préférer*, but *je préfère*.

3. Verbes terminés en —eter		**4. Les verbes appeler (épeler) et jeter**	

3. Verbes terminés en —eter

EXEMPLE: **acheter**

j'   achète*
tu   achètes
il   achète
nous achetons
vous achetez
ils   achètent

Explication — Devant un **e muet** ajoutez un accent grave. (Pas de changement dans le cas de **nous** et **vous**.)

4. Les verbes appeler (épeler) et jeter

	appeler		**jeter**
j'	appelle	je	jette
tu	appelles	tu	jettes
il	appelle	il	jette
nous	appelons	nous	jetons
vous	appelez	vous	jetez
ils	appellent	ils	jettent

Explication — Devant un **e muet**, doublez la consonne. (Pas de changement dans le cas de **nous** et de **vous**.)

5. Verbes terminés en —ger

EXEMPLE: **manger**

je   mange
tu   manges
il   mange
nous mangeons
vous mangez
ils   mangent

Explication — Ajoutez un **e** à la forme **nous**.

6. Verbes terminés en —cer

EXEMPLE: **commencer**

je   commence
tu   commences
il   commence
nous commençons
vous commencez
ils   commencent

Explication — Ajoutez une cédille sous le **c** devant **o** (**u**, **a**) pour garder le son de l'infinitif.

C.   Changements orthographiques de ces verbes au futur et à l'imparfait

1. **Au futur.** Le futur régulier est formé sur l'infinitif, avec les terminaisons du verbe **avoir**. (Tous les verbes du 1er groupe ont un futur régulier, excepté **aller: j'irai** et **envoyer: j'enverrai**). Il y a donc toujours un **e muet** dans la terminaison: **—erai, —eras, —era, —erons, —erez, —eront**.

EXEMPLES:	**payer**	**espérer**	**acheter**
j(e)	paierai	espèrerai	achèterai
tu	paieras	espèreras	achèteras
il	paiera	espèrera	achètera
nous	paierons	espèrerons	achèterons
vous	paierez	espèrerez	achèterez
ils	paieront	espèreront	achèteront
	appeler (jeter)	**manger**	**commencer**
j(e)	appellerai	mangerai	commencerai
tu	appelleras	mangeras	commenceras
etc.	etc.	etc.	etc.

Remarque: Naturellement, ces changements existent aussi dans les verbes dérivés. Par exemple, formez *rappeler* comme *appeler*, *racheter* comme *acheter*, et *recommencer* comme *commencer*.

2. **A l'imparfait.** Il n'y a pas de **e muet** dans la terminaison de l'imparfait. Il n'y a donc pas de changement orthographique pour les verbes comme **payer, espérer, acheter,** et **appeler**.

EXEMPLES:		**payer**	**espérer**	**acheter**	**appeler (jeter)**
	j(e)	payais	espérais	achetais	appelais (jetais)
	tu	payais	espérais	achetais	appelais (jetais)
	etc.	etc.	etc.	etc.	etc.

Les verbes en **—ger** comme **manger** et les verbes en **—cer** ont la modification nécessitée par la prononciation:

EXEMPLES:		**manger**	**commencer**
	je	mangeais	commençais
	tu	mangeais	commençais
	il	mangeait	commençait
	nous	mangions	commencions
	vous	mangiez	commenciez
	ils	mangeaient	commençaient

II. Les verbes du deuxième groupe, ou verbes en —ir

A. La conjugaison de ces verbes est caractérisée par l'infixe **—iss—** dans les trois personnes du pluriel.

Conjugaison du verbe en **—ir**			
EXEMPLE: **choisir**	je	chois	**is**
(**finir, bâtir, obéir, démolir,**	tu	chois	**is**
réfléchir, réussir, etc.)	il	chois	**it**
	nous	chois **iss**	**ons**
	vous	chois **iss**	**ez**
	ils	chois **iss**	**ent**

Remarque intéressante sur ces verbes: Quand un verbe est formé sur un adjectif (devenir **brun** = **brunir**, devenir **grand** = **grandir**, etc.) il est formé sur le modèle des verbes en **—ir** et il a l'infixe **—iss—**. Voilà quelques-uns des verbes formés sur des adjectifs:

blanc	**blanchir**	grand	**grandir**
noir	**noircir**	pâle	**pâlir**
vert	**verdir**	sale	**salir**
rouge	**rougir**	beau/belle	**embellir**
brun	**brunir**	vieux/vieille	**vieillir**
jaune	**jaunir**	jeune	**rajeunir**
bleu	**bleuir**		
blond	**blondir**		

Exception: Le verbe formé sur **petit** est **rapetisser**. Il est formé sur le modèle des verbes du premier groupe. Mais remarquez qu'il a le **—iss—**, comme les autres verbes formés sur des adjectifs.

Quand la famille **grandit**, la maison a l'air de **rapetisser**.

B. Les principaux verbes irréguliers du deuxième groupe: **courir, dormir, partir, sortir.**

	courir	**dormir**	**partir**	**sortir**
je	cours	dors	pars	sors
tu	cours	dors	pars	sors
il	court	dort	part	sort
nous	courons	dormons	partons	sortons
vous	courez	dormez	partez	sortez
ils	courent	dorment	partent	sortent

Remarquez: Ces 4 verbes n'ont pas l'infixe **—iss—**.

Note: Les verbes terminés en **—oir** (**voir, avoir, savoir, vouloir, pouvoir,** etc.) ne sont pas dans ce groupe et ils sont tous irréguliers.

III. Les verbes du troisième groupe, ou verbes en **—re**

La conjugaison du verbe en **—re**			
EXEMPLE:	**attendre**	j' attend	**s**
		tu attend	**s**
		il attend	
		nous attend	**ons**
		vous attend	**ez**
		ils attend	**ent**

Remarque: Il y a deux exceptions importantes: **prendre** (apprendre, comprendre, surprendre) et **mettre** (remettre, promettre) sont irréguliers.

Conjugaison de **prendre**		Conjugaison de **mettre**	
je	prends	je	mets
tu	prends	tu	mets
il	prend	il	met
nous	prenons	nous	mettons
vous	prenez	vous	mettez
ils	prennent	ils	mettent

IV. Les verbes irréguliers

Vous trouverez la liste des verbes irréguliers page 313. Voilà quelques-uns des verbes irréguliers les plus employés:

	être	**avoir**	**aller**	**faire**	**dire**	**venir**
j(e)	suis	ai	vais	fais	dis	viens
tu	es	as	vas	fais	dis	viens
il	est	a	va	fait	dit	vient
nous	sommes	avons	allons	faisons	disons	venons
vous	êtes	avez	allez	faites	dites	venez
ils	sont	ont	vont	font	disent	viennent

	devoir	**pouvoir**	**savoir**	**voir**	**vouloir**
je	dois	peux (puis)	sais	vois	veux
tu	dois	peux	sais	vois	veux
il	doit	peut	sait	voit	veut
nous	devons	pouvons	savons	voyons	voulons
vous	devez	pouvez	savez	voyez	voulez
ils	doivent	peuvent	savent	voient	veulent

V. La construction de deux verbes avec ou sans préposition

EXEMPLE: J'**aime écouter** la musique.
Vous **préférez regarder** la télévision.
Il **apprend à jouer** du piano.
J'**oublie de faire** mon travail.

1. Quand deux verbes se suivent, le deuxième est infinitif.
2. Beaucoup de verbes n'ont pas besoin de préposition devant un autre verbe. Quelques verbes ont besoin de la préposition **à** ou **de** devant un autre verbe.

Verbes suivis d'un infinitif *sans préposition*, ou avec **à** ou **de**.

A. Sans préposition

EXEMPLE: J'aime aller au cinéma.
Je n'ose pas inviter cette jeune fille.

aimer, *to like or love*	entendre, *to hear*	se rappeler, *to recall*
aller, *to go*	faire, *to do or make*	regarder, *to look at*
arriver, *to arrive or happen*	falloir, *to have to*	rentrer, *to go (come) home*
courir, *to run*	laisser, *to let or leave*	retourner, *to go back*
croire, *to think*	monter, *to go or come up*	savoir, *to know*
désirer, *to wish*	oser, *to dare*	valoir (mieux), *to be better*
devoir, *to be supposed to*	paraître, *to seem or appear*	venir, *to come*
envoyer, *to send*	penser, *to think*	voir, *to see*
espérer, *to hope*	préférer, *to prefer*	vouloir, *to want*
écouter, *to listen*		

B. Avec à

EXEMPLE: J'apprends **à** jouer du piano.
Je commence **à** savoir le français.

aider, *to help*	condamner, *to condemn*	se mettre, *to begin*
s'amuser, *to have fun*	continuer, *to continue*	penser, *to think of (doing*
apprendre, *to learn*	enseigner, *to teach*	*something)*
chercher, *to seek or try*	hésiter, *to hesitate*	réussir, *to succeed*
commencer, *to begin*	inviter, *to invite*	

C. Avec de

EXEMPLE: Je décide **de** rester.
J'oublie **de** prendre mes affaires.

s'arrêter, *to stop*	empêcher, *to prevent*	ordonner, *to order*
cesser, *to stop*	essayer, *to try*	oublier, *to forget*
conseiller, *to advise*	finir, *to finish*	proposer, *to propose*
craindre, *to fear*	menacer, *to threaten*	refuser, *to refuse*
décider, *to decide*	mériter, *to deserve*	regretter, *to regret*
demander, *to ask*	obliger, *to oblige*	risquer, *to risk*
se dépêcher, *to hurry*	offrir, *to offer*	venir, *to have just*
dire, *to tell*		

Exercices

Ⅰ. **Les verbes du premier groupe (en —er)**

Quelle est la forme correcte du verbe?

Au présent	*Au futur*	*A l'imparfait*
1. essayer (je)	10. appuyer (il)	19. placer (je)
2. jeter (il)	11. ennuyer (tu)	20. nager (nous)
3. payer (vous)	12. amener (je)	21. acheter (je)
4. espérer (je)	13. préférer (ils)	22. préférer (vous)
5. commencer (nous)	14. projeter (on)	23. espérer (il)
6. manger (nous)	15. emmener (nous)	24. rappeler (on)
7. apporter (il)	16. exécuter (tu)	25. modifier (vous)
8. commémorer (on)	17. appeler (nous)	26. jeter (je)
9. accepter (je)	18. apporter (il)	27. étudier (nous)

Ⅱ. **Les verbes du deuxième groupe (en —ir)**

A. Formez le verbe sur un adjectif et employez-le dans une phrase.

EXEMPLE: *(rouge)*
rougir. Les blonds rougissent au soleil.

1. vieux	4. vert	7. petit *(attention!)*
2. grand	5. jaune	8. brun
3. beau	6. bleu	9. pâle

B. Complétez les phrases suivantes par le verbe indiqué à la forme correcte.

EXEMPLE: Quand il fait très froid, mes mains. . . . . (bleuir)
Quand il fait très froid, mes mains bleuissent.

1. L'automne est une bien jolie saison! Il y a des arbres qui . . . . (rougir), d'autres qui . . . . (jaunir). Chaque hiver, la nature . . . . (vieillir) mais elle . . . . (rajeunit) au printemps.

2. . . . . -vous (réfléchir) avant de parler? . . . . -vous (choisir) toujours bien les mots qui expriment vos idées? . . . . -vous (réussir) à dire clairement ce que vous avez dans l'esprit?

3. En Amérique, on . . . . (démolir) les vieux bâtiments, parce que les gens . . . . (bâtir) beaucoup. En France, on . . . . (bâtir) aussi beaucoup, mais on pense qu'un beau bâtiment . . . . (vieillir) avec charme.

4. Si vous . . . . (partir) en retard, vous . . . . (courir) pour arriver à l'heure. Qui est souvent en retard? Ce sont les gens qui . . . . (dormir) tard!

5. . . . . -vous (sortir) ce soir? Ou . . . . -vous (obéir) à la petite voix intérieure de votre conscience? Vous êtes libre. . . . . ! (choisir)

III. Verbes du troisième groupe (en —re)

Complétez les phrases suivantes avec un des verbes de cette liste:
attendre, prendre, mettre, comprendre, vendre, répondre, apprendre, entendre, interrompre, promettre

1. Entrez, ... une chaise et . . . . vos affaires sur la table.
2. Les enfants polis ne . . . . pas les conversations des adultes.
3. Si vous expliquez bien, nous . . . . toujours.
4. Arrivez à l'heure, sinon, vos amis ne . . . . pas.
5. Une ligne de la Marseillaise dit: «. . . . -vous, dans nos campagnes, etc.»
6. On . . . . des choses intéressantes si on lit beaucoup de livres.
7. Vous ne répondez pas aux lettres? Alors, ... le téléphone!
8. Que pensez-vous des politiciens qui . . . . la lune?
9. Les agences de publicité . . . . , non pas un produit, mais son image.
10. Si vous écoutez bien, vous . . . . toujours toutes sortes de bruits.

IV. Les verbes qui n'ont pas de préposition devant un autre verbe, ou qui ont à ou de

Complétez par la préposition correcte, quand la préposition est nécessaire.

J'aime . . . . rester seul à la maison, ... lire un livre, ... regarder la télévision. Mais quelquefois, quand je suis seul, j'ai peur. Je crois . . . . voir des formes étranges, je cours . . . . fermer les portes, je n'ose pas . . . . aller dans les autres pièces, parce que je pense . . . . y entendre des bruits bizarres.*

Nous continuons . . . . étudier le français. Nous avons commencé . . . . le parler la première année. Nous avons aussi appris . . . . écrire des compositions correctes et intéressantes. Nous n'oublions pas . . . . mettre les accents nécessaires, et nous pensons toujours . . . . accorder l'adjectif avec le nom.

V. Sujets de composition

1. Les activités d'une de vos journées. (C'est soit une journée ordinaire, soit une journée . . . . extraordinaire!) Racontez, en employant une grande variété de verbes.

2. Racontez, dans vos propres termes, et en ajoutant vos propres détails imaginatifs, la légende de l'origine de la fleur-de-lys.

3. *Recherche personnelle.* Documentez-vous sur Clovis et racontez ce que vous avez trouvé sur lui et sur sa période qui n'est pas nécessairement dans le livre.

---

*If you are doing this exercise correctly, you notice something. What is it?

2 Bavardez avec les Français

Vos plaisirs et distractions

Informations culturelles. Les jeunes Français ont à peu près les mêmes plaisirs et distractions que vous. Ils font du sport, regardent la télévision (il y a beaucoup de programmes américains à la télévision française, et les acteurs parlent tous français, bien sûr!), etc.

Les vacances, pourtant, sont différentes: presque tous les Français vont en vacances pendant au moins quinze jours, plus longtemps si c'est possible. C'est souvent un voyage modeste: On va passer les vacances à la ferme de grand-mère, ou bien on va camper près d'une plage. Mais *aller en vacances* est un rituel qui met toute la France sur les routes au mois d'août.

Qu'est-ce que tu aimes faire, pour te distraire?

— Moi, tu sais, je suis paresseux. J'aime surtout:
1) Ne rien faire, ou dormir.
2) Regarder la télévision.
3) Lire! Je dévore les livres.

— Moi, tu sais, je ne peux pas rester en place.
1) Je fais du sport.
2) Je fais partie d'un groupe.
3) J'ai des tas d'activités.

Quels sports fait-on surtout, chez vous?

— Je suis membre de l'équipe de .football / . rugby / baseball / basketball / volleyball .
— Je joue au .football / tennis / golf ....
— Je fais beaucoup d'exercice.
— Je fais du cheval. Je nage dans la piscine.

Et toi, qu'est-ce que tu fais?

Oh moi, je suis beaucoup moins énergique! Qu'est-ce qu'on peut faire d'autre, dans ton école?

Il y a des types qui jouent aux échecs, d'autres qui jouent au bridge.

J'aime la musique. Joues-tu d'un instrument?

Eh bien, j'essaie de jouer de la guitare. Je voudrais jouer du piano aussi, mais c'est difficile.

---

*Remarquez que le français a adopté le nom anglais pour beaucoup de sports.

Je m'intéresse à la politique. Et toi?

— Tu sais, moi, ça ne me passionne pas.
— La politique et moi, ça fait deux!
(Expression: je ne comprends pas du tout . . .)

Divisez la classe en groupes de 2 (ou de plus de 2) personnes. Chaque personne du groupe prend un rôle, et chaque groupe prépare sa conversation.

1. *You* are taking a Summer Session at the University in Montréal. Your friends are a group of young French-speaking Canadians. *Réal Labrie* says that he can't stay in one place; he needs exercise: football, baseball. He is on the hockey team. Are you interested in hockey? You tell him that you don't understand hockey. But you tell him you love tennis. *Joseph Lafleur* says he likes sports too. Réal laughs, and says yes: Joseph won the sleeping match last year. (Il a gagné le match de sommeil.) Joseph has to figure out his answer to that.

2. A conversation between *two people*: one who is very lazy, and one who is full of energy. Each tells the other what he likes best to do, or not to do (faire et ne pas faire).

3. You have invited *an African* exchange student for dinner at your home. After dinner, *your brother* and *you* ask him/her what one can do in Sénégal, after school. Answer: It is warm, so you can swim all year round. He/She also belongs to a club which organizes camping trips. What else? He/She is learning to play the piano. You say you are learning that too, but it does not fascinate you. You prefer . . . . . (what do you prefer?). Your brother says that you and music, that's two things (=you don't understand music). You figure out your answer to him.

4. *Your Summer Vacation — Pierre and Annick* tell you what they do during their Summer vacation, and why it is, or is not, fun. You, *Barbara and Jonathan*, tell them what you do during yours, and also why it is or is not fun.

Attention! On dit: jouer **à** un sport (au tennis, au golf)
  à un jeu (aux cartes, aux échecs)
  jouer **d'**un instrument (de la guitare, du piano)

Un peu d'histoire

1. Le couronnement de Charlemagne à Rome, le jour de Noël 800.

2. Petite statue de l'Empereur Charlemagne, qui date probablement de son époque.

3. La mort de Roland.

2

3

Un grand empereur: Charlemagne
Les invasions des Normands et la conquête de l'Angleterre

La période qui suit celle de Clovis est sombre pour la France, malgré l'administration de l'Eglise. Les descendants de Clovis sont de mauvais rois, si faibles et si paresseux qu'on les appelle les *rois fainéants*.* Ils sont aussi barbares et cruels, et les atrocités commises sous leur règne, souvent dans leurs familles mêmes, sont horribles. Mais bientôt le pouvoir va tomber dans les mains du *maire du palais*, un fonctionnaire qui est chef de la maison du roi. Eventuellement, le pape dira: «Que celui qui a le pouvoir *en fait* ait aussi le pouvoir *en droit*». Et il couronne Charlemagne, fils du maire du palais.

L'empereur Charlemagne

Il y a une différence fondamentale entre un roi et un empereur. Le roi, comme Clovis l'a établi, tient son pouvoir de Dieu, et le transmet à ses descendants. On est roi par sa naissance et par la volonté de Dieu. Un empereur est un chef militaire qui devient aussi chef du gouvernement parce qu'il a le support de l'armée. Charlemagne, chef militaire, sera empereur, couronné par le Pape à Rome le jour de Noël 800.

Charlemagne est une des grandes figures de l'histoire de France. Son peuple va s'appeler les *Francs*, et sa capitale est à Aix-la-Chapelle.** Il donne à son territoire une bonne administration et fonde des écoles. Il s'intéresse à la philosophie, aux idées, ce qui est très nouveau dans cet âge tout près encore de la période barbare. Il organise une expédition en Espagne, pour chasser les Musulmans. C'est au retour de cette expédition que son neveu, Roland, est tué par un groupe de montagnards. Cet épisode sera transformé en aventure merveilleuse, et donnera naissance à la *Chanson de Roland*, le grand poème épique de la littérature française.

---

fainéant is an old adjective, seldom used today, meaning *lazy*.

**Aix-la-Chapelle* is today situated in Germany near the Rhine and called ''Aachen'' in German. Charlemagne's chapel is still there.

Les invasions des Normands

Quoi? Les invasions continuent? Oui, n'oubliez pas cette force qui pousse les hommes vers l'ouest. Cette fois, les envahisseurs sont des hommes du nord, qu'on appelle Norsemen, ou **Normands**. Ce sont des Vikings, venus des pays scandinaves. Chaque année, au printemps, ils arrivent sur la côte nord de la France, remontent les rivières dans leurs bateaux, attaquent les villes, brûlent les fermes, pillent maisons, châteaux et monastères. C'est une terreur annuelle. Paris est attaqué huit fois. Enfin, en 911, le roi Charles le Simple, un descendant de Charlemagne, leur donne par traité la province nord de la France. Elle s'appellera la **Normandie**, du nom de ses habitants, et c'est le nom qu'elle porte encore.

Les Normands deviennent français

Dans un exemple d'adaptation assez rare, les Normands oublient vite leur langue (c'est la langue qu'on parle encore aujourd'hui en Islande), leur religion, et leur pays d'origine. Ils acceptent le français, la religion chrétienne, et les coutumes françaises. Mais ils sont, et restent, d'excellents navigateurs.

La conquête de l'Angleterre par les Normands (1066)*

D'autres Vikings sont aussi établis en Angleterre, de sorte que le roi d'Angleterre, Edward the Confessor, est un cousin du Duc de Normandie. Edward est vieux, et il n'a pas d'enfants. Avant de

---

*For a detailed exposé of the affair, see *Fenêtres sur la France*, pp. 252–261.

4

mourir, il décide de donner la couronne d'Angleterre à son cousin, Guillaume, Duc de Normandie. Il envoie son beau-frère, Harold, en Normandie. Après bien des aventures, Harold donne le message du vieux roi, et Guillaume accepte la couronne. Puis Harold retourne en Angleterre. Là, il trouve Edward mort, et les barons anglais qui lui offrent la couronne. La tentation est trop grande, Harold accepte et le voilà roi d'Angleterre. Guillaume est furieux. N'oubliez pas que les Normands sont des bons navigateurs, et qu'ils savent construire des bateaux solides. Alors, Guillaume construit une flotte d'invasion et arrive en Angleterre. Là, à la bataille de Hastings, il gagne une victoire décisive. Harold et ses frères sont tués, Guillaume devient roi d'Angleterre sous le nom de William the Conqueror.*

Maintenant le Duc de Normandie est aussi roi d'Angleterre. Le lion des armes *(coat of arms)* de Normandie est encore aujourd'hui sur les armes des rois d'Angleterre. La langue anglaise va se développer, et incorporer une grande quantité de mots français, apportés par les Normands. Mais, dans les siècles qui vont venir, les rois d'Angleterre resteront aussi propriétaires de cette grande province de France, la Normandie, et éventuellement, demanderont la couronne de France. Ce sera la cause de la Guerre de Cent Ans.

---

*Which is a marked improvement over his previous name. His father had been Duke of Normandy, but since he had neglected to marry Arlette, the pretty peasant girl who bore him Guillaume, Guillaume was always known, in France, as Guillaume le Bâtard.

4. Détail de la Tapisserie de Bayeux. La flotte normande arrive en Angleterre. Remarquez les chevaux sur les bateaux.

Vie et littérature

Une Chanson de Geste: La Chanson de Roland

Le Moyen-Age nous a laissé plusieurs importantes *Chansons de Geste*. Ce sont de longs poèmes, qui racontent les aventures d'un personnage important. Il ne s'agit pas d'un personnage contemporain de la Chanson de Geste. Non. Il s'agit toujours d'un personnage qui est déjà mort depuis longtemps, et qui est passé dans la légende. La plus célèbre de ces Chansons de Geste est la *Chanson de Roland*.

Les événements véritables

La Chanson de Geste est toujours basée sur une origine historique. En 778, Charlemagne fait une expédition contre les Arabes en Espagne. A son retour, l'armée, qui a gagné certaines batailles, mais pas de victoire décisive, traverse les Pyrénées pour retourner en France. Les Pyrénées sont de hautes montagnes, le passage est difficile, car les cols sont étroits. Enfin, l'armée est passée, et commence la descente sur le versant français. Seule reste l'arrière-garde qui, naturellement, passe la dernière. Cette partie de l'armée est commandée par Hrodlandus, ou *Roland*, un officier de Charlemagne.

Au moment où l'armée traverse le col de Roncevaux, un passage étroit entre des montagnes escarpées, un groupe de Basques, habitants de la région, cachés au-dessus du chemin, fait rouler des rochers qui terrifient les chevaux. Ils attaquent le petit groupe de soldats, les tuent tous, y compris Roland, et volent les armes, les provisions et l'équipement. C'est l'histoire, telle qu'elle est racontée par Eginhard, le chroniqueur de Charlemagne.

Une transformation merveilleuse

Partant de cet épisode, la légende a composé une aventure merveilleuse. Roland est le neveu de Charlemagne, qui l'aime comme son fils. Il est accompagné de son ami Olivier, qui est son inséparable compagnon, et comme un frère, puisque Roland est fiancé avec Aude, la sœur d'Olivier. Il est à la tête d'une armée de vingt mille hommes.

Roland est le type du chevalier brave et complètement dévoué à son roi et à son Dieu. Mais il est trahi par Ganelon, son beau-père qui le déteste, et qui révèle aux Sarrasins (ou Arabes) la route où va passer Roland et son armée. Et voilà cent mille Sarrasins qui attaquent les vingt mille soldats français. Roland combat héroïquement, et tue des milliers de Sarrasins, car Dieu est avec lui. Mais les ennemis sont trop nombreux, les soldats français tombent l'un après l'autre. Enfin, seuls restent Roland et Olivier. Roland pourrait sonner son oliphant* et appeler à l'aide Charlemagne et son armée. Mais il refuse, parce qu'il est brave, et qu'il n'aime pas demander de l'aide. Enfin, le combat devient désespéré. Roland enfin souffle dans son oliphant, et il souffle si fort qu'il rompt les veines de son cou. Charlemagne l'entend, mais il est trop tard! Resté seul en vie, blessé à mort, Roland essaie en vain de briser son épée, Durandal, sur un rocher. C'est en vain: Durandal ne se brise pas. Alors, Roland, qui sent venir la mort, se couche sous un arbre, tourné vers l'Espagne, demande pardon à Dieu de ses péchés, et meurt en bon chevalier:

---

un oliphant: You recognize the deformation of the word *éléphant*. Roland's oliphant is indeed a horn, made from an elephant tusk. In modern French, it would be called *un cor*, or *une corne*, a horn. A French horn is called *un cor de chasse*.

Alors Roland sent que la mort vient
Que de la tête au corps elle descend.
Sous un pin, il s'en va en courant
Sur l'herbe verte, il s'est couché.
Dessous lui, met l'épée et l'oliphant,
Tourne sa tête vers le pays païen
Il fait cela, car il voulait vraiment
Que Charles dise, et avec lui ses gens:
«Le noble Roland est mort bravement!»*

* * * * * * * * *

   Alors Dieu envoie tous ses saints et ceux-ci descendent. Ils emporteront au paradis l'âme du brave chevalier Roland. Mais l'histoire n'est pas finie. Une femme, et une seule, apparaît dans la *Chanson de Roland*. Son rôle est court, mais poignant. C'est la belle Aude, fiancée de Roland.

* * * * * * * *

L'empereur, revenu d'Espagne,
Arrive à Aix, capitale de la France.
Il monte au palais, entre dans la salle.
Voici que vient à lui Aude, une belle fille.
Elle dit au roi: «Où est Roland, le capitaine,
Qui a juré de me prendre pour épouse?»
Charles en éprouve douleur et chagrin.
Il pleure, il tire sa barbe blanche.
«Ma chère enfant, c'est d'un homme mort que tu me parles.
Mais je te donnerai en échange quelqu'un de plus précieux,
C'est Louis, je ne peux pas mieux te dire.
C'est mon fils, et il héritera de mes terres.»
Aude répond: «Ces mots n'ont pas de sens pour moi.
Ne plaise à Dieu, ni à ses saints, ni à ses anges
Que je demeure vivante après Roland.»
Elle perd la couleur, elle tombe aux pieds de Charlemagne.
Et la voilà morte! Dieu ait pitié de son âme.
Les barons francais pleurent et la plaignent.

---

*Roland must be found facing danger, so all will know that he died bravely, and not running away like a coward.

Un roman courtois: Tristan et Yseut

Les *romans courtois* sont des œuvres en prose. Ils sont destinés, non pas au public ordinaire comme les Chansons de Geste, mais à un public aristocratique. Il n'y est pas beaucoup question de guerres ou d'aventures. Le sujet est surtout l'amour.

Il y a beaucoup de versions de *Tristan et Yseut*. Voilà le récit d'une de ces versions.

Tristan et Yseut

Le beau Tristan est allé en Irlande chercher Yseut la Blonde, qui est fiancée avec son oncle, le roi Marc. C'est un mariage arrangé, et Yseut ne connaît pas Marc, qui est beaucoup plus âgé qu'elle. Sa mère, pour assurer le succès de ce mariage, a préparé un «vin herbé», une potion magique, qui, partagée entre un homme et une femme, les fera tomber amoureux l'un de l'autre pour la vie.

Sur le bateau qui vient d'Irlande, Yseut et Tristan boivent, par erreur, la potion magique, le philtre d'amour. Sa force tombe sur eux, et les voilà amoureux pour la vie. Ils comprennent vite que c'est un amour fatal, et Tristan part vers un autre pays, car il ne veut pas déshonorer son oncle, qu'il aime beaucoup.

Des années passent . . . . Tristan n'a pas oublié Yseut, mais il a fini par se marier. Sa femme est jalouse, car elle a entendu parler de l'amour de son mari pour Yseut la Blonde.

Un jour, Tristan est blessé dans un combat, par une lance empoisonnée. Tous les remèdes sont en vain. Il devient de plus en plus faible, et on voit bien qu'il va mourir. Alors, Tristan appelle son fidèle serviteur, et lui dit: «Va, va chez la reine Yseut, et donne-lui cette bague. Elle saura que c'est la mienne. Dis-lui que je vais mourir et que je voudrais la voir avant de retourner à Dieu. Amène-la avec toi si elle accepte de venir. Et, pour que je sache si elle est avec toi, mets une voile blanche à ton bateau. Je resterai en vie jusqu'au moment où je verrai cette voile. Si la voile est noire, je saurai que je peux mourir, car Yseut ne viendra pas.»

Le serviteur part, arrive dans le royaume du roi Marc et donne la bague à Yseut. Elle pâlit, et quand elle apprend que Tristan va mourir, elle part aussitôt sur le bateau. Le voyage est long, parce qu'il y a des tempêtes. Enfin, le bateau approche de la côte, et le serviteur fidèle hisse la voile blanche.

Couché sur son lit, Tristan est trop faible pour regarder par la fenêtre. C'est sa femme qui surveille la mer et voit à l'horizon le bateau avec la voile blanche. Elle hésite. Le bateau va entrer dans le port . . . Elle hésite encore, mais comme elle est jalouse, elle dit à Tristan: «Voilà le bateau que vous attendez, mais la voile est noire.» A ces mots, Tristan, que seul l'espoir gardait en vie, ferme les yeux et meurt.

Quand Yseut arrive au palais, elle voit celui qu'elle a tant aimé. «Je suis arrivée trop tard,» dit-elle. Elle prend la main déjà froide de Tristan, et elle sait qu'elle ne pourra plus vivre après lui. Alors, elle se couche près de lui, et elle meurt aussi.

Quand le vieux roi Marc apprend la mort de Tristan et d'Yseut, il est triste, car il a perdu les deux personnes qu'il aimait le plus. Il vient au pays de Tristan, et il fait préparer deux très belles tombes pour cet homme et cette femme que la fatalité a liés dans la vie et dans la mort.

Mais les gens du pays sont surpris, peu de jours après, de voir une vigoureuse plante, une ronce, qui pousse sur la tombe de Tristan et se penche sur la tombe d'Yseut à côté. Ils la coupent. Elle repousse aussitôt, comme poussée par une force magique, et en quelques jours, elle est devenue aussi grande qu'avant. Ils la coupent une deuxième fois. Elle repousse de la même façon. Alors, les gens comprennent qu'il s'agit là d'une force qu'ils ne comprennent pas . . . Quand le roi Marc entend parler de cette ronce miraculeuse, il pleure, et il donne des ordres pour qu'on ne la coupe plus et qu'on la laisse pousser en paix.

Questions sur *Un peu d'histoire*

1. Comment appelle-t-on les descendants de Clovis? Pourquoi? / **2.** Quelle est la différence entre un roi et un empereur? / **3.** Comment Charlemagne devient-il empereur? / **4.** Où était la capitale de Charlemagne? Dans quel pays est cette ville aujourd'hui? / **5.** Quelles sont les invasions qui ont dévasté le nord de la France pendant cette période? / **6.** Expliquez l'origine du nom *Normand* et du nom *Normandie*. / **7.** Pourquoi Harold d'Angleterre est-il venu en France? / **8.** (Si vous avez étudié dans *Fenêtres sur la France*) Quel est le document unique qui illustre la conquête de l'Angleterre? Que savez-vous sur ce document? / **9.** Pourquoi le lion figure-t-il encore aujourd'hui sur les armes de l'Angleterre, et sur les armes de la Normandie? (Vous trouverez les armes de la Normandie sur la photo des poupées normandes dans la section en couleur, page 131.) / **10.** Quelles seront les conséquences de la conquête de l'Angleterre: 1) Pour l'Angleterre? 2) Pour la France?

Sujet de discussion ou de composition

Supposez que Harold a gagné la bataille de Hastings. Guillaume est tué et son armée est décimée. Cela change complètement la situation, car la version que nous avons de l'affaire nous vient de Guillaume. Essayez d'imaginer la version donnée par Harold.

Questions sur *Vie et littérature*

A. *La Chanson de Roland*

1. Qu'est-ce qu'une *chanson de geste*? De quelle période datent les chansons de geste? Qu'est-ce qui caractérise leur sujet? Quelle est la plus célèbre? / **2.** Racontez brièvement, et sans répéter le texte, le fait historique sur lequel est basée *La Chanson de Roland.* / **3.** Comment la légende a-t-elle transformé la vérité: Qu'est-ce qu'elle a ajouté? Modifié? / **4.** Que fait *Roland* pour se préparer à la mort? Pourquoi? / **5.** Y a-t-il beaucoup de femmes dans *La Chanson de Roland*? Pouvez-vous imaginer pourquoi? / **6.** Qui est *Aude*, et quel est son rôle dans *La Chanson de Roland*? Trouvez-vous cette scène poignante? Pourquoi?

B. *Tristan et Yseut*

1. Qu'est-ce qu'un *roman courtois*? Pouvez-vous imaginer si les romans courtois sont écrits avant ou après les Chansons de Geste? Donnez les raisons de votre opinion. / **2.** Quels sont les personnages de *Tristan et Yseut*? Comment Tristan et Yseut sont-ils victimes de la fatalité? / **3.** Racontez brièvement, et sans répéter le texte, l'histoire de *Tristan et Yseut.* / **4.** A votre avis, que représente la plante vigoureuse qui pousse sur la tombe de Tristan et se penche sur celle d'Yseut? / **5.** Expliquez pourquoi le vieux roi Marc donne des ordres pour qu'on ne coupe pas cette plante miraculeuse.

Perfectionnez votre grammaire

Le passé: imparfait, passé composé et plus-que-parfait

L'imparfait est le temps de la description.
Le passé composé est le temps de l'action.
Le plus-que-parfait est le passé du passé composé.

Exemples:	*imparfait*	*passé composé*	*plus-que-parfait*
parler	je parlais	j'ai parlé	j'avais parlé
finir	je finissais	j'ai fini	j'avais fini
répondre	je répondais	j'ai répondu	j'avais répondu

I. L'imparfait

A. Sa formation

L'imparfait est formé sur la racine de l'infinitif (parlér, finir, répondré, êtré, avóir, etc.) et des terminaisons qui sont les mêmes pour tous les verbes.

EXEMPLES:

	avoir	**être**	**parler**	**finir***	**répondre**		
j(e)	avais	étais	parlais	finissais	répondais	—	**ais**
tu	avais	étais	parlais	finissais	répondais	—	**ais**
il	avait	était	parlait	finissait	répondait	—	**ait**
nous	avions	étions	parlions	finissions	répondions	—	**ions**
vous	aviez	étiez	parliez	finissiez	répondiez	—	**iez**
ils	avaient	étaient	parlaient	finissaient	répondaient	—	**aient**

Remarquez: Il n'y a pas d'imparfait irrégulier.

B. Son usage

Employez l'imparfait pour une description, pour dire comment étaient les choses.

Hier, il **faisait** beau, il y **avait** du soleil et j'**étais** en vacances.

1. Certains verbes sont presque toujours à l'imparfait, parce qu'ils indiquent, par leur sens, une idée de description. Ces verbes sont:

   être J'**étais** à la maison hier parce que j'**étais** malade.
   avoir J'**avais** la grippe, j'**avais** mal à la tête.

---

*Remarquez que les verbes réguliers du 2e groupe ont l'infixe —iss— à toutes les personnes de l'imparfait.
Les verbes du 2e groupe qui n'ont pas l'infixe (*courir, dormir, partir, sortir*) n'ont pas l'infixe à l'imparfait: *je courais, je dormais,* etc.

Certains verbes, qu'on appelle *verbes d'état d'esprit*, parce qu'ils indiquent la description de votre état d'esprit *(state of mind)* sont généralement aussi à l'imparfait:

aimer:	j'aimais	**préférer:**	je préférais
croire:	je croyais	**pouvoir:**	je pouvais
détester:	je détestais	**savoir:**	je savais
espérer:	j'espérais	**vouloir:**	je voulais
penser:	je pensais		

Exemples: Quand j'avais six ans, nous avions un chien que **j'aimais** beaucoup. Je **pensais** qu'il était très beau. Il **détestait** les chats, et il me **préférait** à tout le monde.

Je **voulais** vous voir, et je ne **savais** pas que vous **vouliez** me voir aussi.

(As a rule, it is difficult to make a serious error in French by using **être,** **avoir,** **aimer, penser, croire, détester, espérer, penser, préférer, pouvoir, savoir,** *or* **vouloir** *in the imperfect. You will see, a little further in this lesson, when they are actually used in the* **passé composé.** *But remember that these cases are relatively rare, and that their imperfect can seldom lead you astray.)*

2. Les autres verbes à l'imparfait

    Tous les verbes ont un imparfait. On emploie l'imparfait quand il y a une idée de description, d'action en progrès.

    (Use the imperfect for something which was going on, to tell how things were. A helpful rule of thumb is that, every time a verb in English is — or could be, with the same meaning — in the progressive form: I was . . . -ing, *it would have to be in the imperfect in French:* I was going — **J'allais** ; I was saying — **Je disais***)*

    Exemples: Quand je suis arrivé à la maison, ma sœur **parlait** au téléphone. Quand je suis parti, elle **parlait** encore!

    Je **mangeais** mon sandwich sur un banc, quand j'ai vu des petits oiseaux qui me **regardaient**. Ils avaient faim, aussi. Alors, je leur en ai donné la moitié.

3. L'imparfait exprime l'idée de *used to . . .*

    I used to make *mistakes on the use of the past.*
    Je faisais des fautes d'usage du passé.

    L'imparfait exprime l'idée d'une action habituelle dans le passé, souvent exprimée en anglais par *used to.*

II. Le passé composé

A. Sa formation

Pour tous les verbes, sauf les verbes de mouvement (voir p.305), on forme le passé composé avec le participe passé du verbe et l'auxiliaire **avoir**.

1. Le passé composé des verbes réguliers des trois groupes:

verbes en **—er:**	**—e:**	j'ai parl**é**, j'ai demand**é**, j'ai regard**é**
verbes en **—ir:**	**—i:**	j'ai fin**i**, j'ai réuss**i**, j'ai brun**i**
verbes en **—re:**	**—u:**	j'ai entend**u**, j'ai répond**u**, j'ai vend**u**

2. Le passé composé des verbes irréguliers les plus employés:*

boire:	j'ai bu	**mettre:**	j'ai mis
courir:	j'ai couru	**ouvrir:**	j'ai ouvert
dire:	j'ai dit	**prendre:**	j'ai pris
écrire:	j'ai écrit	**(apprendre)**	(j'ai appris)
faire:	j'ai fait	**(comprendre)**	(j'ai compris)
lire:	j'ai lu	**voir:**	j'ai vu

3. Le passé composé de **être** et **avoir** et des verbes d'état d'esprit. Vous savez déjà que **être** et **avoir**, et les verbes d'état d'esprit sont généralement employés à l'imparfait, parce qu'ils expriment un état de choses, une description.

   Mais quelquefois, ils expriment, au contraire, une action soudaine, à un moment précis. Dans ce cas ils sont au passé composé. Voilà le passé composé de ces verbes:

être:	j'ai été	**pouvoir:**	j'ai pu
avoir:	j'ai eu	**savoir:**	j'ai su
croire:	j'ai cru	**vouloir:**	j'ai voulu

Exemples: **J'ai été surpris** quand **je** vous **ai rencontré** dans la rue.
J'ai eu peur quand **j'ai entendu** ce bruit étrange.
Janine voulait sortir, mais sa mère n'**a** pas **voulu**.

Remarquez: Les autres verbes d'état d'esprit sont réguliers.

---

*Pour une liste complète des verbes irréguliers et de leurs formes, voyez pp. 304-313.

4. Le passé composé des verbes de mouvement

L'idée du verbe de mouvement est limitée, en français, à un petit groupe de verbes. Ces verbes forment leur passé composé avec **être**.

aller:	je suis allé	**partir:**	je suis parti
arriver:	je suis arrivé	**sortir:**	je suis sorti
entrer (rentrer):	je suis entré (rentré)*	**descendre:**	je suis descendu
monter:	je suis monté	**tomber:**	je suis tombé
venir (revenir):	je suis venu (revenu)	**retourner:**	je suis retourné
(devenir):	(je suis devenu)	**rester:**	je suis resté

Exemples: **Je suis allé** en voyage. **Je suis parti** lundi et **je suis resté** deux jours chez mes amis. **Je suis rentré** mercredi.

B. Son usage

Le passé composé indique une action:

J'ai déjeuné à midi. **J'ai mangé** un sandwich et un dessert. **J'ai bu** un verre d'eau, et **je suis retourné** au travail.

Le passé composé indique aussi quelque chose qui est arrivée soudainement *(something which happened suddenly)*:

Quand j'ai entendu ce que vous disiez, **j'ai cru** que vous étiez fou!

Remarquez: La longueur de temps d'une action *(the length of time)* ne change pas le fait que c'est une action:

Chaque jour, pendant vingt ans, ce professeur **a répété** la même chose.
Il a plu *(it rained)* pendant quarante jours: C'était le déluge.

III. Le passé composé et l'imparfait ensemble

Une séparation du passé composé et de l'imparfait est impossible, parce qu'ils sont employés ensemble, dans la même phrase, constamment, pour indiquer une **action** et une **description**:

Quand **je suis arrivé, j'ai vu** que **vous étiez** au téléphone. Alors, **j'ai attendu**, parce que **je** ne **voulais** pas vous déranger.

---

*Employez *rentrer* au sens de ''revenir/retourner à la maison.''

IV. Le plus-que-parfait

Le plus-que-parfait est le passé du passé composé. Il est formé avec l'imparfait de l'auxiliaire:

EXEMPLES:

	parler	**finir**	**répondre**	**aller**
j(e)	avais parlé	avais fini	avais répondu	étais allé
tu	avais parlé	avais fini	avais répondu	étais allé
il	avait parlé	avait fini	avait répondu	était allé
nous	avions parlé	avions fini	avions répondu	étions allé (e) s
vous	aviez parlé	aviez fini	aviez répondu	étiez allé (e) s
ils	avaient parlé	avaient fini	avaient répondu	étaient allés

V. L'accord du participe passé

A. Avec **avoir**

J'ai acheté des bonbons et je les ai mangé**s**.
Avez-vous pris votre clé? Où l'avez-vous mis**e**?

Le participe passé s'accorde *(agrees)* avec le complément d'objet direct si ce complément est avant:

Je les ai mangé**s** (les bonbons).
Où l'avez-vous mis**e**? (la clé)

S'il n'y a pas de complément d'objet, ou s'il est après le participe, le participe reste invariable:

J'ai acheté des bonbons.	(Le complément est **après**.)
Elle a parlé.	(Il n'y a **pas de** complément.)
Où avez-vous mis votre clé?	(Le complément est **après**.)

B. Avec **être**

Madame Dubois est arrivé**e**.   Ma mère et ma soeur sont arrivé**es**
Monsieur Dubois est arrivé.
M. et Mme Dubois sont arrivé**s**.

Avec **être**, le participe passé s'accorde avec le sujet, comme un adjectif.

Exercices

I. Quelle est la forme du verbe?

A. A l'imparfait

1. je travaille	9. vous étudiez	17. ils vont
2. je suis	10. vous jouez	18. vous venez
3. j'ai	11. on pense	19. nous apprenons
4. je veux	12. nous disons	20. tu mets
5. je peux	13. vous faites	21. on espère
6. je crois	14. il va	22. il achète
7. je sais	15. elle dort	23. vous riez
8. je dis	16. c'est	24. nous rions

B. Au passé composé

1. je vois	9. vous entrez
2. je comprends	10. il arrive
3. je vais	11. elle arrive
4. je regarde	12. nous entrons
5. je prends	13. on dort
6. je mets	14. j'ai
7. je cours	15. je suis
8. je dis	16. je veux

C. Au plus-que-parfait

1. elle continue
2. il décide
3. tu pars
4. elle sort
5. nous apprenons
6. vous descendez
7. elle entre
8. elle comprend

II. Mettez les passages suivants au passé

A. Ce passage est une description.

Charlemagne est le chef des Francs et son palais est à Aix-la-Chapelle. Il a de nombreux enfants, et des filles qu'il aime beaucoup (ce qui est remarquable à une époque où on ne considère pas les filles très importantes!) Il veut chasser les Arabes d'Espagne, et il s'intéresse à la philosophie et à l'éducation. Il ne sait pas lire, mais il sait signer son nom: Carolus Magnus.

B. Ce passage raconte des actions.

Charlemagne organise une expédition. Avec son armée, il part, traverse les montagnes, arrive en Espagne et gagne plusieurs batailles. Au retour, un groupe de montagnards tuent le capitaine Roland et volent les provisions. Ce n'est pas un épisode historique important, mais la légende le transforme, et il devient un poème épique qu'on appelle *La Chanson de Roland.*

C. Ce passage contient des actions et des descriptions.

Tristan va en Irlande, parce que son oncle Marc l'envoie chercher sa fiancée, Yseut. Sur le bateau qui vient d'Irlande, Tristan et Yseut boivent, par erreur, la potion magique et ils tombent amoureux. Tristan ne veut pas déshonorer son oncle qu'il aime beaucoup, et il sait que c'est un amour fatal. Alors, il part, et il rencontre une autre femme . . . Mais il n'oublie pas Yseut, et quand il comprend qu'il va mourir, il demande à son fidèle serviteur d'aller la chercher. Mais sa femme est jalouse, et elle lui dit que Yseut ne veut pas venir. Alors il ferme les yeux et il meurt.

III. Employez le passé composé ou l'imparfait

EXEMPLE: J' .*étais*. . . (être) dans ma voiture, quand soudain j' .*ai vu*. . . (voir) un accident.

1. Hier, j(e) . . . . . . (rencontrer) Jacqueline qui . . . . . . (aller) en ville.
2. Quand nous vous . . . . . (voir) si pâle, nous . . . . . . (croire) que vous . . . . . . être malade.
3. Quand j(e) . . . . . . (être) petit, je . . . . . . (croire) qu'on . . . . . . (trouver) les enfants dans les choux *(cabbages)*.*
4. Hier, c(e) . . . . . . (être) mon anniversaire. J(e) . . . . . . (avoir) seize ans.
5. Charlemagne . . . . . . (savoir) qu'une bonne administration . . . . . . (être) utile.
6. Harold . . . . . . (venir) en Normandie et il . . . . . . (rencontrer) Guillaume.
7. A Hastings, Harold . . . . . . (croire) que Dieu . . . . . . (être) contre lui.
8. Bob . . . . . . (travailler) pendant les vacances. Il . . . . . . (travailler) de 9 à 5.
9. Nous . . . . . . (être) à New York. Soudain, Bob . . . . . . (avoir) une idée: Il . . . . . . (vouloir) visiter la Statue de la Liberté!
10. Alors, nous . . . . . . (monter) au sommet de la statue. Il y . . . . . . (avoir) une belle vue et on . . . . . . (voir) tout New York.
11. Ma sœur . . . . . . (parler) au téléphone pendant une neure hier! Elle . . . . . . (parler) quand je . . . . . . (sortir) et elle . . . . . . (parler) encore quand je . . . . . . (revenir).

---

*That is, indeed, where babies are found in France. They are *not* brought by the stork. (Some purists will insist that only boys are found in *choux*; girls come in *choux-fleurs* [cauliflowers]).

IV. Traduction

Traduisez en français correct:

The Normans were Vikings established in France. They had quickly forgotten their language and their religion, and accepted French culture. When Edward, the old king of England, died without children, William of Normandy thought that the English barons wanted to give him the crown. But the English barons gave it to Harold who was an Englishman. So, William built a fleet and sailed (=went) to England. There, at Hastings, Harold was killed, and William won a decisive battle.

*Where did you go? What did you see? What did you do? I used to hate these questions. I never answered, because I did not like to tell everything. And, in many cases, there wasn't much to tell. I felt (**je trouvais**) that my silence gave the impression that I had done fascinating things (**des choses passionnantes**).*

V. Sujets de composition

1. Racontez un voyage que vous avez fait. (Où êtes-vous allé? Comment? Pourquoi? Avec qui? Qu'est-ce que vous avez fait? Vu? Comment était votre voyage? etc.)

2. Racontez un souvenir d'enfance. (Quel âge aviez-vous? Où étiez-vous? Qu'est-ce qui est arrivé? Pourquoi? Quelle était la conclusion?)

3. Documentez-vous sur l'histoire de la conquête de l'Angleterre par les Normands, et racontez l'affaire dans vos propres terms.

4. Documentez-vous sur Guillaume de Normandie *(William the Conqueror)* et racontez ce que vous savez sur lui et sur sa vie.

3 | Bavardez avec les Français

Vos études et votre avenir

Informations culturelles. L'école secondaire, en France, s'appelle le *lycée* ou le *collège*. (La différence entre le lycée et le collège est simplement une question d'administration différente.) En France, le concept de «to graduate», «a graduation» n'existe pas. A la fin du lycée (ou collège) on passe un examen, le *baccalauréat*, qu'on appelle plus souvent *bachot*. On est reçu ou collé au *bachot*. Si on est reçu, on peut entrer dans une Faculté, ou Université. Si on est collé . . . ce n'est pas drôle!

Combien de temps te reste-t-il à faire, au lycée?

Il me reste .six mois / un an / deux ans . . .

Comment finit-on les études secondaires?

— En France, on passe le bachot.
— En Amérique, il faut compléter un certain nombre de cours.

Est-ce que tout le monde est reçu au bachot?

Oh non, des tas de gens sont collés.

Qu'est-ce qu'on fait quand on est collé?

Ce n'est pas drôle! Il faut:
1) Expliquer pourquoi à la famille.
2) Etudier pendant les vacances.
3) Repasser en octobre.
4) Ne pas perdre espoir.

Et si on est collé en octobre?

Tais-toi! Ne parle pas de malheur!

Qu'est-ce que tu veux faire après l'école secondaire?

— Ça dépend. Je ne sais pas encore.
— Je voudrais bien aller à l'université étudier: .la médecine / le droit / les lettres / . . . . .les sciences . , etc.
— Je voudrais trouver un emploi.
— Je voudrais me marier et avoir des enfants.
— Je voudrais gagner beaucoup d'argent sans rien faire. Tu connais un truc?

Un truc? Si j'en connaissais un, tu penses bien que je ne serais pas ici!

Divisez la classe en groupes de 2 (ou de plus de 2) personnes. Chaque personne du groupe prend un rôle, et chaque groupe prépare sa conversation.

1. *Gregory and Barbara* have a discussion with *Jean-Pierre and Colette*, French exchange students. Barbara wants to know how to say "to graduate" in French. Jean-Pierre explains to her that you have to use a different expression. Greg thinks the bachot must be easy. The French are shocked: "Oh, no, many flunk out!" Colette says that her brother flunked last June. "Well, what happens, then?" asks Greg. "You have to study during vacation," says Colette. "That's nothing," says Jean-Pierre, "the hard part is explaining to your family *why* you flunked!" («Le plus difficile c'est d'.....»)

2. *You* have met a *young Frenchman* (or *French girl*) you like. You ask how much longer till he/she finishes school. The answer: A year and a half. "I have one more year too," you say. He/She asks: "What do you want to do after school?" You answer that you don't know yet, but you think you'd like to find a job. He /She is afraid of flunking the bachot. You exclaim: "Don't talk like that!" (Literally: Don't talk of misfortune!)

3. *You* are spending a Summer in France, staying with a *family* your parents met long ago. You were going to have so much fun with their *son* (or *daughter*) who is your age. Horror! You find out that he/she flunked the bachot in June and must try again in October. You don't understand the system, and ask for an explanation. You explain, in turn, how it is in the U.S. Imagine your conversation, and its conclusion.

4. A group of *French-speaking friends* discuss what one can do after secondary school. Each one has different plans, and explains his choice.

Un peu d'histoire

Le Moyen-Age: Croisades et Cathédrales
La Guerre de Cent Ans et Jeanne d'Arc

Les Croisades

Depuis longtemps, les Chrétiens allaient, quand ils le pouvaient, faire un pèlerinage à Jérusalem, ville où le Christ est mort. Mais depuis que les Turcs, qui sont musulmans, ont pris la Terre Sainte (la région qui s'appelle maintenant Israël), ils attaquent les pèlerins chrétiens, les volent, les tuent même souvent.

Le pape Urbain II vient en France et prêche une grande expédition qui partira délivrer Jérusalem des mains des Musulmans (1095). Le peuple français entre dans un grand enthousiasme. Au cri de «Dieu le veut!» des foules de pèlerins partent pour le long voyage de la Terre Sainte. Parmi eux, il y a des nobles bien équipés, mais surtout beaucoup de pauvres gens, et même des enfants. Tous ont cousu sur leur épaule une croix d'étoffe rouge, d'où le nom de *Croisés*. Beaucoup mourront en route, de faim, de soif, de maladie, ou attaqués par les gens des pays qu'ils traversent. Quelques-uns vivront pourtant, pour voir les tours de Jérusalem briller au soleil.

En tout, et pendant près de deux cents ans, il y aura huit *croisades*, conduites par les grands personnages d'Europe, en particulier les rois de France comme Saint Louis. Les Croisés prennent la ville de Jérusalem, les Turcs la reprennent au prix d'effroyables combats où des milliers de personnes meurent. Enfin, fatiguée des Croisades, l'Europe abandonne la Terre Sainte aux Turcs.

1. Le château de Saumur dans toute sa splendeur médiévale.

2. Le roi Saint Louis (au centre) part en Croisade.

2

3. Un Croisé (à droite) assiste à un service religieux avant son départ. Remarquez son costume.

4. Des Infidèles s'approchent d'un groupe de Croisés pour demander le baptême. Mais c'est une ruse!

5. Jérusalem, avec ses milliers de coupoles, telle qu'elle apparaît aux Croisés.

Les conséquences des Croisades

Les Croisés ont découvert un monde nouveau, et la civilisation orientale, plus riche et plus luxueuse. Des Croisades, ils ont rapporté des idées nouvelles et des goûts plus raffinés: la soie, les riches brocards, les tapis, sont maintenant parmi leurs possessions. Ils ont goûté les épices, qui vont constituer un des produits très désirables du Moyen-Age (parce qu'ils ont bon goût, bien sûr, mais aussi parce qu'il n'y a pas de réfrigération et qu'ils aident à conserver la viande). Ils ont découvert de nouveaux fruits, comme les abricots, les oranges et les citrons, de nouveaux légumes, comme les artichauts. Ils ont surtout appris les avantages d'une union entre voisins pour une entreprise commune.

6. La cathédrale de Chartres. Remarquez ses deux clochers différents, qui datent de deux époques différentes.
7. La cathédrale de Reims. Vue de la partie arrière.
8. La cathédrale de Paris, Notre-Dame de Paris, vue de côté.

Les cathédrales

C'est pendant cette même période que la France construit la quantité d'églises et de cathédrales qu'on admire encore aujourd'hui. Dans le sud, ce sont les cathédrales et églises romanes, caractérisées par leur arche ronde; dans le nord, elles sont gothiques, caractérisées par leur arche brisée, ou ogivale. Ce sont de splendides monuments, couverts de sculptures qui racontent la Bible en images: les Saints, les Apôtres, les Prophètes, la vie de Jésus. La voûte des cathédrales gothique est immense, et les murs sont en grande partie remplacés par des vitraux multicolores. Il y a beaucoup de ces cathédrales, et parmi les plus célèbres, on compte celle de Reims, de Notre-Dame de Paris, et de Notre-Dame de Chartres.

La Guerre de Cent Ans

Pendant toute cette période, l'Angleterre, qui possède déjà la province de Normandie (voir p. 42) a continué à acquérir d'autres provinces françaises. En 1328, le roi d'Angleterre, qui est fils d'une princesse française, demande la couronne de France. Et une guerre entre la France et l'Angleterre commence. Elle va durer cent ans. Cette guerre, faite sur le territoire français, est désastreuse pour la France. Les soldats détruisent villages et fermes, volent et pillent. Il y a des batailles terribles, et des épidémies de peste encore plus terribles. Le pays a faim et peur. Les Anglais tiennent une grande partie du territoire. Y a-t-il encore de l'espoir pour la France?

9. Une bataille de la Guerre de Cent Ans.

Jeanne d'Arc

C'est alors qu'apparaît Jeanne d'Arc. C'est une jeune fille de dix-sept ans, née à Domrémy, en Lorraine.
Un jour, en gardant ses moutons, elle a entendu des voix qui lui disaient de délivrer la France. Comme
elle est très pieuse, elle est sûre que ce sont les voix de Saint Michel et de Sainte Catherine: «Va, Jeanne,
va délivrer le royaume de France.» Pleine de courage, elle va trouver le jeune roi, Charles VII, dans
son château de Chinon, près de la Loire. Celui-ci se cache parmi ses courtisans. Jeanne, qui ne l'a
jamais vu, le reconnaît, s'agenouille devant lui et lui dit: «Je suis venue délivrer la France.» Devant
tant de courage et de foi, les conseillers du roi finissent par accepter de donner à Jeanne une armée,
et elle va de victoire en victoire, sur son cheval blanc. Mais un jour elle est blessée, et faite prisonnière.
Livrée aux Anglais, elle est mise en prison et finalement jugée comme sorcière et hérétique. Condamnée
à mort, elle est brûlée vive à Rouen à l'âge de dix-neuf ans (1431). «Nous avons brûlé une sainte,» dit
un soldat anglais terrifié.

Une idée nouvelle: le patriotisme

La mort de Jeanne d'Arc marque la fin de la domination anglaise en France, et la guerre finit bientôt.
La France est sauvée. Plus important encore peut-être, est le fait qu'avec Jeanne apparaît un sentiment
nouveau: le patriotisme. La France est devenue une réalité, comme une personne aimée et irremplaçable, qu'il faut protéger et sauver à tout prix.

10. Jeanne d'Arc en armure, avec son étendard.   11. La mort de Jeanne d'Arc, brûlée vive (1431)

10

11

Vie et littérature

Malgré les tragédies de cette époque: la guerre de Cent Ans, les épidémies, la misère, la faim, la peste, l'esprit joyeux de la France continue à se manifester. Il se manifeste, en particulier, dans ces petites pièces du théâtre populaire qu'on appelle les *farces*.

La farce est une comédie très simple, faite pour amuser le public. Celui-ci est naïf, mais bien informé des faiblesses humaines.

La Farce du Cuvier*

Cette *farce* date du XVe siècle et son auteur est anonyme. Il y a trois personnages: le mari, sa femme et sa belle-mère. Chacun représente un «type» que l'auditoire reconnaît, et les gens commencent à rire dès qu'ils les voient apparaître sur la scène.

Personnages
Jaquinot, *le mari*
Jeanette, *sa femme*
Jaquette, *sa belle-mère*

Scène première: Jaquinot, *seul*

JAQUINOT:
Le diable me conseilla bien
Le jour où, ne pensant à rien
Je me mêlai de mariage!
Depuis que je suis en ménage,
Ce n'est que tempête et souci:
Ma femme là, sa mère ici,
Comme des démons me tourmentent.
Et moi, pendant qu'elles bavardent,
Je n'ai ni repos, ni loisir.
Pas de bonheur, pas de plaisir!
Jour de travail, ou jour de fête
Moi, je n'ai pas d'amusements
Que ces cris de tous les instants.
Parbleu, cette existence est dure
Voilà trop longtemps qu'elle dure
Mais attendez, j'aurai raison
Je serai maître en ma maison.

---

un cuvier: It is a gigantic washtub, made of earthenware. Placed on a fire, it was filled with water and the clothes to be washed were added. Soap was rare in those days, so ashes were added. Mixed with the boiling water, they cleaned the clothes rather well, thanks to their lye content.

Scène II: Jaquinot, Jeanette, *puis* Jaquette

JEANETTE: *(entre)* Quoi? Vous restez à ne rien faire?
Vous feriez bien mieux de vous taire
Et de vous occuper . . .

JAQUINOT: De quoi?

JEANETTE: La question est bonne, ma foi!
Mon dieu, vous occuper de quoi!
Vous laissez tout à l'aventure.
Qui doit nettoyer la maison?

JAQUETTE: *(entre à son tour)*
Sachez que ma fille a raison
Il faut l'écouter, pauvre femme!
Il faut obéir à sa femme:
C'est le devoir des bons maris.
Peut-être que vous seriez surpris
Si quelque jour, comme réplique,
Elle se servait d'un bâton!
Et pourtant, n'est-ce pas son droit?

JAQUINOT: Me frapper d'un bâton, moi?

JAQUETTE: Et pourquoi pas? Veut-elle, en somme,
Autre chose que votre bien? Qui bien aime
Pour le prouver, frappe de même!

JAQUINOT: J'aime mieux qu'elle le prouve moins;
De cette affection, qui a besoin?
Entendez-vous, ma bonne dame?

JEANETTE: Il faut faire comme dit votre femme,
Jaquinot, ne l'oubliez pas.

JAQUETTE: Aurez-vous une peine grande
A obéir quand elle commande?

JAQUINOT: Oh, mais elle commande tant
Que pour qu'elle ait le cœur content
Je ne sais ma foi, comment faire.

JAQUETTE: Eh bien, si vous voulez lui plaire
Afin de ne pas oublier
Une liste il faudra garder
Où vous mettrez, en très bon ordre,
Tous ses désirs, et tous ses ordres.

JAQUINOT: Pour avoir la paix, j'y consens,
Vous êtes femme de bon sens,

                      Maman Jaquette, et cette idée
                      Je vais écrire si vous dictez.

JAQUETTE,   Allez chercher un parchemin
                      Et de votre plus belle main
                      Vous écrirez, et vous pourrez relire.

(Jaquinot va chercher sur la cheminée un parchemin, un encrier et une grande plume d'oie. Il place le tout sur la table et prend une chaise.)

JAQUINOT: Me voilà prêt. Je vais écrire.

JEANETTE: Mettez que vous m'obéirez
                      Toujours, et que vous ferez
                      Ce que je vous dirai de faire.

JAQUINOT: *(Se lève et jette sa plume)* Mais non, mais non, Dame très chère,
                      Je refuse d'écrire cela.

JEANETTE: Quoi? C'est encore la même chanson?
                      Déjà vous voulez vous contredire?

JAQUINOT: *(Il reprend sa chaise)* Mais non, mais non, je vais écrire.

JEANETTE: Ecrivez donc, et taisez-vous.

JAQUINOT: *(Il ramasse sa plume)* Parbleu, je suis un bon époux!

JEANETTE: Taisez-vous!

JAQUINOT: Je me tais, Madame, dictez.

JEANETTE: En première clause, mettez
                      Qu'il faut chaque jour, à l'aurore
                      Vous lever le premier . . .
                      (Jaquinot a l'air de protester)
                                          Encore!
                      Ensuite, il faut préparer tout
                      Faire le feu, voir si l'eau bout
                      Préparer le premier repas . . .

JAQUINOT: *(Se lève et jette sa plume)* Ah, ça!
                      Mais je n'y consens pas.
                      A cet article, je m'oppose.
                      Faire le feu? Pour quelle cause?

JEANETTE: *(tranquillement)* Pour tenir ma chemise au chaud.
                      Comprenez-vous? Vous êtes sot.

JAQUINOT: *(Il reprend sa chaise, ramasse sa plume, et écrit)*
                      Je ferai chauffer la chemise.

JEANETTE: Vous bercerez notre bébé
              Lorsque la nuit il se réveille
              Et vous attendrez qu'il sommeille
              Avant de retourner au lit . . .

(Les deux femmes dictent à Jaquinot une longue liste de responsabilités: Il fera la cuisine, le ménage, il s'occupera du bébé, il aidera sa femme dans les quelques petites choses qu'elle accepte de faire. Il est humilié, il proteste, mais il signe finalement le parchemin.)

JAQUINOT: Alors, donc, aujourd'hui, demain
              Je n'obéis qu'au parchemin.
              C'est convenu, j'ai accepté
              Et j'ai très bien signé le pacte.

JEANETTE: Oui, oui, c'est d'accord, Jaquinot.

JAQUETTE: C'est bien, je peux partir tranquille.

JEANETTE: Adieu, ma mère!

JAQUETTE: Adieu, ma fille!
                                    (Elle sort)

Scène III: Jaquinot *et* Jeanette

JEANETTE: *(Elle s'approche du cuvier qui est placé à droite du théâtre)*
              Allons, Jaquinot, aidez-moi.

JAQUINOT: Mais voulez-vous me dire à quoi?

JEANETTE: A mettre le linge au cuvier
              Le voilà, il est préparé.

JAQUINOT: *(Il déroule son parchemin et cherche attentivement)*
              Ce n'est pas sur mon parchemin.

JEANETTE: Déjà vous quittez le chemin
              Avant de connaître la route!
              Dépêchez-vous, l'eau est chaude.
              Cherchez donc au commencement.
              C'est écrit: «Laver le linge»
              Voulez-vous que je vous l'écrive
              A coup de bâtons sur le dos?

JAQUINOT: C'est vrai, parbleu, que c'est écrit!
              Ne vous mettez pas en colère.
              Puisque c'est dit en toutes lettres
              J'obéis. Vous avez dit vrai.
              Une autre fois, j'y penserai.

(Ils montent chacun sur une chaise de chaque côté du cuvier. Jeanette tend à Jaquinot le bout du drap tandis qu'elle tient l'autre. Le drap est mouillé, il faut le tordre avant de le mettre dans le cuvier.)

JEANETTE: Tordez de toute votre force.

JAQUINOT: Oui! Et puis me donner quelque entorse.
Je ne suis pas votre valet . . .

JEANETTE: *(exaspérée)* Tordez donc, ou sur le visage,
Je vous jette le tout vraiment!

(Elle lui lance du linge mouillé à la figure.)

JAQUINOT: Je suis mouillé comme un caniche!

JEANETTE: Allons, tordez de votre côté
Et faites donc votre besogne.

(Jaquinot tord brusquement le drap, et fait perdre l'équilibre à Jeanette, qui tombe dans le cuvier.)

JEANETTE: *(Elle disparaît dans le cuvier)*
La peste soit du maladroit!

(Elle sort la tête)

Mon dieu, ayez pitié de moi!
Je meurs, et je vais rendre l'âme!
Ayez pitié de votre femme,
Jaquinot, qui vous aima tant!
Elle va mourir à l'instant
Si vous ne venez pas à son aide
Je sens déjà mon corps tout raide
Donnez-moi vite votre main.

JAQUINOT: *(après un moment)* Ce n'est pas sur mon parchemin.

JEANETTE: *(Elle sort la tête)* Hélas! Voyez ma détresse!
Le linge m'étouffe et m'oppresse
Je vais mourir! Vite! Ne tardez pas!
Pour Dieu, sauvez-moi, sauvez-moi!

JAQUINOT: *(Il chante)* Allons, petite mère
Remplis ton verre
Il faut boire un coup, ou, ou, ou!

JEANETTE: Jaquinot, j'ai l'eau jusqu'au cou!
Sauvez-moi, de grâce, la vie!

	Aidez-moi, je vous en prie!
	Jaquinot, tendez-moi la main.
JAQUINOT:	Ce n'est pas sur mon parchemin.
JEANETTE:	Hélas, la mort viendra me prendre
	Avant que cet homme m'entende!
JAQUINOT:	*(Il lit son parchemin)* «De bon matin, préparer tout
	Faire le feu, voir si l'eau bout
	Ranger les objets à leur place
	Aller, venir, trotter, courir . . . .»
JEANETTE:	Je suis bien jeune pour mourir,
	Par pitié, tendez-moi la main.
JAQUINOT:	Je relis, je relis, je cherche . . .
	«Mettre en ordre, laver, balayer
	Préparer le pain pour le four
	Cuire le pain, aller en hâte
	Chauffer la chemise de ma femme . . . »
JEANETTE:	Je vais mourir, je vais mourir!
	Si vous ne voulez pas me sortir
	Alors, allez chercher ma mère
	Qui pourra me tendre la main.
JAQUINOT:	Ce n'est pas sur mon parchemin!
JEANETTE:	Ah, retirez-moi, mon doux ami!

(On entend frapper à la porte: Toc, toc.)

JAQUINOT:	Ah, voilà qu'on frappe à la porte!
JAQUETTE:	*(Elle entre)* Retirez-la! Dépêchez-vous!
JAQUINOT:	Oui, si vous voulez promettre
	Que chez moi, je serai le maître.
JEANETTE:	Je vous le promets de bon cœur.
JAQUINOT:	Oui, mais peut-être est-ce la peur
	Qui vous donne humeur plus aimable?
JEANETTE:	Non, je vous le promets
	Je ferai mon devoir de femme
	Et tout le travail sera fait.

JAQUINOT: Faut-il, ma chère, que j'écrive
Une liste, ainsi que pour moi
Vous avez fait?

JEANETTE: Non, non, ma foi
N'ayez pas peur, mon doux maître!

JAQUINOT: Enfin, vous voulez reconnaître
Mon droit, madame, c'est très bien!

JEANETTE: Alors, retirez-moi!

JACQUINOT: Le chien
Etait plus heureux, madame,
Que votre mari!

JEANETTE: Je rends l'âme!
Vous n'êtes pas gentil.

JAQUINOT: Allons, était-ce bien gentil
De me donner tout le travail?

JEANETTE: Hélas, je demande pardon!
Mon mari, vous avez raison!
Je ferai toujours le ménage
Avec ardeur, avec courage.

JAQUINOT: Vous bercerez notre bébé?

JEANETTE: Oui, oui, retirez-moi.

JAQUINOT: Ferez le pain?   Et la lessive?

JEANETTE: Oui, oui, oui, je vous le promets!
Ce parchemin que vous avez,
Brûlez-le!

JAQUINOT: Vous ferez chauffer ma chemise?

JEANETTE: Je ferai ce que vous voudrez
Mais retirez-moi du cuvier!

JAQUINOT: Vous ne me contrarierez pas?

JEANETTE: Je veux être votre servante!

JAQUINOT: Cette soumission m'enchante
Et je vous retire à l'instant.

(Il retire sa femme du cuvier.)

TOUS LES TROIS: *(au public)* Bonsoir, toute la compagnie
Notre comédie est finie.

La poésie de Charles d'Orléans

Charles d'Orléans était de la famille royale de France. A l'âge de vingt et un ans, il est fait prisonnier des Anglais à une bataille de la Guerre de Cent Ans. Il passe vingt-cinq ans en prison en Angleterre. Pour se distraire, il compose de charmants petits poèmes lyriques.

Le printemps

Le temps a laissé son manteau
De vent, de froidure et de pluie.
Il s'est vêtu de broderie,
De soleil luisant, clair et beau.

Il n'y a bête ni oiseau
Qui en son jargon ne chante ou crie:
«Le temps a laissé son manteau
De vent, de froidure et de pluie!»

Rivière, fontaine et ruisseau
Portent, en livrée jolie
Gouttes d'argent, d'orfèvrerie:
Chacun s'habille de nouveau
Le temps a laissé son manteau.

le temps: *weather*
froidure: *old French term for* froid, *cold*
il s'est vêtu de: *he has dressed in*
broderie: *embroidery*
jargon: *language, dialect*

ruisseau: *brook*
livrée: *livery, suit of clothes*
goutte: *drop*
orfèvrerie: *jewelry*

Questions sur *Un peu d'histoire*

1. Qu'est-ce qu'on appelait *La Terre-Sainte*? Quelle est la ville principale de cette région? Dans quel pays est la Terre-Sainte maintenant? / **2.** Pourquoi les Chrétiens allaient-ils à Jérusalem? Quelles difficultés avaient-ils à arriver là-bas? / **3.** D'où vient le nom de *Croisé* et de *Croisade*? / **4.** Que voulaient faire les Croisés? Est-ce que tous sont arrivés à Jérusalem? / **5.** Quand les Croisades ont fini, qui a gardé Jérusalem? Pourquoi? / **6.** Comment les Croisades ont-elles contribué à enrichir la civilisation française? / **7.** Qu'est-ce qu'une cathédrale? Y a-t-il beaucoup de cathédrales en France? Pourquoi? / **8.** Quels sont les deux styles principaux de cathédrales? (Regardez dans la section en couleur, et cherchez des cathédrales. De quel style sont-elles?)/ **9.** Qu'est-ce qu'on appelle Guerre de Cent Ans? / **10.** Quelle était la situation de la France quand Jeanne d'Arc est arrivée? Pourquoi? / **11.** Qui était Jeanne d'Arc? Son existence est-elle historique ou légendaire? Justifiez votre réponse.

Sujet de discussion ou de composition

Acceptez-vous l'idée que Jeanne d'Arc a entendu des voix? Que ces voix étaient celles de Saint Michel et de Sainte Marguerite? Si vous acceptez cette idée, dites pourquoi.

Si vous ne l'acceptez pas, dites pourquoi, et trouvez une autre explication à la mission héroïque de Jeanne d'Arc.

(Pensez-vous peut-être qu'il était possible d'entendre des voix dans ce temps-là, mais plus maintenant? Pourquoi pensez-vous cela?)

Questions sur *Vie et littérature*

A. *La Farce du Cuvier* (auteur anonyme du XVe siècle)

1. Qu'est-ce qu'une *farce*, au sens du XVe siècle? Pouvez-vous expliquer pourquoi le XVe siècle, qui est une période tragique, produit des quantités de ces farces pour le théâtre populaire? / **2.** Qui sont les personnages de la *Farce du Cuvier*? Pourquoi sont-ils des types? Et pourquoi les gens rient-ils quand ils les voient sur la scène? / **3.** Pauvre Jaquinot! Qu'est-ce que sa femme veut? Et quelle est l'attitude de sa belle-mère? Alors qu'est-ce que le groupe décide de faire? / **4.** Jaquinot n'a pas de papier, bien sûr, ni de stylo. Alors sur quoi écrit-il, et avec quoi? / **5.** Enumérez quelques-unes des responsabilités du pauvre Jaquinot. Quelle était la plus amusante, pour un auditoire du XVe siècle? / **6.** Jeanette tombe dans le cuvier! Est-ce que cela change la situation de Jaquinot? Pourquoi? Alors, qu'est-ce qu'il fait? Pourquoi est-ce comique? / **7.** Quelle est la conclusion de l'affaire? Est-ce que l'auditoire approuvait, probablement, cette conclusion? / **8.** Au XVe siècle l'homme était le maître, et la femme sa servante. Est-ce nécessairement la même chose aujourd'hui? Pourquoi?

B. *Le printemps* (Charles d'Orléans)

1. Quel est le thème de ce petit poème? / **2.** L'arrivée du printemps, à cette époque était extrêmement importante et joyeuse. Pourquoi? / **3.** Quelle est l'image poétique employée par Charles d'Orléans qui montre la transformation du temps, des rivières, fontaines et ruisseaux? / **4.** Quelle est la ligne qui sert de refrain à ce poème? Est-ce que sa répétition renforce l'image poétique?

Perfectionnez votre grammaire

Le futur et le conditionnel
Le passé récent: *venir de* **et l'infinitif**
Le futur proche: *aller* **et l'infinitif**
La construction de la phrase avec *avant de* **et** *après avoir (être)*

I.   Le futur

   A.   La formation du futur

   Tous les verbes ont les mêmes terminaisons au futur. Ces terminaisons sont celles du verbe **avoir**: —ai, —as, —a, —ons, —ez, et —ont.

   1.   Le futur régulier

   Pour la plus grande partie des verbes, le futur est régulier et il est formé:

   > infinitif + terminaisons du verbe **avoir**

   EXEMPLES:

	parler	**finir**	**attendre**
j(e)	parler **ai**	finir **ai**	attendr **ai**
tu	parler **as**	finir **as**	attendr **as**
il	parler **a**	finir **a**	attendr **a**
nous	parler **ons**	finir **ons**	attendr **ons**
vous	parler **ez**	finir **ez**	attendr **ez**
ils	parler **ont**	finir **ont**	attendr **ont**

   2.   Le futur irrégulier

   Pour un petit nombre de verbes, le futur est irrégulier et il est formé sur une racine différente (mais dérivée) de l'infinitif. Les verbes les plus communs qui ont un futur irrégulier sont:

aller	**j'irai**	savoir	**je saurai**
avoir	**j'aurai**	venir	**je viendrai**
être	**je serai**	(devenir)	**(je deviendrai)**
faire	**je ferai**	(revenir)	**(je reviendrai)**
falloir	**il faudra**	voir	**je verrai**
pouvoir	**je pourrai**	vouloir	**je voudrai**

B. La construction de la phrase au futur avec **quand** ou avec **si**

1. On emploie le futur après **quand*** (**lorsque** et **dès que**)

   Quand (ou: **Lorsque**) **je serai** en France, je visiterai Paris.
   Où serez-vous **quand vous aurez** vingt ans?
   Téléphonez **dès que vous arriverez** à destination.

2. On n'emploie pas le futur après **si** *(if)*

   Si vous lisez votre horoscope, le croirez-vous?
   Vous ne ferez pas de voyage, **si vous** ne **travaillez** pas!

   Le verbe après **si** est au présent. C'est *l'autre verbe* qui est au futur.

II. Le conditionnel

A. La formation du conditionnel

Le conditionnel ressemble beaucoup au futur. En fait, c'est le futur, mais avec les terminaisons de l'imparfait: —ais, —ais, —ait, —ions, —iez, —aient.

1. Tous les verbes qui sont réguliers au futur sont réguliers au conditionnel:

EXEMPLES:	**parler**	**finir**	**attendre**
j(e)	parler **ais**	finir **ais**	attendr **ais**
tu	parler **ais**	finir **ais**	attendr **ais**
il	parler **ait**	finir **ait**	attendr **ait**
nous	parler **ions**	finir **ions**	attendr **ions**
vous	parler **iez**	finir **iez**	attendr **iez**
ils	parler **aient**	finir **aient**	attendr **aient**

2. Pour les verbes qui ont un futur irrégulier, le conditionnel a la même racine:

aller	j'**ir** ais		savoir	je **saur** ais
avoir	j'**aur** ais		tenir	je **tiendr** ais
être	je **ser** ais		venir	je **viendr** ais
faire	je **fer** ais		voir	je **verr** ais
pouvoir	je **pourr** ais		vouloir	je **voudr** ais

---

*This is actually quite logical, since the meaning of the sentence is clearly future. But have you ever noticed that in English, we do not use the future after **when** and after **as soon as** in sentences of this type:
   I'll see you **when you arrive.** / *Je vous verrai* **quand vous arriverez.**

B.   L'usage du conditionnel

1.   Après **si** et le passé

Si **vous alliez** voir ce film, **vous passeriez** une bonne soirée.
Je ferais un voyage **si j'avais** de l'argent.

2.   Après **quand** (et **lorsque, dès que**) et le passé

Moi, je voulais être cowboy **quand je serais** grand!

3.   Pour remplacer le futur quand la phrase est au passé

Ferez-vous un voyage **si vous avez** de l'argent?   (futur/présent)
Feriez-vous un voyage **si vous aviez** de l'argent?   (conditionnel/passé)

Pensez-vous qu'il y **aura** un examen aujourd'hui?   (présent/futur)
Pensiez-vous qu'il y **aurait** un examen aujourd'hui?   (passé/conditionnel)

Remarquez: Le verbe après **si** n'est pas au conditionnel. C'est **l'autre verbe qui est au conditionnel**:

Si j'étais beau . . . . .   Si j'étais beau, **je serais** modeste.
Si vous m'aimiez . . . . .   Si vous m'aimiez, **vous seriez** gentil avec moi.
Si on me disait ça . . . . .   Si on me disait ça, **je ne le croirais** pas.

Remarquez: Après **quand** (**lorsque, dès que**) employez le conditionnel dans une phrase au passé, exactement comme vous employez le futur:

Vous avez promis de téléphoner **quand vous arriveriez**.

III.   Le futur proche et le passé récent.

A.   Le futur proche

Je vais partir dans une heure.
Ce soir, **nous allons regarder** la télévision.

Pour exprimer le futur proche (dans cinq minutes, dans une heure, demain, etc.) employez **aller + un verbe à l'infinitif**.

B.   Le passé récent

«M. Durand?   Je regrette, **il vient de sortir**.»
Les professeurs détestent répéter ce qu'**ils viennent d'expliquer**.

Pour exprimer le passé récent (il y a cinq minutes, juste à l'instant, il y a quelques jours, etc.) employez **venir de + un verbe à l'infinitif**.

C. Le passé de ces deux expressions verbales

> **J'allais partir** dans une heure, quand j'ai décidé de rester.
> **Nous allions regarder** la télévision, mais le poste ne marchait pas.
> **Je venais d'ouvrir** la porte quand le téléphone a sonné.

Quand ces deux expressions sont au passé, elles sont à l'imparfait.

IV. La construction de la phrase avec **avant de** et **après avoir**.

A. **avant de**

> **Avant de parler**, il faut réfléchir.
> Je préfère lire le livre **avant de voir** le film.

---
avant de + l'infinitif *(before doing something)*

B. **après avoir**

> **Après avoir déjeuné**, mon père est retourné au bureau.
> Je suis sorti **après avoir fini** mon travail.
> **Après être arrivés**, nous sommes allés à notre hôtel.

---
après + l'infinitif passé *(after having done something)*

Remarquez: La formation de l'infinitif passé — L'infinitif passé est formé du verbe **avoir** ou **être** et du participe passé:

avoir: avoir parlé, avoir fini, avoir attendu, avoir pris, etc.

être: être arrivé, être sorti, être entré, etc.

Exercices

I. Quelle est la forme du verbe?

A. Au futur

1. je suis
2. j'ai
3. je vais
4. je viens
5. j'aime
6. j'appelle
7. tu sais
8. il peut
9. vous prenez
10. il choisit
11. elles arrivent
12. on réussit
13. nous étudions
14. il y a
15. il faut
16. tu dis

B. Au conditionnel

17. je vois
18. je crois
19. je fais
20. je tiens
21. je veux
22. nous passons
23. on apprend
24. vous savez
25. tu fais
26. il attend
27. il comprend
28. vous mettez
29. nous partons
30. tu sors
31. elle dort
32. ils boivent

II. Mettez les phrases suivantes au futur.

EXEMPLE: Je vais au restaurant et je déjeune à midi.
J'irai au restaurant et je déjeunerai à midi.

1. Vous travaillez, alors vous faites des progrès.
2. Ces gens ont des difficultés parce qu'ils n'ont pas assez d'essence.
3. «Rit bien qui rit le dernier!»
4. Je reste à la maison demain parce que je garde mon petit frère.
5. Vous prenez de l'aspirine parce que vous avez mal à la tête.
6. Quand vous entrez, vous dites bonjour.
7. Je suis content quand nous arrivons à destination.
8. Si vous travaillez beaucoup, vous êtes fatigué.
9. Vous faites des fautes si vous ne faites pas attention.
10. Que faites-vous quand vous avez vingt ans?
11. Quand je vais à la bibliothèque, je trouve ce livre pour vous.
12. Quand l'avion part, vous êtes dedans, et vous regardez par la vitre.
13. Faites-vous des économies si vous voulez faire un voyage?
14. La vie de Jeanne finit à Rouen, quand elle est brûlée par les Anglais.

III. Mettez le paragraphe suivant au futur.

Votre horoscope: Signe du Bélier *(ram: Aries)* du 21 mars au 21 avril
«Vous **restez** sous l'influence de la planète Mars qui **guide** votre destinée. Quand vous **faites** des projets, vous **réussissez** toujours, parce que votre intelligence **prend** la première place. Vous **choisissez** des amis qui **sont** très différents de vous. Vous **préférez** en effet, les gens doux et calmes. Vous **avez** du succès, et l'imagination **domine** votre vie. Si vous **rencontrez** le partenaire idéal, **c'est** sans doute un Scorpion ou une Balance *(Libra)* et vous **avez** tendance

à le dominer. Vous *prenez* vos décisions rapidement, mais vous ne les *regrettez* pas souvent. Vous *demeurez* jeune longtemps mais il *faut* faire attention aux maladies de foie *(liver)* et d'estomac.

IV. Transformez les phrases suivantes.

Transformez les phrases suivantes en ajoutant **aller** ou **venir de** au présent ou au passé (imparfait).

> EXEMPLE: Il partait dans cinq minutes. *(aller)*
> *Il allait partir dans cinq minutes.*

1. *Je finis* mon travail à l'instant.   *(venir de)* viens
2. *Il sortait* quand je suis entré.   *(venir de)*
3. *Vous pensez* que je suis fou si je dis ça!   *(aller)*
4. Restez ici, le téléphone *sonne*.   *(aller)*
5. Je croyais que *nous avions* un examen demain.   *(aller)*
6. Le film *commençait* quand nous sommes arrivés.   *(venir de)*
7. Jeanne *est entrée* et elle a reconnu le roi.   *(venir de)*
8. Qu'est-ce que vous *faites* ce soir?   *(aller)*
9. *Je reste* à la maison et *j'étudie*.   *(aller, aller)*
10. Qu'est-ce que *vous faites* avant cette classe?   *(venir de)*

V. Composez une phrase différente.

A. Avec **avant de**

> EXEMPLE: Je déjeune et je sors.
> *J'ai déjeuné avant de sortir.*

1. Ecrivez cette lettre et partez pour le week-end.
2. J'irai vous voir et je partirai.
3. Réfléchissez. Prenez une décision.
4. Organisez votre journée. Commencez votre travail.
5. Beaucoup de jeunes gens hésitent. Ils trouvent leur destinée.

B. Avec **après avoir, après être**

> EXEMPLE: Il a lu le livre. Il voulait voir le film.
> *Après avoir lu le livre, il voulait voir le film.*

1. Je ferai mes bagages. Je partirai.
2. On comprend un point difficile et on peut l'expliquer aux autres.
3. Il est allé en Europe. Il comprend mieux l'histoire de France.
4. On reste debout longtemps. On est fatigué.
5. J'ai regardé beaucoup de livres et j'en ai acheté un.

VI. Le conditionnel

Mettez les phrases suivantes au conditionnel et au passé.

EXEMPLE: Si tu me dis la vérité, j'ai confiance en toi.
Si tu me disais la vérité, j'aurais confiance en toi.

1. Vous serez surpris si je vous dis ce que je sais.
2. Si on me donne un million, je le donnerai à une bonne cause.
3. Moi, si j'ai un million, je ne resterai pas longtemps ici.
4. Je ferai le tour du monde si j'ai assez de temps et d'argent.
5. Si tu vas en ville et si tu prends la voiture, tu emmèneras ta sœur.
6. Je ne sais pas qu'il fera si froid aujourd'hui!
7. Si vos cheveux sont courts, vous êtes bien moins beau.
8. Bill dit qu'il n'aura pas d'accident parce qu'il sera très prudent.

VII. Répondez aux questions suivantes.

EXEMPLE: Dans quelle partie de la France verriez-vous des cathédrales du Moyen-Age?
Je verrais des cathédrales du Moyen-Age dans toute la France.

1. Si vous alliez à Jérusalem aujourd'hui, dans quel pays seriez-vous?
2. Sans Jeanne d'Arc, qui possèderait la France, après la guerre de Cent Ans?
3. Où iriez-vous si vous pouviez faire un grand voyage?
4. Si vous alliez en Europe, comment iriez-vous?
5. Que répondriez-vous si on vous offrait un million?
6. Iriez-vous en Croisade, s'il y avait des Croisades aujourd'hui?
7. Si vous disiez que vous avez entendu des voix, que dirait votre famille?

VIII. Sujets de composition

1. Votre horoscope ou l'horoscope d'un(e) ami(e).

2. Que feriez-vous si vous étiez à la place de: vos parents? votre professeur? le directeur de votre école?

3. Aimeriez-vous organiser une Croisade? Quelle serait la raison de votre Croisade? Qui inviteriez-vous? Où iriez-vous? Comment?

4. Si j'étais à la place de Jeanne d'Arc . . . . .

   Si vous disiez ce soir à votre famille que vous avez entendu des voix et que vous voulez partir pour Washington, pour aider le Président à mieux gouverner le pays, quelle serait la réaction de chaque membre de votre famille?

4 Bavardez avec les Français

Projets de week-end

Informations culturelles. Dans les écoles françaises, il n'y a généralement pas de classes le jeudi. Par contre il y a classe le samedi. Mais imaginons que nous sommes en été, donc tous les étudiants sont en vacances. Les Français ont adopté avec enthousiasme le terme et l'idée du **week-end** (samedi et dimanche de congé).

Qu'est-ce que tu veux qu'on fasse ce week-end?
— Je ne sais pas. As-tu des idées?
— Moi, j'ai une idée formidable.
— Laisse-moi réfléchir un peu.
etc.

Si nous allions faire du camping?
— Formidable! J'en suis.
— Je ne sais pas . . . . Va-t-il pleuvoir?
— Oui, mais attends que je demande à ma mère.

Comment va-t-on y aller?
— On peut prendre . . nos bicyclettes / l'autobus / le train . . . . .
— On peut faire une partie du trajet (tout le trajet) à pied.

Où va-t-on aller?
On peut aller . . voir un copain / visiter un monument / camper dans la nature (montagne, plage, lac, etc.)

Comment va-t-on coucher?
Eh bien, on peut . . emporter nos sacs de couchage / dormir à la belle étoile / coucher dans un motel de toile / etc.

Qu'est-ce qu'on emporte?
— Des vêtements . . solides / pratiques / chauds / légers / etc.
— Un slip, un maillot de bain.
— Un appareil photo. Une guitare.
— Des provisions. Ton équipement de pêche.

Qui emmène-t-on?

— Je sais pas . . . . Veux-tu qu'on demande à
   ton frère / ta sœur / ton copain / ton . . . . .
   voisin / ta voisine

— On n'emmène personne d'autre. Rien que nous
   autres parce que . . . . .

Divisez la classe en groupes de deux (ou plus de deux) élèves. Chaque élève prend un rôle, et chaque groupe prépare sa conversation.

1. What do you want us to do this week-end? *André* says he has a great idea: Let's go camping in the mountains. How can we go? asks *Bill*. Well, we can take the train to that little town near the lake, and we can walk the rest of the way. Great, says André, do you have a sleeping bag? Yes, I have one, says André, and take your fishing equipment along; I will take my guitar.

2. *Annette* and her American visitor, *Kenneth*, are making plans. He says he likes camping. She says, "Wait till I ask my mother if we can go camping." Her mother gives permission. "Is it going to rain?" asks Kenneth. "No," says Annette. Let's take our bicycles and we can go visit a beautiful old castle nearby. We can also visit my uncle, who lives nearby. Yes, says Kenneth, and let's take provisions for a great picnic.

3. *These friends* are planning a 3-day camping trip in the mountains. They discuss: what the weather will probably be like: What they need to take along: clothing, food, sleeping equipment. Do they need anything else? Do they want to ask anyone?

4. Compose an imaginative conversation, using as many as possible of the expressions of this and the previous lessons.

Un peu d'histoire
Les Grandes Découvertes du XVe siècle
La Renaissance et la Réforme

Les Grandes Découvertes du XVe siècle

Après la fin de la Guerre de Cent Ans, la vie en France va être transformée par les Grandes Découvertes: la *boussole* et l'*imprimerie*. Avant la boussole, les navigateurs n'ont que l'astrolabe, qui leur permet de déterminer la latitude, mais pas la longitude. Ils n'osent donc pas s'aventurer loin des côtes, et les voyages à travers l'océan sont impossibles. Mais avec la boussole, cette aiguille qui pointe toujours vers le nord, le navigateur détermine sa longitude, et les voyages d'exploration deviennent possibles. Christophe Colomb, parti pour trouver une autre route vers l'Inde, pays des épices et de l'or, arrive aux Antilles en 1492. Il ne met point les pieds sur le grand continent qui s'appellera l'Amérique (du nom d'Amérigo Vespucci qui fait aussi un voyage transatlantique et rapporte une carte de la côte de ce continent). Convaincu qu'il a trouvé l'Inde, Colomb appelle les habitants «Indiens», et les îles des Antilles s'appellent encore, en anglais, «West Indies». La découverte de l'Amérique agrandit l'horizon des Européens. Un peu plus tard, des explorateurs français, comme Jacques Cartier, longent la côte de l'Amérique du Nord, découvrent le Canada qu'ils appellent la Nouvelle-France. Le Canada reste français jusqu'en 1759, quand il tombe aux mains des Anglais. Mais aujourd'hui encore, toute la province de Québec, avec ses grandes villes, Québec et Montréal, reste française de langue et de tradition.

1. Le roi François Premier. Son règne correspond à la période de la Renaissance en France.

2. Une carte ancienne de la Nouvelle France, ou Canada.

La découverte de l'imprimerie

C'est un Allemand, Gutenberg, établi à Strasbourg, qui a l'idée, en 1440, d'un système d'imprimerie à caractères mobiles. Jusqu'à ce moment-là, les livres étaient écrits à la main, donc rares et très coûteux; et comme il y avait peu de livres, peu de gens savaient lire.* L'imprimerie va changer cela, et les livres vont se multiplier. Le premier livre que Gutenberg va imprimer en quantité, c'est la *Bible* et il reste aujourd'hui quelques-unes de ces fameuses «Bibles à quarante-deux lignes» (elles ont quarante-deux lignes par page). Les imprimeurs modernes admirent encore leur beauté.

La Renaissance

Sous l'influence des grandes découvertes qui ouvrent le Nouveau-Monde, qui multiplient les livres, sous l'influence aussi de la Renaissance italienne, la France entre dans une phase de transformation, de modernisation, et en même temps de découverte et d'admiration de la culture classique grecque et latine.

La Renaissance française est associée au nom de François Ier (roi en 1515). François Ier est jeune, beau, plein d'énergie et d'enthousiasme. Quand il devient roi, il semble qu'une ère nouvelle commence. C'est François Ier qui décide que, désormais, le français sera la langue officielle de la France (1539). Tous les actes officiels seront écrits en français (avant, ils étaient écrits en latin).

---

*The term "a lecture," employed to describe university classes in which the instructor addresses the students, dates from the time when only the teacher had a book, and gave a reading, a "lecture" in French, to his students.

3.

3. Salière en or, faite par Benvenuto Cellini pour François Premier.
4. Dames et Seigneurs dans un jardin, au commencement de la Renaissance.
5. François Premier jouant aux échecs.

4

5

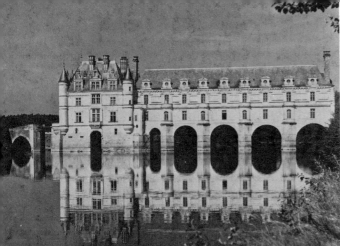

6   6. Le château de Chenonceaux reflète ses arches dans la rivière.   7. Le château d'Azay-le-Rideau.   7

Les Châteaux de la Loire

Pendant la Renaissance, les seigneurs et le roi construisent des quantités de merveilleux châteaux qui sont des résidences de plaisir. On trouve ces châteaux un peu partout en France, mais surtout dans la Vallée de la Loire où le visiteur peut admirer cinq ou six de ces châteaux en une seule journée. Il y a *Azay-le-Rideau*, petit château entouré d'eau, construit pour être «la résidence d'une dame», *Chenonceaux*, qui ajoute plus tard sa galerie sur la rivière, l'immense *Ussé*, entouré de verdure, et le somptueux, inoubliable *Chambord*, construit par François Ier pour éclipser tous les autres.

8.   Le somptueux château de Chambord, construit par François Premier.   8

9. Jean Calvin, fondateur de la Réforme en France.
10. Martin Luther, fondateur de la Réforme en Allemagne.

La Réforme

Jusqu'à cette période, l'Eglise catholique avec son chef le Pape, représente l'autorité religieuse indiscutée. Mais c'est à cette époque que le Pape décide de faire construire Saint-Pierre de Rome, la splendide église du Vatican. Il a besoin d'argent, de beaucoup d'argent. Il envoie dans chaque pays, dans chaque province, des groupes de religieux qui vendent des indulgences. Une indulgence, c'est la rémission, par le Pape, d'une certaine partie du temps que vous aurez à passer au Purgatoire, pour une certaine somme d'argent. Une indulgence ne vous gagne pas le Paradis si vous devez aller en Enfer. Non. Elle abrège seulement le temps que vous passerez au Purgatoire. La vente des indulgences est chose commune à cette époque, et beaucoup de gens sont enchantés de payer pour gagner le Paradis plus vite. Pas tous. Parmi ces derniers, il y a un moine allemand, *Martin Luther*, qui est exaspéré par les excès de certains vendeurs d'indulgences, comme Tetzel, qui transforme cette vente en un véritable cirque. Luther dit à peu près: «Si le Pape a besoin d'argent, pourquoi n'emploie-t-il pas son propre argent? Il est riche.» Il dit aussi: «Si le Pape a la possibilité de pardonner les péchés, alors pourquoi ne les pardonne-t-il pas tous? Et pourquoi demande-t-il de l'argent pour le faire? Ce n'est pas très chrétien!» Luther a quelques autres idées du même genre que les gens de son pays approuvent avec enthousiasme. Par exemple, il pense que la foi en Dieu est bien plus importante que les manifestations extérieures de la religion, et que l'homme peut communiquer directement avec Dieu, sans l'intermédiaire de l'Eglise. Naturellement, le Pape et l'Eglise ne sont pas d'accord. Luther est excommunié, mais il a fondé une nouvelle branche de la religion chrétienne, qui n'accepte pas l'autorité du Pape. C'est l'Eglise Réformée ou Protestante, et les idées de Luther restent encore aujourd'hui celles de l'Eglise luthérienne.*

La Réforme, commencée par Luther, continue en France avec Calvin. Les idées de Calvin sont trés sévères. Il croit que Dieu a décidé d'avance pour chaque homme s'il sera sauvé ou damné, c'est la doc-

---

*This is, of course, a simplified view of a very complex situation, and for more details, you may want to consult historic sources. In any case, this aspect of the Reformation is not strictly part of the history of France, since it took place in Germany.

trine de la Prédestination. Les protestants français d'aujourd'hui (il y a des Protestants en France, mais pas beaucoup; la plupart des Français sont catholiques) sont Calvinistes. En Amérique, les Puritains étaient des Calvinistes. Ils appelaient leur religion *congregationalism*, et ils ont fondé Harvard en 1636 comme école de Théologie pour les pasteurs protestants de leur secte.

Les conséquences de la Réforme en France sont terribles. Elle cause une succession de guerres civiles de religion, qui dressent catholique contre «huguenot», nom donné aux protestants.

Le bon roi Henri IV

Les guerres de religion mettent le pays à feu et à sang, jusqu'à l'arrivée du roi Henri IV.

Henri est protestant, et il faut qu'il se convertisse au catholicisme pour devenir roi de France: «Bah, Paris vaut bien une messe,» dit le roi, qui a du bon sens et n'est pas un fanatique. Converti, baptisé, devenu roi de France, il garde sa sympathie pour les Protestants et termine les guerres de religion par l'Edit de Nantes (1598), qui donne la liberté religieuse aux Protestants. Henri est célèbre pour avoir désiré que chaque paysan ait «une poule au pot tous les dimanches». C'est un homme bon, raisonnable et modéré. Mais en 1610, il est assassiné par Ravaillac, un fou fanatique.

11

12

11. Henri IV, le Bon Roi Henri.
12. Après les guerres de Religion, Henri IV assure la paix en France.

Vie et littérature

Nous sommes dans la période des voyages, des découvertes et des grands changements. C'est la Renaissance, qui voit s'ouvrir le monde et les esprits.

Rabelais

Rabelais représente bien le commencement de la Renaissance. Sa langue est riche, son vocabulaire est exubérant. Sa joie de vivre est immense, il s'amuse et amuse son lecteur, tout en faisant une critique de l'humanité de son temps, de la philosophie, de la science et de l'éducation.

Ses livres racontent les aventures d'une famille de géants. Géants? Oui, l'homme de la Renaissance est heureux de voir le monde s'ouvrir, l'homme grandir en importance dans ce monde renouvelé, et les géants de Rabelais symbolisent ce nouveau sentiment.

La naissance de Pantagruel

Le roi, Gargantua, vient d'avoir un fils, Pantagruel. Malheureusement, sa femme Badebec est morte en mettant l'enfant au monde.

Quand Pantagruel est né, qui était bien étonné et perplexe? C'est Gargantua son père, car, voyant d'un côté sa femme Badebec morte, et de l'autre son fils Pantagruel né, si beau et si gros, il ne savait ni quoi dire, ni quoi faire. Et il se demandait anxieusement s'il devait pleurer la mort de sa femme, ou rire de joie à la naissance de son fils. Il avait des arguments raisonnables pour les deux attitudes, et il était très capable de les discuter en termes philosophiques, mais il ne savait pas quelle attitude prendre: la tristesse, ou la joie?

«Pleurer?» disait-il. «Oui, j'ai de bonnes raisons. Ma femme qui était si bonne est morte. C'était bien la meilleure femme du monde. Jamais je ne la verrai plus, jamais je n'en trouverai une autre comme elle. C'est une perte irréparable! O, mon Dieu, qu'est-ce que je vous ai fait pour me punir autant? Pourquoi ne m'avez-vous pas envoyé à la mort le premier? Ah, Badebec, ma mignonne, mon amie, ma tendresse, ma chérie, jamais je ne te reverrai! Hélas, et toi, pauvre Pantagruel, qui as perdu ta mère, comme je te plains! Ta douce nourrice, ta dame tant aimée, elle est partie pour toujours. Ah, méchante Mort, qu'est-ce que tu as donc contre moi, et pourquoi m'as-tu pris celle qui aurait dû vivre pour toujours?

En disant cela, il pleurait comme une vache. Mais soudain, il changeait de visage et riait comme un fou, quand Pantagruel revenait à sa mémoire. «Oh, mon fils,» disait-il «Mon bébé, mon ange, que tu es joli! Et que je suis reconnaissant à Dieu qui m'a donné un si beau fils, si joyeux, si riant, si fort, si vigoureux. Oh, oh, oh, que je suis content! Buvons, et abandonnons toute mélancolie. Apportez du meilleur vin, lavez les verres, mettez la nappe, chassez les chiens, ranimez le feu, allumez la lampe, et donnez aux pauvres gens qui sont à la porte, du pain et de l'argent. Moi, je vais célébrer avec un bon dîner.

Comme il disait cela, il entendit les prières des prêtres qui allaient enterrer sa femme, et cela changea son humeur une fois de plus. Il dit: «Seigneur Dieu, faut-il que je sois encore triste? C'est dommage, je ne suis plus jeune, la tristesse me vieillit. Je sens que si je fais une autre grande scène de larmes, je vais prendre la fièvre. Et quel avantage y aura-t-il à cela? Par ma foi, il vaut mieux pleurer moins, et boire davantage. Ma femme est morte. Eh bien, je ne peux pas la ressusciter avec des larmes. Elle est sûrement au paradis, ou peut-être même dans un meilleur endroit, s'il y en a un. Elle prie Dieu pour nous, elle est bien heureuse, elle n'a plus de misère, ni de maladie. La mort est la destinée qui nous attend tous un jour. Dans l'intervalle, que Dieu garde celui qui survit! Il faut que je pense à trouver une autre femme.»

Adapté de Rabelais, Pantagruel, chap. III

Le jugement de Jehan le Fou

Qui est le plus sage, et qui est le plus fou? Rabelais se prononce sur la question dans cet épisode, qui fait honneur au bon sens populaire.

A Paris, il y avait une rôtisserie sur la place du Petit-Châtelet, avec une grande devanture ouverte sur la place. Les rôtis sentaient si bon, que c'était un endroit favori des pauvres gens qui n'avaient rien à manger: Ils sentaient la bonne odeur, la «fumée» de la viande qui rôtissait. Et ils oubliaient un moment leur pauvreté.

Un jour, un pauvre diable, debout devant l'étalage de la rôtisserie, mangeait son pain à la fumée du rôti, et le trouvait, ainsi parfumé, tout à fait savoureux. Le rôtisseur le laisse faire. Enfin, quand il a fini tout son pain, le rôtisseur saisit l'homme, et lui demande de payer la fumée de son rôti. Le pauvre diable disait qu'il n'avait pas touché à la viande, qu'il n'avait rien pris, et qu'il ne devait d'argent à personne. La fumée dont il était question s'évaporait dehors, où elle se perdait. On n'avait jamais entendu dire que, dans Paris, on pouvait vendre la fumée d'un rôti dans la rue.

Le rôtisseur répondait qu'il n'était pas obligé de nourrir les pauvres du quartier avec la fumée de son rôti, il menaçait de punir le pauvre homme, et de lui prendre ce qu'il pouvait avoir sur lui qui ait un peu de valeur.

Le pauvre diable sort son couteau, et se prépare à se défendre. La dispute grandit, elle attire toute une foule de curieux qui arrivent de tous les côtés, forment un cercle, regardent et discutent l'affaire. Parmi cette foule, il y a justement Jehan le Fou, citoyen de Paris, qui a la réputation de faire des jugements fous en apparence, mais raisonnables en réalité. Le rôtisseur demande au pauvre diable: «Veux-tu accepter le jugement de Jehan le Fou sur notre dispute? » — «Parbleu, oui.» répond l'autre.

Alors, après avoir entendu les détails de la dispute, Jehan le Fou demande au pauvre diable de lui donner une petite pièce de monnaie. Jehan le Fou prend la pièce, l'examine, la passe d'une main dans l'autre; il la fait sonner contre la pierre du mur, la jette par terre pour entendre le son qu'elle fait, la ramasse et recommence. Tout le monde le regarde en silence et se demande ce qu'il fait. Enfin, Jehan le Fou, satisfait, se tourne avec une grande majesté, comme un juge de tribunal, vers le rôtisseur. «Le juge a décidé que le pauvre diable qui a mangé son pain à la fumée du rôti, a payé le rôtisseur du bruit de son argent.» Tout le monde applaudit cette sentence si juste, et beaucoup, en rentrant chez eux, disaient que ce fou de Paris était moins fou que beaucoup de juges des tribunaux.

Adapté de Rabelais, *Le Tiers Livre*, chap. XXXVII

Montaigne

Montaigne représente l'esprit de la Renaissance par son désir de connaissance. Il voudrait surtout connaître l'homme, et pour cela, il essaie de se connaître lui-même. Dans ses *Essais*, il étudie divers aspects de l'homme et de la vie. Dans le passage suivant, il raconte un épisode de la conquête du Nouveau-Monde par les Espagnols, arrivés aux «Indes,» c'est-à-dire dans les Iles des Antilles *(West Indies)*.

Contre le colonialisme

Comme ils naviguaient le long d'une côte, cherchant des terres riches en mines d'or, certains Espagnols ont un jour mis pied dans un pays fertile et plaisant, habité par des Indiens. Alors, ils ont dit à ces indigènes ce qu'ils disent toujours dans les mêmes circonstances: «Qu'ils étaient des hommes de paix, et qu'ils venaient de très loin. Qu'ils étaient envoyés par le roi d'Espagne, le plus grand roi de la terre habitable. Et que le pape, qui représente Dieu sur la terre, avait donné à ce roi le droit de prendre toutes les Indes. Que, si les Indiens voulaient accepter le roi d'Espagne, et lui payer des impôts, ils seraient très bien traités . . . »

Les Espagnols demandaient aussi des provisions pour eux-mêmes et des quantités d'or pour leur roi, pour des raisons qu'ils n'expliquaient pas. Ils indiquaient aussi qu'ils croyaient en un seul dieu, que leur religion était la vraie, et que tout le monde devait l'accepter. A tout cela, ils ajoutaient un nombre de menaces, au cas où les Indiens n'accepteraient pas leur roi et leur religion.

Voilà la réponse des Indiens: «Que si les visiteurs étaient des hommes de paix, ils n'en avaient certainement pas l'air! Leur Roi, qui demandait tant de choses, était probablement bien pauvre et dans le besoin. Pour le pape, ce n'était pas un signe de bon sens de donner quelque chose qui ne vous appartient pas, et de le donner à un roi, aux dépens des vrais possesseurs. Pour les provisions, ils en donneraient. De l'or, ils en avaient un peu, pas beaucoup, et c'est une chose sans valeur, qui n'est pas utile à la vie, ni au bonheur. Les Espagnols pouvaient prendre tout l'or qu'ils trouveraient, sauf ce qui servait au culte des dieux. Quant à cette religion d'un seul dieu, c'était un beau discours, et elle les intéressait, mais ils ne voulaient pas changer leur propre religion. Elle les avait bien servis, et depuis longtemps. Ils n'avaient pas l'habitude de demander conseil à des étrangers; seulement à leurs amis et aux gens qu'ils connaissaient depuis longtemps. Quant aux menaces de ces étrangers, c'était un signe de mauvais jugement, que d'aller menacer sans raison, et sur leurs propres terres, des gens qui avaient peut-être des moyens de défense que les autres ne connaissaient pas.» En tout cas, continuaient les Indiens, en montrant quelques têtes coupées placées autour de leur ville, ils demandaient aux Espagnols de partir vite, car ils étaient patients, mais ils n'avaient pas l'habitude d'écouter indéfiniment les discours et les menaces d'hommes armés . . . .

(Vous voyez, ajoute Montaigne avec ironie, que ces Indiens étaient des sauvages, et que les Espagnols avaient raison de les massacrer.)

Adapté de Montaigne, *Essais*, Livre III, chap. VI

Du Bellay

Le poète Joachim du Bellay est, avec Ronsard (v. *Fenêtres sur la France*, p. 294) un des grands noms de la Renaissance. Il écrit surtout des *sonnets*, petits poèmes de quatorze vers, dans lesquels il parle, en termes touchants, de ses sentiments personnels. Dans *Heureux qui comme Ulysse*, composé à Rome, il regrette son pays natal et le doux pays du Val de Loire où se trouve la maison de sa famille.

Heureux qui comme Ulysse

Heureux qui, comme Ulysse, a fait un beau voyage,
Ou comme celui-là qui conquit la Toison,
Et puis est retourné, plein d'usage et raison
Vivre entre ses parents le reste de son âge!

Quand reverrai-je, hélas, de mon petit village
Fumer la cheminée? Et en quelle saison
Reverrai-je le clos de ma pauvre maison,
Qui m'est une province, et beaucoup davantage?

Plus me plaît le séjour qu'ont bâti mes aïeux
Que des palais romains le front audacieux;
Plus que le marbre dur me plaît l'ardoise fine,

Plus mon Loire gaulois que le Tibre latin
Plus mon petit Liré que le mont Palatin
Et plus que l'air marin, la douceur angevine.

celui-là qui conquit la Toison: *It is Jason, who conquered the Golden Fleece.*
usage: *experience.*
clos: *yard.*
aïeux: *forebears.*

l'ardoise fine: *the delicate slate.*
The Loire *and* Tibre *are rivers of France and Italy.*
Liré: *The village where he was born.*
mont Palatin: *One of the hills of Rome.*
angevine: *of Anjou, his native province, in the Loire Valley.*

Questions sur *Un peu d'histoire*

1. Qu'est-ce qu'on appelle les *Grandes Découvertes*? / **2.** Qu'est-ce qu'une boussole? / **3.** Qu'est-ce que les navigateurs pouvaient faire, après l'invention de la boussole? / **4.** Pourquoi l'Amérique ne s'appelle-t-elle pas *Colombia*? / **5.** Qu'est-ce que Christophe Colomb a réellement trouvé? Qu'est-ce qu'il pensait avoir trouvé? / **6.** Pourquoi appelle-t-on encore aujourd'hui les îles des Antilles, *West Indies*? / **7.** Qui a découvert le Canada? / **8.** Pourquoi y a-t-il beaucoup de Canadiens qui parlent français aujourd'hui? Quelles sont les grandes villes de langue française du Canada? / **9.** Quelle est, exactement, l'invention, qu'on appelle *découverte de l'imprimerie*? / **10.** Comment étaient les livres, avant la découverte de l'imprimerie? (rares? chers? pourquoi?) Est-ce que beaucoup de gens savaient lire? Pourquoi? / **11.** Quelle est l'importance de la découverte de l'imprimerie pour la civilisation entière? / **12.** Qu'est-ce qu'on appelle la *Renaissance* en France? Quel roi est associé à la Renaissance? / **13.** Qu'est-ce qu'on appelle les *Châteaux de la Loire*? / **14.** Nommez quelques-uns des châteaux de la Loire et dites quelques mots sur chacun. / **15.** Qu'est-ce qu'on appelle la Réforme? / **16.** Quel est le roi qui a terminé les guerres de religion? Etait-il un fanatique religieux? Pourquoi est-il célèbre?

Sujet de discussion ou de composition

La Réforme. Pensez-vous que Luther avait tort, ou raison? Pourquoi? Est-ce que les conséquences de la Réforme durent encore aujourd'hui? Expliquez votre réponse.

Questions sur *Vie et littérature*

A. *La naissance de Pantagruel* (Rabelais)

1. Est-ce que Gargantua est un homme ordinaire? Qu'est-ce qui le caractérise, ainsi que le reste de sa famille? Comment peut-on expliquer cette particularité des personnages de Rabelais? / **2.** Dans quelles circonstances Pantagruel est-il né? Est-ce que la mort d'une mère en mettant au monde son enfant était plus commune à ce temps-là que maintenant? Pourquoi? / **3.** Quel était le problème du pauvre Gargantua? Alors, qu'est-ce qu'il faisait? / **4.** Rabelais aime accumuler les termes, pour mieux exprimer une idée. Donnez des exemples, pris dans le texte, de cette accumulation. Quel est l'effet produit? / **5.** Quelle est la conclusion et la décision finale de Gargantua?

B. *Le jugement de Jehan le Fou* (Rabelais)

1. Quelle est la cause de la dispute entre le pauvre diable et le rôtisseur? / **2.** Qui choisit-on comme juge? Qu'est-ce qu'il fait, et quel est son jugement?

C. *Contre le Colonialisme* (Montaigne)

1. Pourquoi ces Espagnols sont-ils allés aux «Indes»? Qu'est-ce qu'ils cherchaient? / **2.** Qu'est-ce qu'ils ont demandé aux Indiens? / **3.** Résumez brièvement la réponse des Indiens. Y avait-il une menace dans cette réponse? Et à votre avis, avaient-ils raison? Pourquoi?

D. *Heureux qui, comme Ulysse* (du Bellay)

1. Ce poème est un sonnet. Examinez-le, et trouvez quelles sont les règles du sonnet (nombre de lignes, leur division, système de rimes). / **2.** Quel est le thème de ce sonnet? / **3.** Par quelles images du Bellay exprime-t-il l'amour de son village? Sa tristesse à Rome?

Perfectionnez votre grammaire

Le style (ou discours) indirect
Les verbes de communication

Vous employez le **style direct** quand vous citez exactement les paroles d'une personne. Un dialogue est est dans le style direct, une pièce de théâtre est dans le style direct.

Vous employez le **style indirect** quand vous racontez ce qu'une personne a dit, une remarque, une conversation en forme de narration.

Exemples:

Style direct:	M. Dubois: «Bonjour! Comment allez-vous et que faites-vous? »
Style indirect:	M. Dubois m'a dit bonjour, et il m'a demandé comment j'allais et ce que je faisais.

Vous voyez que le passage du style direct au style indirect transforme la phrase. Examinons les éléments de cette transformation.

I.   Les verbes de communication

Dans le style indirect, on emploie souvent des verbes de communication comme **dire, demander, répondre, écrire, téléphoner, répéter,** etc. Ces verbes expriment la communication entre deux, ou plusieurs personnes. On communique:

A.   une information

> Vous **dites à votre père que** vous n'avez pas d'argent.
> Vous **lui** dites **que** vous n'avez pas d'argent.

L'information s'exprime par **que**.

B.   un ordre (ou un désir, une requête)

> Vous **dites (demandez) à votre père de** vous donner de l'argent.
> Vous **lui dites (demandez) de** vous donner de l'argent.

Construction des verbes de communication: Ces verbes ont la même construction:*

dire
demander
répéter   **à quelqu'un   de faire**   quelque chose
répondre   **(lui/leur)**
etc.

Exemples: Je répète **à mon père**.   Je demande **à mes amis**.
              Je **lui** répète.   Je **leur** demande.

II. Changement de temps des verbes

Vous: «Je comprends.»
Vous avez dit que **vous compreniez**.

Vous: «Je comprends. Votre explication est très claire.»
Vous avez dit que vous compreniez, que mon explication **était** très claire.

Bob: «Je **suis** fatigué parce qu'il **fait** chaud et que j'**ai réparé** ma voiture.
         J'**avais** un rendez-vous important, mais ma voiture ne **marche** pas, et je
         n'**ai** pas d'argent pour payer la réparation.»
Bob **a dit** qu'il **était** fatigué parce qu'il **faisait** chaud et qu'il **avait réparé** sa
voiture. Il **a ajouté** qu'il **avait** un rendez-vous important et qu'il n'**avait** pas d'argent
pour payer la réparation.

Vous remarquez que le temps des verbes change quand on passe du style direct au style
indirect. La règle qui gouverne ce changement s'appelle la concordance des temps.

Tableau du changement de temps des verbes

	le présent ——————— devient ——————— imparfait		
	le passé composé ——— devient ——————— plus-que-parfait		
Dans le style	le futur ———————— devient ———— conditionnel		
indirect passé	l'imparfait	} ne changent pas	
	le plus-que-parfait		

Remarquez: Vous ajoutez les verbes de communication nécessaires. Ces verbes (**dire**,
demander, etc.) sont généralement au passé composé, parce qu'ils ne font pas partie du style
indirect. Ils sont ajoutés par vous pour former votre nouvelle phrase.

_____

*Il y a une petite exception. C'est le verbe **prier** *(to ask very politely, to beg)*. On prie **quelqu'un** de faire
quelque chose.
     Christophe Colomb a prié **la Reine** de lui donner des bateaux.

III. Comment exprimer **aujourd'hui, hier, demain,** au style indirect passé

Bob: "**Aujourd'hui**, je reste à la maison, parce que je suis sorti **hier**, et que je vais sortir **demain**."

Bob a dit que **ce jour-là** il restait à la maison parce qu'il était sorti **la veille** et qu'il allait sortir **le lendemain**.

Tableau de changement des termes de temps

aujourd'hui	**ce jour-là** (ou: un jour)	ce matin	**ce matin-là** (un matin)
hier	**la veille**	ce soir	**ce soir-là** (un soir)
demain	**le lendemain**	cette semaine	**cette semaine-là** (une semaine), etc.

IV. Comment exprimer qu'est-ce que/qu'est-ce qui au style indirect

Qu'est-ce que vous faites?   (ou: **Que** faites-vous?)
Il m'a demandé **ce que** je faisais.

Qu'est-ce qui a fait ce bruit?
Il voulait savoir **ce qui** avait fait ce bruit.

V. Ajoutez des éléments personnels

Le professeur: «Très bien, vous comprenez admirablement.»
Le professeur, **enchanté de son élève**, lui a dit qu'il comprenait admirablement.

VI. Employez **celui-ci**

Employez **celui-ci/celle-ci//ceux-ci/celles-ci** pour remplacer le nom de la personne ou de l'objet qui précède immédiatement.

«J'ai rencontré un monsieur très gentil. Il m'a donné des conseils.»
Il a dit qu'il avait rencontré un monsieur très gentil et que **celui-ci** lui avait donné des conseils.

Exercices

I. Mettez au style indirect passé

EXEMPLE: «Je suis fatigué.» *(Il nous a dit.)*
            Il nous a dit qu'il était fatigué.

1.   «Je vous aime et je vous adore.»   *(il lui a dit)*
2.   «Nous ne savons pas que vous êtes là.»   *(nous avons dit)*
3.   «Où avez-vous passé vos vacances? »   *(il vous a demandé)*
4.   «Vous ne faites pas attention!»   *(il vous a répété)*
5.   «Vous allez beaucoup trop vite!»   *(l'agent lui a crié)*
6.   «Je suis en retard parce que j'ai eu une panne.»   *(il nous a expliqué)*
7.   «Je regrette, mais j'ai oublié mes affaires.»   *(vous m'avez dit)*
8.   «Je crois que vous avez raison.»   *(l'agent a admis)*
9.   «J'ai cassé votre vase, mais ce n'est pas ma faute.»   *(l'enfant a murmuré)*
10. «Je ne vous ai pas vu, je ne savais pas où vous étiez.»   *(vous m'avez dit)*

II. Mettez les phrases au style indirect passé en employant **le lendemain, la veille, ce jour-là, cette année-là,** etc.

EXEMPLE: Je vous dis: «Hier, j'ai rencontré un vieil ami.»
            Vous m'avez dit que la veille vous aviez rencontré un vieil ami.

1.   Je vous demande: «Etes-vous libre demain? »
2.   Vos parents vous demandent: «Pourquoi n'as-tu pas téléphoné hier? »
3.   Un ami me dit: «Aujourd'hui, j'ai dix-huit ans, et demain, je pars!»
4.   Le haut-parleur *(loud speaker)* répète: «Aujourd'hui, il y a une réunion importante.»
5.   Des voix disent à Jeanne d'Arc: «Pars demain matin, et va délivrer la France.»
6.   Gargantua s'écrie: «Mon fils est né hier, et ma femme est morte ce matin!»
7.   Un artiste dit: «Je ne comprends pas ce que le public veut, cette année!»
8.   Cet élève a expliqué: «J'étais absent hier, et je serai absent demain.»
9.   Le directeur vous informe: «Aujourd'hui, votre classe sera dans une autre salle.»
10. Ma mère dit: «Si tu passes une heure au téléphone ce soir, tu paieras la note quand elle arrivera!»

III. Mettez les phrases suivantes au style indirect passé. (Ajoutez les verbes comme **dire, demander, ajouter, expliquer,** etc.)

A.   La dame: «Monsieur l'agent, je crois que vous avez besoin de lunettes! Avez-vous vu un psychiatre aussi, récemment? Je suis sûre que je n'allais pas à plus de trente à l'heure.»

B. **Un jeune homme (à ses parents):** «J'ai vu une voiture épatante et pas chère. Si vous me donnez l'argent pour l'acheter, je vous promets que j'aurai des très bonnes notes.»

C. **Un professeur:** «Vous avez tort! Vous ne savez pas la réponse parce que vous n'avez pas étudié. C'était la même chose le jour de l'examen.»

IV. **Mettez la conversation suivante au style indirect passé. Changez les termes de temps, ajoutez des verbes de communication et des éléments personnels.**

Lise: «Allô, Marie-Ange? Qu'est-ce que vous faites aujourd'hui? Moi, je pense que je vais rester à la maison, parce que je suis sortie hier et que je vais sortir demain. J'ai passé deux heures à la bibliothèque ce matin, mais je n'ai pas trouvé ce que je cherchais.»

Marie-Ange: «J'ai des projets pour ce soir. Une amie de ma mère m'a invitée à dîner chez elle pour faire la connaissance de son neveu qui est arrivé d'Europe hier. Alors, cet après-midi, je vais me faire un shampooing. Je pensais aller nager à la piscine demain matin, mais je ne sais pas si j'irai. La radio dit qu'il fera froid demain.»

V. **Sujets de composition**

1. Racontez, avec variété et animation, une conversation (une dispute?) entre deux personnes qui ont des opinions très différentes. (Vous et une autre personne, un chien et un chat, deux politiciens de partis opposés, etc.)

2. Relisez *La Farce du Cuvier*, page 64, et racontez-la au style indirect avec beaucoup de verbes de communication, d'éléments personnels, etc.

3. Documentez-vous sur Martin Luther, et racontez, au style indirect, ce qu'il a dit, qui a commencé la Réforme.

4. Imaginez la conversation entre Christophe Colomb et la reine Isabelle d'Espagne. Colomb lui demande les bateaux, et lui promet de trouver . . . les Indes. La reine hésite, elle pense que la terre est plate. Enfin, elle accepte. Racontez, au style indirect.

5 Bavardez avec les Français

En ville: emplettes, ou shopping

Informations culturelles. On trouve en France les mêmes produits qu'en Amérique, ou des produits correspondants. Même dans les petites villes, vous trouverez facilement ce qu'il vous faudra.

La poste française qui s'appelle *Poste et Télécommunications* fait non seulement le service postal mais aussi le service télégraphique et téléphonique.

A la pharmacie

Je voudrais quelque chose contre
— le mal à l'estomac.
— la migraine.
— l'irritation des yeux.

Prenez des pastilles *Vichy*.
Voilà un tube d'*Aspro*.
Voilà un collyre. Mettez-en trois gouttes dans chaque œil.

Je voudrais aussi un dentifrice.
Donnez-moi aussi une boîte de mouchoirs à jeter.

Voilà un tube de *Denclair*.
Les mouchoirs à jeter *Kleenex* sont excellents.

Dans un Grand Magasin

Au rayon dames:
Je voudrais . des bas / une jupe / un pull-over / . des slips . .

Vous trouverez tout ça au premier étage, à droite de l'ascenseur.

Au rayon hommes:
Je voudrais . des chaussettes / des slips / des . gilets de corps / une chemise .

Vous trouverez tout ça en bas, au sous-sol, à gauche de l'ascenseur.

A la poste

C'est combien, pour une carte postale par avion pour les Etats-Unis?

C'est 1 franc, 30.

Je voudrais envoyer un télégramme aux Etats-Unis.

Remplissez ce formulaire et donnez-le à l'employé, au guichet numéro 3.

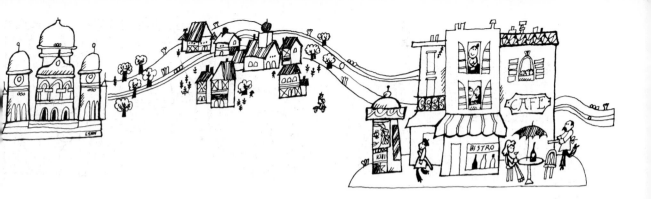

Je voudrais téléphoner aux Etats-Unis.

Donnez le numéro à l'employé du guichet *"Téléphone."* Il demandera votre communication, et vous la prendrez dans la cabine.

Divisez la classe en groupes de 2 (ou de plus de 2) personnes. Chaque personne prend un rôle, et chaque groupe prépare sa conversation.

1. *At the drugstore, or pharmacy*

   You tell the pharmacist that your eyes are irritated. He gives you some *Visinex* and tells you to put five drops in your eyes every morning. You also ask him what he has against a headache. He gives you a tube of *Aspro* and tells you to take 2 with a glass of water when you have a headache. You ask him how much you owe him («Qu'est-ce que je vous dois? ») "It will be 12 francs 50." You pay, thank him, and conclude the conversation.

2. *At the drugstore, or pharmacy*

   The pharmacist asks what you need. You tell him that you want something against a stomach ache. He says, "You must drink plenty of Vichy mineral water («de l'eau de Vichy»)." You tell him you don't like it. So he suggests that you take some Vichy tablets («Pastilles de Vichy»). You also ask for a box of disposable handkerchiefs. He gives you a box of Kleenex. Conclude the conversation.

3. *In a department store*

   a. A young man asks the saleslady for some socks. "What color?" she says. He says he wants some white ones, and some blue ones. She says: «Et avec ça, monsieur?» He says he also needs some underwear and she tells him he will find those downstairs, near the elevator.

   b. A young lady asks the saleslady for some stockings. "We have many," says the saleslady. "How many pairs do you want?" She asks for three pairs. Then she also needs a sweater. "You will find that on the first floor, on the right of the elevator," says the saleslady.

4. *In the post-office*

   You ask an employee how much to send a postcard airmail to the U.S. "That's one franc thirty," he tells you. You ask how much for a letter, also airmail, to the U.S. "That's one franc seventy," he says. You ask how long it will take to get to the U.S. "Oh, two or three days," he says. You thank him and conclude the conversation.

Un peu d'histoire

Le XVIIe siècle ou Grand Siècle
Richelieu, Louis XIV le Roi-Soleil et Versailles

A la mort de Henri IV, assassiné, son fils Louis XIII lui succède. C'est sous le règne de Louis XIII que paraît la grande figure du Cardinal de Richelieu.

Richelieu

Maigre, grand, le regard froid, ses contemporains l'ont comparé à «une lame de couteau». Mais Richelieu, qui considère que le roi doit avoir un pouvoir absolu sur le pays et sur ses habitants, va travailler infatigablement dans ce sens.

La mode est aux duels. Il suffit d'une provocation minime, imaginaire même, et un duel (combat à l'épée entre deux gentilshommes) est indispensable. De nombreux seigneurs sont tués ainsi. Richelieu interdit le duel. Naturellement, les seigneurs n'obéissent pas. Alors, chaque fois que la police de Richelieu découvre un duel, les coupables sont sévèrement punis. Surtout, leurs châteaux et leurs fortunes sont confisqués au profit du roi. C'est une discipline profitable au trésor royal!

Richelieu n'approuve pas la liberté laissée aux Protestants par le bon roi Henri IV. Il leur fait la guerre, car ils représentent une menace au pouvoir absolu du roi.

1. Louis XIV, Le Roi-Soleil, visite la manufacture des Gobelins, à Paris.
2. Une commode signée Boulle, dans le style orné caractéristique de la période Louis XIV.
3. L'insigne du Saint-Esprit, en diamants.
4. Le cardinal de Richelieu.

5. Les membres de l'Académie Française font un discours au roi Louis XIV.

L'Académie Française

Ce début du XVIIe siècle voit grandir le goût des lettres, des belles manières, de l'expression élégante, du mot juste. On se réunit entre amis pour parler littérature, philosophie, poésie . . . C'est ainsi qu'un groupe d'amis se réunit chaque semaine chez un Parisien nommé Conrart. Richelieu entend parler de ces réunions. Il n'aime pas beaucoup ces groupes qu'il ne peut pas contrôler, mais il est excellent diplomate. Il invite ces messieurs à se constituer en un groupe régulier sous son patronage, et à siéger dans le Palais du Louvre, résidence du roi Louis XIII. On ne sait pas si ces messieurs étaient très enchantés, au début, mais une faveur de Richelieu ne se refusait pas, et voilà la prestigieuse *Académie Française* fondée (1635). Composée de quarante membres, elle existe encore. Elle siège régulièrement à Paris, pas au Louvre, qui est un des musées nationaux de France, mais juste en face, de l'autre côté de la Seine, à l'Institut. C'est l'Académie Française qui est chargée de conserver la pureté de la langue française et qui maintient son dictionnaire officiel. C'est pourquoi le vocabulaire français aujourd'hui est limité à environ 200.000 mots, tandis que l'anglais, qui n'a pas d'Académie pour le

6. Louis XIV, en grand costume royal.   7. La Galerie des Glaces à Versailles.

contrôler, en a 600.000. L'Académie Française décide de ce qui est français, et de ce qui ne l'est pas. La pureté de la langue est, et reste, pour les Français, une valeur importante.

Louis XIV, le Roi-Soleil

A la mort de Louis XIII, son fils Louis XIV devient roi. Son pouvoir, bien préparé par Richelieu, va être absolu. «L'état, c'est moi,» dit Louis XIV.*

Pour assurer la continuité de ce pouvoir, il construit le splendide palais de Versailles, près de Paris. Là, il invite les seigneurs à demeurer près de lui, à la cour, dans une atmosphère de luxe et d'élégance impossible à imaginer maintenant. Il faut vivre à la cour pour être à la mode, et les courtisans dépensent tout leur argent en costumes, bijoux, dentelles, pour faire figure à la cour. Pendant ce temps, leurs

_____

*As it is the case for many historic words, no one is quite sure that it was actually spoken as quoted. But everyone agrees that it does represent pretty accurately the way Louis XIV felt about the government of his country.

domaines sont négligés, ils perdent le pouvoir qui leur restait. Versailles, qui coûte très cher à la France, n'est donc pas une folie, mais une manœuvre bien calculée de la part du roi.

Celui-ci donne des fêtes somptueuses dans le palais, dans les jardins, sur les canaux. On joue des pièces de théâtre, car le roi encourage les écrivains, les acteurs, tous les artistes, et sous le règne du Roi-Soleil, la France aura sa plus grande période artistique. Les tragédies de Corneille, de Racine, les comédies de Molière, sont aujourd'hui considérées comme le trésor littéraire de la France. On peut visiter Versailles aujourd'hui, immense et récemment restauré. Vous admirerez en particulier la splendide chambre de Louis XIV. Vous ferez une promenade dans les merveilleux jardins.

Trop de guerres, hélas!

Versailles coûte très cher, mais rien ne coûte aussi cher à un pays que la guerre. Et Louis XIV fait continuellement la guerre aux autres pays d'Europe. Il a pourtant un excellent ministre, Colbert, qui développe le commerce et les manufactures. Colbert pense que la paix et le commerce seuls peuvent enrichir un pays. Malheureusement, un autre ministre, Louvois, voit dans la guerre le meilleur moyen de gloire et d'expansion. Les guerres conseillées par Louvois vident le trésor royal. Par une des injustices de l'histoire, c'est Louvois qui obtient du roi la disgrâce de son rival, Colbert.

Les Salons du XVIIe siècle

Pendant cette période, où le goût est à l'élégance, aux bonnes manières, à la poésie et aux belles-lettres, certaines dames annoncent que leur *salon* est ouvert, disons chaque mercredi, de cinq à sept, pour leurs amis. Elles reçoivent, souvent allongées sur leur lit (c'était la mode, à l'époque) et on discute de poésie, de littérature, de philosophie. C'est dans ces salons-chambres, que le goût du XVIIe siècle se forme. Par exemple, dans le salon de la Marquise de Rambouillet, qui s'appelle Catherine, mais que ses amis appellent «l'Incomparable Arthénice».*

Une influence qui dure encore

Plus important encore, c'est dans les salons que se forme un autre aspect important du goût français qui dure encore. Quand on discutait littérature, philosophie, ou sciences dans les salons, il était considéré de très mauvaises manières de parler sans grâce, sans esprit, sans élégance, bref, d'ennuyer les gens. Il fallait avoir des idées, certes, mais il fallait aussi une forme claire, agréable à écouter. Pas de jargon, pas d'idées mal exprimées ou embrouillées. Les Français n'ont jamais perdu l'habitude de considérer que si une idée vaut la peine d'être exprimée, elle vaut sûrement la peine d'être bien exprimée, et qu'ennuyer les gens par un discours obscur, prétentieux, ou mal exprimé, est un signe de mauvaises manières.

––––––––––––––––––––

Arthénice is an anagram, or transposition of the letters of "Catherine" which was felt not to be refined enough as a name for such a refined lady. Try and see what anagram you can make of the letters of your name.

8. Promenade dans les jardins de Versailles.   9. Cérémonie dans la chambre du roi.

8

9

Vie et littérature

Le XVIIe siècle est l'âge d'or de la littérature française. Le roi Louis XIV soutient et encourage les auteurs. C'est sous son règne que se développe la *période classique* de la littérature. *Corneille* et *Racine* écrivent des *tragédies* inoubliables, et *Molière* des *comédies* qui nous amusent encore aujourd'hui, parce qu'elles sont basées sur une vérité psychologique éternelle.

Le XVIIe siècle, c'est aussi l'âge des moralistes, mais il ne faut pas croire qu'ils sont ennuyeux, et vous verrez en lisant les *Fables* de *La Fontaine* pourquoi elles enchantent chaque génération. C'est aussi une période où on aime à écrire des *lettres*, pour donner à ses amis ou à sa famille des nouvelles de la vie à Paris et surtout à Versailles. Ces lettres, comme celles de *Mme de Sévigné*, sont souvent de merveilleux petits tableaux de la vie de ce temps.

Molière

Molière (1622–1673) est le grand auteur comique de la France. Ses comédies critiquent, par le rire, les défauts des hommes: l'avarice, l'hypocrisie, le snobisme, etc. . . .

Dans sa pièce *Le Bourgeois Gentilhomme*, Molière présente M. Jourdain. Celui-ci est un bourgeois de Paris, qui a récemment gagné une fortune considérable dans le commerce. Aussi, maintenant, veut-il acquérir les manières et les talents d'un «gentilhomme,» c'est-à-dire d'un aristocrate. Au temps de Louis XIV, il était inadmissible qu'un bourgeois veuille s'élever au-dessus de sa situation sociale. Aujourd'hui nous rions, bien sûr, à la lecture et à la représentation du *Bourgeois Gentilhomme*, parce que Molière a un talent comique, mais nous ne voyons rien de ridicule dans le désir qu'a M. Jourdain de s'instruire.

Le Bourgeois Gentilhomme: La leçon de philosophie

Personnages
Monsieur Jourdain
Le maître de philosophie

LE MAITRE DE PHILOSOPHIE: Que voulez-vous apprendre?

M. JOURDAIN: Tout ce que je pourrai, car j'ai la plus grande envie du monde d'être savant, et j'enrage que mon père et ma mère ne m'aient pas fait bien étudier dans toutes les sciences quand j'étais jeune.

MAITRE DE PHILOSOPHIE: Ce sentiment est raisonnable. *Nam sine doctrina vita est quasi mortis imago.* Vous comprenez cela, et vous savez le latin sans doute?

M. JOURDAIN: Oui, mais faites comme si je ne le savais pas. Expliquez-moi ce que cela veut dire.

MAITRE DE PHILOSOPHIE: Cela veut dire que sans la science, la vie est presque une image de la mort.

M. JOURDAIN: Ce latin-là a raison.

MAITRE DE PHILOSOPHIE: N'avez-vous point quelques principes, quelques commencements dans les sciences?

M. JOURDAIN: Oh, oui, je sais lire et écrire.

MAITRE DE PHILOSOPHIE: Par où allons-nous commencer?   Voulez-vous apprendre la morale?

M. JOURDAIN: La morale?

MAITRE DE PHILOSOPHIE: Oui.

M. JOURDAIN: Qu'est-ce qu'elle dit, cette morale?

MAITRE DE PHILOSOPHIE: Elle traite de la félicité, elle enseigne aux hommes à modérer leurs passions et . . .

M. JOURDAIN: Non, laissons cela. Je suis coléreux comme tous les diables, et morale ou pas morale, je veux me mettre en colère autant que je voudrai, quand j'en aurai envie.

MAITRE DE PHILOSOPHIE: Que voulez-vous donc que je vous apprenne?

M. JOURDAIN: Apprenez-moi l'orthographe.

MAITRE DE PHILOSOPHIE: Très volontiers.

M. JOURDAIN: Après, vous m'apprendrez l'almanach, pour savoir quand il y a de la lune et quand il n'y en a pas.

MAITRE DE PHILOSOPHIE: Bien. Pour bien suivre votre pensée, et traiter cette matière en philosophe, il faut commencer, selon l'ordre des choses, par une exacte connaissance de la nature des lettres et de la différente manière de les prononcer toutes. Et là-dessus, j'ai à vous dire que les lettres sont divisées en voyelles, et en consonnes. Il y a cinq voyelles: A, E, I, O, U.*

M. JOURDAIN: Je comprends tout cela.

MAITRE DE PHILOSOPHIE: La voyelle A se forme en ouvrant bien la bouche: A.

M. JOURDAIN: A, A, A, oui.

MAITRE DE PHILOSOPHIE: La voyelle E se forme en rapprochant la mâchoire inférieure de la mâchoire supérieure: A, E.

M. JOURDAIN: A, E; A, E. Ma foi, oui. Ah, que cela est beau!

MAITRE DE PHILOSOPHIE: Et la voyelle I, en rapprochant encore, davantage les mâchoires l'une de l'autre, et écartant les deux coins de la bouche vers les oreilles: A, E, I.

M. JOURDAIN: A, E, I, I, I, I, I. Cela est vrai. Vive la science!

MAITRE DE PHILOSOPHIE: La voix O se forme en ouvrant les mâchoires et en rapprochant les lèvres par les deux coins, le haut et le bas: O.

M. JOURDAIN: O, O, O. Il n'y a rien de plus juste. A, E, I, O, I, O. Cela est admirable! I, O, I, O.

---

*Here begins an excellent lesson in elementary French phonetics. Do exactly as the **Maître de Philosophie** says, and you will produce the accurate French sound. M. Jourdain follows **with exaggeration**, the instructions of the master, and gives a very comical effect to the whole scene.

MAITRE DE PHILOSOPHIE: L'ouverture de la bouche fait justement comme un petit rond qui représente un O.

M. JOURDAIN: O, O, O. Vous avez raison. Ah, la belle chose que de savoir quelque chose!

MAITRE DE PHILOSOPHIE: La voix U se forme en rapprochant les dents sans les joindre entièrement, et en allongeant les deux lèvres en dehors, les approchant l'une de l'autre sans les joindre tout à fait: U.

M. JOURDAIN: U, U. Il n'y a rien de plus véritable, U.

MAITRE DE PHILOSOPHIE: Vos deux lèvres s'allongent comme si vous faisiez la moue. Regardez: U.

M. JOURDAIN: U, U. Cela est vrai. Ah, que n'ai-je étudié plus tôt pour savoir tout cela!

MAITRE DE PHILOSOPHIE: Demain, nous verrons les autres lettres, qui sont les consonnes.

M. JOURDAIN: Est-ce qu'il y a des choses aussi curieuses que celles-ci?

MAITRE DE PHILOSOPHIE: Sans doute. La consonne D, par exemple, se prononce en donnant du bout de la langue au-dessus des dents d'en haut: DA.

M. JOURDAIN: DA, DA, oui. Ah, les belles choses, les belles choses!

MAITRE DE PHILOSOPHIE: L'F, en appuyant les dents d'en haut sur la lèvre de dessous: FA.

M. JOURDAIN: FA, FA. C'est la vérité. Ah, mon père et ma mère, pourquoi m'avez-vous laissé ignorant!

MAITRE DE PHILOSOPHIE: Et l'R, en portant le bout de la langue jusqu.au haut du palais, de sorte, qu'étant frôlée par l'air qui sort avec force, elle lui cède et revient toujours au même endroit, faisant une sorte de tremblement: R, ra.

M. JOURDAIN: R, r, rra; R, r, R, rr, r, r, ra. Cela est vrai. Ah, l'habile homme que vous êtes! Et que j'ai perdu de temps! R, ra, r, r, ra.

MAITRE DE PHILOSOPHIE: Je vous expliquerai à fond toutes ces curiosités.

M. JOURDAIN: Je vous en prie. Au reste, il faut que je vous fasse une confidence. Je suis amoureux d'une personne de la haute société, et je voudrais que vous m'aidiez à lui écrire quelque chose dans un petit billet que je veux laisser tomber à ses pieds.*

MAITRE DE PHILOSOPHIE: Fort bien.

M. JOURDAIN: Cela sera galant, oui.

MAITRE DE PHILOSOPHIE: Sans doute. Voulez-vous lui écrire des vers?

M. JOURDAIN: Non, non, point de vers.

MAITRE DE PHILOSOPHIE: Vous ne voulez que de la prose?

M. JOURDAIN: Non, je ne veux ni prose, ni vers.

MAITRE DE PHILOSOPHIE: Il faut bien que ce soit l'un ou l'autre.

---

*M. Jourdain is indeed married to the very respectable, no nonsense Mme Jourdain. But he feels that to be secretly in love with a society lady is all part of the new image he wants to build for himself.

M. JOURDAIN: Pourquoi?

MAITRE DE PHILOSOPHIE: Par la raison, monsieur, qu'il n'y a pour s'exprimer que la prose ou les vers.

M. JOURDAIN: Il n'y a que la prose ou les vers?

MAITRE DE PHILOSOPHIE: Oui, monsieur. Tout ce qui n'est point prose est vers; et tout ce qui n'est point vers est prose.

M. JOURDAIN: Et comme l'on parle, qu'est-ce que c'est donc?

MAITRE DE PHILOSOPHIE: De la prose.

M. JOURDAIN: Quoi! Quand je dis: «Nicole, apportez-moi mes pantoufles et donnez-moi mon bonnet de nuit,» c'est de la prose?

MAITRE DE PHILOSOPHIE: Oui, monsieur.

M. JOURDAIN: Par ma foi! Il y a plus de quarante ans que je dis de la prose sans le savoir. Et je vous suis le plus obligé du monde de m'avoir appris cela. Je voudrais donc lui mettre dans un billet: «Belle marquise, vos beaux yeux me font mourir d'amour.» Mais je voudrais que cela soit dit d'une manière galante, que ce soit arrangé gentiment.

MAITRE DE PHILOSOPHIE: Mettez que les feux de ses yeux réduisent votre cœur en cendres; que vous souffrez nuit et jour pour elle les violences d'un . . .

M. JOURDAIN: Non, non, non, je ne veux point tout cela. Je ne veux que ce que je vous ai dit: «Belle marquise, vos beaux yeux me font mourir d'amour.»

MAITRE DE PHILOSOPHIE: Il faut bien étendre un peu la chose.

M. JOURDAIN: Non, vous dis-je, je ne veux que ces mots dans le billet. Mais tournés à la mode, bien arrangés comme il faut. Je vous prie de me dire un peu, pour voir, les diverses manières dont on peut les dire.

MAITRE DE PHILOSOPHIE: On peut les mettre premièrement comme vous avez dit: «Belle marquise, vos beaux yeux me font mourir d'amour.» Ou bien: «D'amour mourir me font, belle marquise, vos beaux yeux.» Ou bien: «Vos yeux beaux d'amour me font, belle marquise, mourir.» Ou bien: «Mourir vos beaux yeux, belle marquise, d'amour me font.» Ou bien: «Me font vos yeux beaux mourir, belle marquise, d'amour.»

M. JOURDAIN: Mais de toutes ces façons, laquelle est la meilleure?

MAITRE DE PHILOSOPHIE: Celle que vous avez dite: «Belle marquise, vos beaux yeux me font mourir d'amour.»

M. JOURDAIN: Cependant, je n'ai pas étudié, et j'ai fait cela du premier coup! Je vous remercie de tout mon cœur, monsieur, et je vous prie de venir demain de bonne heure.

MAITRE DE PHILOSOPHIE: Je n'y manquerai pas.

(Il sort)

Abrégé et adapté de Molière, *Le Bourgeois Gentilhomme*

Madame de Sévigné

Madame de Sévigné est une marquise, qui habite à Paris et vient souvent à Versailles. C'est une femme charmante, pleine de cœur et d'esprit. Elle est restée célèbre par les nombreuses lettres qu'elle écrit à ses amis et surtout à sa fille, Madame de Grignan, mariée dans une lointaine province. Dans ses lettres, écrites en apparence sans artifice, mais en réalité avec un grand art, elle raconte de petits épisodes de la vie de son temps, et surtout de ce qui concerne la vie à Paris et à la cour.

Le roi et son vieux courtisan

Lundi, 1er décembre 1664

Il faut que je vous raconte une petite histoire qui est vraie, et qui vous amusera. Le roi s'occupe depuis peu de temps de faire des vers. Messieurs de Saint-Aignan et Dangeau lui apprennent comment on écrit la poésie. Il composa l'autre jour un petit poème que lui-même ne trouvait pas trop joli. Un matin, il dit au Maréchal de Gramont: «Monsieur le Maréchal, lisez, je vous prie, ce petit madrigal, et voyez si vous en avez jamais lu un plus mauvais; parce qu'on sait que depuis quelque temps j'aime les vers, on m'en apporte de toutes sortes.» Le Maréchal, après avoir lu, dit au roi: «Sire, Votre Majesté juge divinement bien de toutes choses: Il est vrai que voilà le plus sot et le plus ridicule madrigal que j'ai jamais lu.» Le roi se mit à rire et lui dit: «N'est-il pas vrai que celui qui l'a fait est un sot prétentieux? — Sire, il n'y a pas moyen de lui donner un autre nom. — Eh bien, dit le roi, je suis ravi que vous m'ayez parlé si franchement. C'est moi qui l'ai composé. — Ah, Sire, quelle trahison! Que Votre Majesté me le rende, je l'ai lu trop vite. — Non, Monsieur le Maréchal. Les premiers sentiments sont toujours les plus naturels.» Le roi a bien ri de cette plaisanterie, et tout le monde trouve que c'est la plus cruelle petite chose que l'on puisse faire à un vieux courtisan. Pour moi, qui aime toujours faire des réflexions, je voudrais que le roi réfléchisse sur cette affaire, et qu'il voie par elle combien il est loin de connaître jamais la vérité.

Adapté de Mme de Sévigné, *Lettres*

Lettre à Madame de Grignan sur la mort de Vatel

Paris, 26 avril 1671

C'est dimanche et cette lettre ne partira que mercredi. Mais ce n'est pas vraiment une lettre, c'est le récit que je vous ai promis des circonstances exactes de la mort de Vatel. Je vous ai écrit vendredi qu'il s'était tué. Voilà l'affaire en détail.

Le Roi arriva jeudi soir au château de Chantilly. La chasse, les lanternes, le clair de lune, le piquenique dans un endroit couvert de jonquilles, tout fut parfait. Tard, le soir, au souper, comme il y avait plus de tables que prévu, il n'y eut pas tout à fait assez de rôti pour tout le monde. Vatel, le chef de cuisine, était consterné. Il dit plusieurs fois: «Je suis perdu. Mon honneur est perdu!» Il dit à M. de Gourville: «La tête me tourne, je n'ai pas dormi depuis douze nuits. Et maintenant cette horrible chose!» M. de Gourville lui répéta que le diner était splendide, que le rôti n'avait pas manqué à la table du Roi, mais seulement à la vingt-cinquième petite table . . . Vatel ne voulait rien entendre.

Tard dans la nuit, le feu d'artifice ne réussit pas. Il fut couvert d'un nuage. Et pourtant il coûtait seize mille francs! Vatel qui ne dormit pas, était debout à quatre heures le lendemain, et trouva tout endormi dans les cuisines. Il rencontre un jeune garçon qui apportait seulement deux paniers de poisson. «Est-ce tout? » demanda Vatel. «Oui, Monsieur.» Le pauvre garçon ne savait pas que Vatel avait commandé du poisson à tous les ports de mer. Vatel attend un moment, de plus en plus affolé. Enfin, quand il ne voit pas arriver d'autre poisson, il va trouver M. de Gourville et lui dit: «Je ne survivrai pas à ce déshonneur!» Gourville se moque de lui.

Alors, Vatel monte dans sa chambre, met son épée contre la porte, et se la passe à travers le cœur. A la troisième fois, il tombe mort. Le poisson pendant ce temps arrive de tous côtés. On cherche Vatel pour le distribuer. On va à sa chambre, on enfonce la porte, on le trouve mort, couché dans son sang. Le Roi, les Princes, tout le monde fut bien triste, on dit qu'il avait trop le sens de l'honneur, trop de courage, le désir de trop de perfection. . . .

Adapté de Mme de Sévigné, *Lettres*

(Note: Vatel est resté célèbre, non seulement comme un remarquable chef, mais comme le parfait exemple de la responsabilité professionnelle.)

La Fontaine (1621—1695)

Jean de la Fontaine est maître des Eaux et Forêts, c'est à dire qu'il s'occupe de l'exploitation des forêts et des rivières. C'est un administrateur médiocre, mais un excellent observateur du caractère de la vie des animaux . . . et des gens.

Il est surtout célèbre pour ses fables. Ce sont de petits contes en vers, dont les héros sont souvent des animaux, parfois des gens, et dans lesquels il donne une leçon de morale. De morale? Pas exactement: Plutôt une leçon de cynisme pratique.

Le Corbeau et le Renard

Maître Corbeau, sur un arbre perché,
    Tenait en son bec un fromage.
Maître Renard, par l'odeur alléché
    Lui tint à peu près ce language:
    «Hé! Bonjour, Monsieur du Corbeau
Que vous êtes joli, que vous me semblez beau!
    Sans mentir, si votre ramage
    Se rapporte à votre plumage
Vous êtes le phénix des hôtes de ces bois!
A ces mots, le Corbeau ne se sent pas de joie;
    Et, pour montrer sa belle voix
Il ouvre un large bec, laisse tomber sa proie.
Le Renard s'en saisit et dit: «Mon bon Monsieur,
    Apprenez que tout flatteur
Vit aux dépens de celui qui l'écoute.
Cette leçon vaut bien un fromage, sans doute.»
    Le Corbeau, honteux et confus,
Jura, mais un peu tard, qu'on ne l'y prendrait plus.

               La Fontaine, *Fables*, I, 2

La Cigale et la Fourmi

La Cigale ayant chanté,
    Tout l'été,
Se trouva fort dépourvue
Quand la bise fut venue:
Pas un seul petit morceau
De mouche ou de vermisseau.
Elle alla crier famine
Chez la Fourmi sa voisine,
La priant de lui prêter
Quelque grain pour subsister
Jusqu'à la saison nouvelle.
«Je vous paierai, dit-elle,
Avant août, foi d'animal,
Intérêt et principal.»
La Fourmi n'est pas prêteuse;
C'est là son moindre défaut.
«Que faisiez-vous au temps chaud? »
Dit-elle à cette emprunteuse.
«Nuit et jour, à tout venant
Je chantais, ne vous déplaise.
— Vous chantiez? J'en suis fort aise:
Eh bien dansez maintenant.»

             La Fontaine, *Fables*, I, 1

La Grenouille qui veut se faire aussi grosse que le Bœuf

Une Grenouille vit un Bœuf
Qui lui sembla de belle taille.
Elle, qui n'était pas grosse en tout comme un œuf
Envieuse, s'étend, et s'enfle et se travaille
Pour égaler l'animal en grosseur,
Disant: «Regardez bien, ma sœur;
Est-ce assez? Dites-moi: N'y suis-je point encore?
— Oh non! — M'y voici donc? — Point du tout — M'y voilà?
— Vous n'en approchez point.» La chétive pécore
S'enfla si bien qu'elle en creva.

Le monde est plein de gens qui ne sont pas plus sages:
Tout bourgeois veut bâtir comme les grands seigneurs
Tout petit prince a des ambassadeurs
Tout marquis veut avoir des pages.

La Fontaine, *Fables*, I, 3

Questions sur *Un peu d'histoire*

1. Quel roi a succédé à Henri IV? Ce roi avait un cardinal pour ministre. Qui était-ce? / **2.** Comment était Richelieu? Et quelles étaient ses idées? / **3.** Qu'est-ce qu'un duel? Pourquoi Richelieu interdisait-il les duels? / **4.** Est-ce que l'Académie Française existe aujourd'hui? Qu'est-ce que c'est? Que fait l'Académie Française? / **5.** Expliquez brièvement la fondation de l'Académie Française. / **6.** Quelle est l'importance de l'Académie sur la langue française? / **7.** Quel roi appelle-t-on le Roi-soleil? Pourquoi? A quel siècle son règne est-il associé? / **8.** Qu'est-ce que Versailles? (Voyez les photos de Versailles dans la section en couleur.) Est-ce que Versailles existe encore aujourd'hui? / **9.** Qui a construit Versailles, et pourquoi? / **10.** Est-ce que Versailles avait coûté très cher? Pourquoi? Mais était-ce une manœuvre calculée du roi? Pourquoi? / **11.** Est-ce que Louis XIV a favorisé les auteurs de son temps? Expliquez et nommez quelques-uns de ces auteurs. / **12.** Qui étaient Colbert et Louvois? Avaient-ils beaucoup d'affection l'un pour l'autre? Pourquoi? / **13.** Qu'est-ce qu'on appelle les *Salons*? Et quelle est leur influence sur la culture française contemporaine?

Sujet de discussion ou de composition

L'Académie Française. C'est elle qui décide de ce qui est «français» et «pas français» dans le diction-naire et la langue française. Pensez-vous que la langue anglaise (ou américaine) a besoin d'une

Académie, ou au contraire, pensez-vous que les langues se développent mieux sans restrictions? Expliquez.

(Pensez aux mots: **débonnaire, suave, poncho, taco, enchilada, patio, kindergarten,** etc. Est-ce que ce sont des mots américains ou viennent-ils d'une autre langue? Que dirait l'Académie?)

Questions sur *Vie et littérature*

A. *Questions générales*

1. Pourquoi le XVIIe siècle est-il une grande époque de la littérature française? Nommez quelques-uns des auteurs les plus célèbres et dites ce qu'ils ont écrit. / **2.** Est-ce que l'art d'écrire des lettres est aussi important aujourd'hui qu'à cette époque? Pourquoi?

B. *Le Bourgeois gentilhomme* (Molière)

1. Pourquoi M. Jourdain était-il ridicule au temps de Molière? (Comparez la société française de cette époque, fixe et statique, avec la nôtre, qui est très mobile.) Le trouveriez-vous ridicule aujourd'hui? Pourquoi? / **2.** Pourquoi M. Jourdain ne veut-il pas apprendre la morale? / **3.** Alors, qu'est-ce qu'il va apprendre? / **4.** Ce qu'il apprend, est-ce vraiment de la philosophie (ou peut-être de la phonétique?)? Pourquoi M. Jourdain est-il si content? / **5.** M. Jourdain voudrait écrire un billet doux! A qui, et pourquoi? / **6.** En fin de compte, M. Jourdain, a-t-il trouvé tout seul le meilleur style pour son billet doux? Pourquoi? (Parce qu'il a du bon sens ou de l'instruction?)

C. *Le roi et son vieux courtisan* (Madame de Sévigné)

1. Qu'est-ce que le roi (Louis XIV) est en train d'apprendre? Dit-il la vérité quand il montre son mauvais petit poème au vieux Maréchal? / **2.** Pauvre Maréchal! Pourquoi est-il embarrassé? Le seriez-vous à sa place? / **3.** Quelle est la morale de l'affaire? (Il y a peut-être plusieurs morales.)

D. *Lettre à Mme de Grignan sur la mort de Vatel* (Madame de Sévigné)

1. Qui était Vatel? Pourquoi avait-il un travail difficile à l'occasion de la visite du roi au château de Chantilly? / **2.** Pourquoi Vatel était-il consterné, après le dîner du premier soir? / **3.** Pourquoi Vatel est-il debout à quatre heures du matin, le lendemain? / **4.** Pourquoi est-il désespéré? Alors, qu'est-ce qu'il fait? Avait-il tort, ou raison? Pourquoi? / **5.** Quels étaient les commentaires des invités, à la nouvelle de la mort de Vatel? / **6.** Pourquoi le nom de Vatel est-il resté célèbre?

E. *Le Corbeau et le Renard* (La Fontaine)

Racontez la fable en langage ordinaire et dans vos propres termes. Quelle est la morale indiquée par La Fontaine? Etes-vous d'accord, ou voyez-vous, peut-être, une autre morale?

F. *La Cigale et la Fourmi* (La Fontaine)

Racontez la fable en langage ordinaire et dans vos propres termes. A qui va votre sympathie: A la cigale, ou à la fourmi? Pourquoi? Personnellement, ressemblez-vous plus à la cigale ou à la fourmi? Pourquoi?

G. *La Grenouille qui veut se faire aussi grosse que le bœuf* (La Fontaine)

Racontez la fable en langage ordinaire et dans vos propres termes. Quelle est sa morale pratique? Etes-vous d'accord? Pourquoi?

Perfectionnez votre grammaire

Le passé littéraire
ou
passé défini

Le passé littéraire s'appelle aussi quelquefois: passé défini, passé simple, ou passé historique.

Exemples: Le roi Louis XIV **régna** (a régné) sur la France.
              Il **vécut** (a vécu) de 1638 à 1715.
              Il **mourut** (est mort) à Versailles.

C'est un temps qui ne s'emploie **jamais** dans la conversation, ni dans le style ordinaire, comme une lettre, par exemple. Mais les auteurs français l'emploient régulièrement dans les **textes historiques**, dans les **narrations** de style littéraire et dans les **romans**.

I.   Les formes du passé littéraire*

A.   Il y a trois terminaisons pour le passé littéraire.

1. Verbes en **—er**		2. Verbes en **—ir** et **—re**		3. Verbes en **—oir**	
parler		**finir**	**attendre**	**vouloir**	
j(e)	parl **ai**	fin **is**	attend **is**	voul **us**	
tu	parl **as**	fin **is**	attend **is**	voul **us**	
il	parl **a**	fin **it**	attend **it**	voul **ut**	
nous	parl **âmes**	fin **îmes**	attend **îmes**	voul **ûmes**	
vous	parl **âtes**	fin **îtes**	attend **îtes**	voul **ûtes**	
ils	parl **èrent**	fin **irent**	attend **irent**	voul **urent**	

---

*You will find these forms and the complete conjugations in Appendix C, p. 304

B. Un certain nombre de verbes très employés ont une racine irrégulière au passé littéraire.

avoir	**j'eus**	mettre	**je mis**
(s') asseoir	**je m'assis**	mourir	**je mourus**
boire	**je bus**	plaire	**je plus**
courir	**je courus**	pleuvoir	**il plut**
croire	**je crus**	pouvoir	**je pus**
devoir	**je dus**	prendre	**je pris**
dire	**je dis**	recevoir	**je reçus**
écrire	**j'écrivis**	rire	**je ris**
être	**je fus**	savoir	**je sus**
faire	**je fis**	vivre	**je vécus**
falloir	**il fallut**	voir	**je vis**
lire	**je lus**	vouloir	**je voulus**

tenir	**je tins**	(tins, tint, tînmes, tîntes, tinrent)
venir	**je vins**	(vins, vint, vînmes, vîntes, vinrent)

II. Les usages du passé littéraire

A. Le passé littéraire remplace le passé composé dans une phrase écrite à intention historique, ou très littéraire.

Exemples: Le roi **appela** son architecte et lui **donna** des instructions.
Colomb **alla** en Espagne et **demanda** une audience à la reine.

Dans la conversation, ou dans le style ordinaire, on dirait:

Le roi **a appelé** son architecte et lui **a donné** des instructions.
Colomb **est allé** en Espagne, et **a demandé** une audience à la reine.

B. Le passé littéraire ne remplace jamais l'imparfait. Le passé littéraire remplace seulement le passé composé, jamais l'imparfait. Dans la phrase historique ou littéraire, on garde l'imparfait:

Exemples: Colomb **demanda** des bateaux parce qu'il **savait** que la terre **était** ronde.
Louis XIV **régna** longtemps. Beaucoup de gens **pensaient** qu'il **avait régné** (plus-que-parfait) trop longtemps et **furent** content quand il **mourut**.

C. Emploie-t-on le passé littéraire aujourd'hui? On employait régulièrement le passé littéraire jusqu'au XIXe siècle dans la littérature française. (Voyez les textes de Voltaire, Rousseau, La Fontaine, Mme de Sévigné, etc.)

Aujourd'hui, on l'emploie moins, mais beaucoup d'auteurs de **romans** contemporains l'emploient souvent. Il est aussi employé dans tous les textes historiques écrits aujourd'hui.

Exemples: L'Université **rouvrit** *(reopened)* ses portes. Je **trouvai** mes nouveaux camarades désagréables. Je **décidai** de les ignorer, et je **continuai** à travailler.

— Simone de Beauvoir, *Mémoires d'une jeune fille rangée*

M. Bombillac **décida** de peindre sa porte en rouge-sang. Il **imagina** même de placer devant sa porte un poteau taillé dans un tronc d'arbre. Après cela, sa maison lui **parut** plus humaine, et il ne **pensa** plus qu'il habitait une maison préfabriquée.

— Jean Paulhan, *La Patrie se fait tous les jours*

D. On n'emploie pas le passé littéraire dans le style indirect. Les seuls verbes au passé littéraire dans le style indirect sont les verbes de communication.

Exemple: Richelieu **répéta** que les duels étaient interdits.

Exercices

I. Quelle est la forme du verbe au passé littéraire?

1. il va
2. il parle
3. il dit
4. il arrive
5. il attend
6. il veut
7. il a
8. il est

9. nous sommes
10. nous avons
11. on boit
12. vous lisez
13. c'est
14. il y a
15. je vis (vivre)
16. je vois (voir)

17. on prend
18. ils mettent
19. elles reçoivent
20. il meurt
21. nous pouvons
22. on demande
23. je cours
24. nous écrivons

II. Mettez les phrases suivantes au passé littéraire. (Attention: L'imparfait ne change pas. Le passé composé devient passé littéraire.)

1. Molière **a écrit** *Le Bourgeois Gentilhomme* en 1670.
2. Quand Henri IV **a été** assassiné, son fils Louis XIII lui **a succédé**.
3. Richelieu **a fait** la guerre aux Protestants, car ils étaient une menace au pouvoir royal.
4. Richelieu **a fondé** l'Académie Française.
5. Louis XIV **a régné** pendant la seconde moitié du XVIIe siècle.
6. Mme de Sévigné **a écrit** des lettres charmantes où elle racontait à ses amis ce qui se passait à Versailles.

7. Le roi Louis XIV voulait écrire des vers. Un jour il **a demandé** au maréchal de Gramont comment il trouvait un petit poème.

8. Le vieux maréchal **a été** bien surpris quand le roi lui **a dit** qu'il était l'auteur de ce détestable poème.

9. Le roi **est arrivé** au château de Chantilly jeudi. Tout **a été** parfait: le pique-nique et le dîner. Malheureusement, le feu d'artifice n'**a pas réussi**, parce qu'il y avait des nuages.

10. Quand Vatel **a compris** qu'il n'y avait pas assez de poisson pour le déjeuner, il **est allé** dans sa chambre, il **a pris** son épée et il s'**est tué**.

11. Quand on **a trouvé** le corps du pauvre Vatel, tout le monde **a dit** qu'il avait trop le sens de l'honneur. On **a parlé** de lui toute la journée, et le roi lui-même **a remarqué** que c'était un homme exceptionnel.

12. La Fontaine **a été** un excellent observateur du caractère des animaux. Il leur **a donné** une personnalité, et il **a composé** des *Fables* qui restent aussi charmantes aujourd'hui qu'elles étaient au XVIIe siècle.

III. **Mettez les passages suivants au passé littéraire. (Attention: Vous mettrez certains verbes à l'imparfait. Les autres — qui seraient au passé composé dans le style ordinaire — seront au passé littéraire.**

A. Louis XIV **a** le règne le plus long de l'histoire de France. Il **naît** en 1638, et il **meurt** en 1715. C'**est** un grand roi, et il **gouverne** en monarque absolu. Il **fait** de très bonnes choses. Par exemple, il **encourage** et **aide** les artistes et les écrivains. Il **construit** Versailles et y **donne** des fêtes splendides. Cela **coûte** cher, bien sûr, mais Versailles **devient** une partie importante de l'héritage artistique français. Malheureusement, il **fait** des guerres désastreuses qui **coûtent** très cher et qui n'**apportent** rien d'important à la France. Quand Louis XIV **meurt**, il y **a** une grande joie, et les gens **crient**: «Le roi est mort, vive le roi!» Ils **saluent** ainsi le jeune Louis XV. Hélas, celui-ci **est** un enfant paresseux, et il **reste** paresseux et égoïste toute sa vie. C'**est** un mauvais roi, et le siècle **finit** dans une terrible révolution.

B. Une lettre (imaginaire!) écrite au XVIIe siècle. Employez le passé littéraire ou l'imparfait quand ils sont nécessaires.

Jeudi, 15 juin 1678

Nous . . . (arriver) hier à Versailles, et nous . . . (trouver) le palais presque fini. Quelle splendeur! Après le dîner, qui . . . (être) servi dans le parc, nous . . . (aller) faire une promenade en bateau sur le Grand Canal. C' . . . (être) merveilleux! Il y . . . (avoir) des musiciens qui . . . (jouer) de la musique de Lulli. Tout le monde . . . (être) là, et les robes des dames . . . (être) plus belles que l'année dernière. Je . . . (voir) Mme de Montespan, et elle me . . . (parler) gracieusement. Je . . . (avoir) le plaisir de rencontrer tous mes vieux amis. Il me . . . (dire) qu'ils . . . (regretter) votre absence, et il me . . . (demander) de vos nouvelles. Je leur . . . (dire) que vous . . . (être) à la campagne, et je leur . . . (promettre) de vous écrire pour vous informer que tout le monde . . . (penser) à vous.

IV. Mettez le passage suivant au style ordinaire, sans le passé littéraire.

Quand j'**arrivai**, je **vis** tout de suite que les choses avaient bien changé. Je **regardai** autour de moi, et je **compris** que tout était différent. Je me **dis** que je n'étais pas venu dans la capitale depuis dix ans, et je **fis** un effort pour reconnaître les endroits familiers. J'**allai** dans un restaurant, où je **trouvai** les prix astronomiques, et où un garçon me **parla** rudement et me **servit** un dîner detestable. Je **fis** une promenade sur les boulevards, où je ne **rencontrai** personne de familier mais où je **fus** presque écrasé par une voiture. Enfin, je **décidai** tristement de rentrer chez moi. Je **passai** une mauvaise nuit, et le lendemain, je **pris** le train et je **retournai** dans ma maison de campagne. Je ne savais pas si c'était moi qui avais changé, ou si c'était le reste du monde. En tout cas, je **retrouvai** avec plaisir ma petite maison et mon chien fidèle, qui **fut** très content aussi de me voir.

V.   Le passé littéraire et le style indirect

Composez une petite narration au style indirect. Employez le passé littéraire pour les verbes de communication que vous ajoutez comme **dire, demander, répondre, répliquer, ajouter, conclure,** etc.

Le renard: «Eh bonjour, monsieur Corbeau! Comment allez-vous ce matin? »

Le corbeau: «Je vais très bien. Il fait beau, on voit que c'est le printemps.»

Le renard: «Qu'est-ce que vous avez, là, sur la branche, à côté de vous? »

Le corbeau: «C'est un fromage. *(avec hésitation)* Je l'ai . . . trouvé.»

Le renard: «On m'a dit que vous avez un talent spécial: Que vous savez chanter avec un fromage dans votre bec. Je sais que vous chantez bien, mais je dis que c'est impossible.»

Le corbeau: (Qui aime la flatterie, et qui n'est pas très intelligent) «Oh, je ne sais pas . . . Je vais essayer . . . . »

Le renard: (il saisit le fromage qui tombe) «Je vous remercie, mais une autre fois, ne croyez pas les flatteurs.»

6 Bavardez avec les Français

Si on sortait ensemble?

Informations culturelles. En général, les jeunes Français de votre âge aiment sortir en groupes de trois, quatre, ou cinq. On fait généralement partie d'un groupe d'amis qu'on appelle sa «bande» et on sort souvent «en bande». Chacun paie sa part.

Bien sûr, on voit aussi souvent un garçon et une fille sortir ensemble! Mais le système qui consiste à former des couples, dès que garçons et filles sortent ensemble, n'est pas généralisé comme aux Etats-Unis.

Si on sortait ce soir?
— Toi, tu as toujours des idées sensas!
— Ça dépend où tu veux aller.
— Ah, je veux bien.

Qu'est-ce qu'on pourrait bien faire?
On pourrait aller au cinéma / au concert / se promener sur les boulevards / faire un tour en ville et manger une glace / aller voir un copain malade

Veux-tu que je passe te chercher chez toi?
— D'accord. A huit heures.
— Ce n'est pas pratique. On peut se rencontrer sur la place / au snack-bar / devant l'hôpital / etc.

Si on va voir un copain à l'hôpital, qu'est-ce qu'on va lui apporter?
On peut lui apporter des fleurs / des bonbons si c'est permis / des livres / des revues / mon petit poste à transistor / etc.

Sais-tu ce qui se joue, au cinéma, cette semaine?
Eh bien, je sais qu'il y a un film policier / une histoire de cowboys et Indiens / un film d'aventure / une histoire d'amour / etc.

Qu'est-ce que tu as envie de voir?
— J'aime bien . . . . . .
— Je te laisse décider.
— On verra sur place.

Sais-tu combien coûtent les billets?
Probablement pas plus de . . .dix . . . francs.

A quelle heure faut-il que tu sois rentré?

— A onze heures / minuit , au plus tard. Mes parents ne plaisantent pas sur la question.
— Oh, pas trop tard. Mes parents savent que je suis raisonnable.
— Je n'ai pas d'heure. C'est toi qui décideras.

Divisez la classe en groupes de 2, 3, ou 4 personnes. Chaque personne prend un rôle et chaque groupe prépare une conversation.

1. *Monique* has brought her new friend, *Keith*, home for dinner. After dinner, she suggests going out. Keith agrees enthusiastically. But he wonders what they will do. Monique suggests that they go for a walk. She knows a little snack bar where they can have some ice-cream, afterwards. Keith wants to know what time she has to be back. Ten, she tells him. Good, says Keith, he has to be back in his student dorm (maison d'étudiants) by 11:00.

2. *Two friends* make plans to go out after dinner to visit another friend who is sick in the hospital. They wonder what to bring him: one decides to bring him some magazines. The other will loan him his transistor radio. They decide to meet in front of the hospital.

3. *David* is talking with some *French and African friends*: You want to go out tonight? Some agree; others say that it depends where. There is a western at the movie on the boulevard. Mohamed says he feels like seeing a Western. Ali wants to know how if they can go for a walk on the boulevard afterwards. Pierre says he does not feel like seeing a movie, so he'll stay home. «Amusez-vous bien», he tells his friends.

4. Compose an imaginative conversation, using as many as possible of the expressions of this and the previous lessons.

Voyage en France

Les belles photos en couleur des pages suivantes vous invitent à faire un merveilleux **VOYAGE EN FRANCE**.

Examinez ces photos. Vous y reconnaîtrez les monuments que nous ont laissés chacune des époques du passé.

Voyez comme le présent s'harmonise avec les vieilles pierres, comment la vie moderne anime ce décor construit par des siècles d'art et d'histoire.

Et vous saurez pourquoi le présent de la France est une unique tapisserie faite des **TRESORS DU TEMPS**.

ANGLETERRE

PAYS-BAS

BELGIQUE

ALLEMAGNE

LUX.

Manche

Dunkerque

Lille

Amiens

Le Havre

Rouen

Metz

Reims

Lorraine

Nancy

Strasbourg

Normandie

Seine

Versailles

PARIS

Vaucouleurs

Mt. St. Michel

Chartres

Domrémy

Brest

Bretagne

Combourg

Le Mans

Orléans

Colombey-
les-deux-Églises

Carnac

Val de Loire

Loire

Bourgogne

Saône

SUISSE

Nantes

Tours
Chinon

Dijon

*Côte
atlantique*

Poitiers

Aubusson

Châtillon-
sur-
Chalaronne

Océan Atlantique

Limoges

Massif central

Lyon

ITALIE

Royan

St. Étienne

Grenoble

Bordeaux

FRANCE

Rhône

Provence

Garonne

Nice

*Guyenne et
Gascogne*

Avignon

Grasse

Antibes
Cannes

*Côte
d'Azur*

Nîmes

Languedoc

Port-Grimaud

Bayonne

Marseille

St. Tropez

Carcassonne

Mer Méditerranée

ESPAGNE

Voyage en France: Visitons d'abord Paris. Puis
allons à Versailles, Chartres, la Normandie, Le
Mont Saint-Michel, Combourg, la Bretagne,
Carnac, le Val de Loire et ses châteaux, la
Côte atlantique, Carcassonne, Nîmes, la
Provence et la Côte d'Azur. Remontons la
Vallée du Rhône, traversons la Bourgogne, la
Lorraine et Reims et finissons notre voyage à
Paris.

Paris

1. Les **Champs-Elysées** et l'Arc de Triomphe. Qui a construit l'Arc de Triomphe, et qu'est-ce qu'il commémore?

2. et 3.   La **Tombe du Soldat Inconnu**, sous l'Arc de Triomphe. Qu'est-ce que cette tombe commémore?

4. Le **Palais du Luxembourg** et ses jardins.

5. et 6. Le **Palais du Louvre**, ancienne résidence des rois de France. A quoi sert le Louvre, aujourd'hui?

7. L'église de la **Madeleine** imite un temple grec.

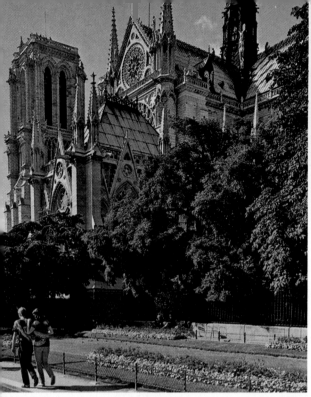

Paris

8. **Notre-Dame de Paris.** De quelle période date cette cathédrale, et dans quel style est-elle construite?

9. **Le Panthéon.** Au centre du Quartier Latin, le Panthéon sert aujourd'hui de sépulture aux grands hommes de la France. Parmi ceux-ci, il y a Voltaire et Victor Hugo.

10

10. **Montmartre** est le quartier des artistes. C'est aussi un des quartiers favoris des touristes qui vont regarder les peintres au travail.

11. La majestueuse grille de l'**Ecole Militaire** est ornée de la fleur de lys. Que représente cet emblème?

12   13

12. La statue de la Renommée souffle dans sa trompette de pierre sur la **place de la Concorde.**

13. La **Sainte-Chapelle,** construite par Saint-Louis (Louis IX). De quelle période est-elle, et de quel style?

14. La perspective sur la **place de la Concorde.** Au fond, la Madeleine. Au centre, l'Obélisque, offerte par l'Egypte à la France sous Louis-Philippe. A quelle époque était-ce?

14

15

16

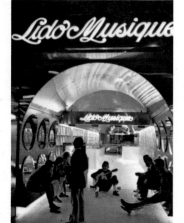

17

Paris

15. Dans la boutique «Provisions» du **Drugstore**, ouverte jour et nuit, on peut acheter un sandwich, ou les éléments d'un festin.

16. Le célèbre **Drugstore**, sur les **Champs-Elysées**. Il a un tel succès, depuis qu'il est ouvert, que beaucoup d'autres drugstores existent maintenant à Paris et dans les villes de province.

17. Sur les **Champs-Elysées**, les **Arcades du Lido** sont un rendez-vous des jeunes. Dans la section **Lido Musique**, on peut écouter des disques, causer avec ses amis, jouer de la guitare.

18. **L'Institut**, près de la Seine. C'est là que se réunit la célèbre **Académie Française**. Que savez-vous sur l'Académie Francaise?

19. et 20. La **Tour Eiffel** et le **Pont Alexandre III** . . . et des quantités de petites Tours Eiffel pour les touristes. Que savez-vous sur la Tour Eiffel?

21. **Les ponts de Paris**, le soir.

18

19

20

21

Versailles

22. Dans le **Parc de Versailles**, une des pièces d'eau, gardée par une des innombrables statues de bronze ou de marbre.

23. Le **château de Versailles**, côté du parc, avec une partie du **Grand Escalier**.

24. Une aile du château, et une vue des jardins à la française.

Que savez-vous sur **Versailles**? Qui l'a construit? Quels rois y ont habité? Où est Versailles?

23

24

Chartres

25. La **cathédrale** est illuminée tous les soirs. Que savez-vous sur cette cathédrale, sur son style et son époque?

26. Devant la **cathédrale de Chartres**, les dentelières vendent les objets en dentelle qu'elles font elles-mêmes. Elles portent la haute coiffe, qui fait partie du costume traditionnel, et qui varie avec chaque province.

27. Le **vitrail de Charlemagne**, dans la cathédrale de Chartres. Au centre, l'histoire de **Roland**: Il lutte contre un Sarrasin, et en haut, il souffle dans l'oliphant et essaie en vain de briser Durandal. Que savez-vous sur **Charlemagne** et sur Roland?

25

26

27

Normandie

28. On trouve, dans chaque province, des poupées habillées
    dans le costume traditionnel de la région. Ici, elles portent
    le costume et la coiffe de la **Normandie**.

29. La **Normandie** est le pays des produits laitiers. Ses fromages
    sont réputés. Le choix d'un fromage, à la fin du repas est
    une décision importante.

30. Cette table, en **Normandie**, offre le dessert traditionnel:
    pâtisseries assorties à la bonne crème normande, fromages
    et fruits.

Normandie

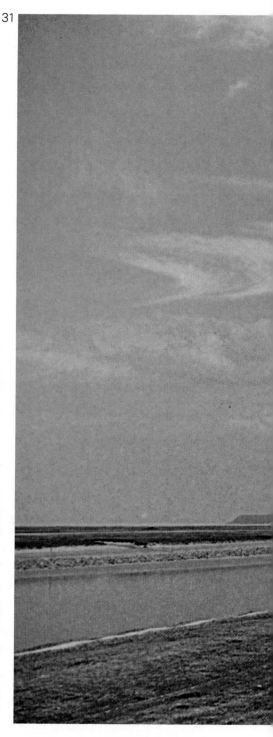

31. Le **Mont Saint-Michel** est une île, accessible par une petite route. C'est une merveille d'architecture gothique construite au cours des siècles. C'est aussi une petite ville, très animée, surtout en été.

32. La **Tapisserie de Bayeux** (1087) montre le **Mont Saint-Michel** à gauche de cette vue. L'inscription dit: «Et ici, ils traversèrent la rivière Couesnon (visible au premier plan de la photo 31) et Harold retira un soldat du sable.» C'est en effet, un endroit dangereux à cause des sables mouvants. Que savez-vous sur la Tapisserie de Bayeux et sur les événements qu'elle représente?

33. Le **Mont Saint-Michel** est illuminé le soir.

35

Bretagne

34. Le **château de Combourg**, où l'écrivain **Châteaubriand** a passé sa jeunesse. Il décrit, dans un passage de ses Mémoires d'Outre-Tombe, les soirées qu'il passait, en hiver, dans la grande salle (Leçon 10).

35. La **statue de Châteaubriand** à Combourg.

36. **Carnac**, en **Bretagne.** Les Alignements de Carnac s'étendent sur des kilomètres, et leur origine reste mystérieuse. On sait seulement qu'ils sont très anciens. Que savez-vous sur Carnac?

36

37

38

39

40

41

42

La Région du Val de Loire

La région du **Val de Loire**, c'est le pays des rivières, des châteaux et des beaux jardins.

37. Une vue sur un jardin formel, à la française.

38. Le **château d'Ussé,** avec ses nombreuses tours. De quelle période datent les châteaux de la Loire?

39. Une partie de pédalo sur une petite rivière . . . Agréable, n'est-ce pas?

40. Un festin, autour d'un **saumon de la Loire**.

41. Une calme rivière, le soir.

42. **La Devinière,** maison natale de Rabelais. Que savez-vous de Rabelais?

43

44

Le Val de Loire

43. et 44. Une **centrale nucléaire électrique**, près de **Chinon**. **Chinon** est la ville où Jeanne d'Arc a rencontré le roi. Vous voyez que le passé et le présent **vivent** en bonne harmonie en France.

45. La pêche à la ligne est un sport favori des Français et le **Val de Loire** est riche en rivières poissonneuses.

45

46

La Côte atlantique

46. Dans ces anciennes cavernes de pirates de la **Côte atlantique,** on a installé un excellent restaurant. Les Français aiment allier le pittoresque et le délicieux. Bonne idée, n'est-ce pas?

47. **Royan**, sur la **Côte atlantique,** est une célèbre plage.

47

48

Région de Bordeaux, près de la **Côte atlantique**

48. Les célèbres vins de **Bordeaux** sont le produit de **châteaux**, comme celui-ci. Le propriétaire habite le **château** et s'occupe de ses vignes qui donnent les grands vins connus du monde entier.

49. Les raisins mûrissent au soleil.

50. Le château **Mission Haut-Brion** est non seulement célèbre pour son vin, mais c'est une demeure historique.

49

50

Languedoc et Provence

51. **Carcassonne** est une ville fortifiée au Moyen-Age. Pourquoi fortifiait-on les villes, à cette époque?

52. Les **Arènes de Nîmes**, en **Provence**, datent de la période gallo-romaine. Quand est-ce? Et que savez-vous sur cette période et ses monuments?

53. La **Maison-Carrée**, à **Nîmes**, date aussi de la période gallo-romaine. C'était un temple, construit il y a près de 2.000 ans.

51

52

53

54

55

56

57

58   59

Côte d'Azur ou Riviéra

54. Le **pan bagnat** est le sandwich régional: pain, laitue, tomates, oignons, olives, et beaucoup de vinaigrette. Avec ça, on boit un verre de citron pressé. Mmm!

55. Un peintre sur le port de **Saint-Tropez**.

56. Un immeuble moderne, le Marina Baie des Anges.

57. La plage à **Cannes**.

58. La terrasse du **Musée Picasso** à Antibes.

59. Une vieille église à **Grasse**.

60. Une «rue» à **Port-Grimaud**.

60

61

Au Centre de la France: Aubusson

La ville d'**Aubusson** (Creuse) est célèbre depuis des siècles pour ses **tapisseries**. La tapisserie sur la couverture de votre livre représente **Aubusson**, vu par **Gromaire**.

61. **Aubusson**, vu par le photographe. Comparez cette vue avec l'interprétation décorative et géométrique de la tapisserie de **Gromaire**.

62. Une très ancienne **tapisserie d'Aubusson**: La Dame à la Licorne, qui date du Moyen-Age.

63. Une **tapisserie** classique d'Aubusson. C'est une «verdure», ou paysage.

62

63

64

Aubusson

64. Dans un **atelier de tapisserie**. Une ouvrière choisit les laines de couleurs.

65. Un **tapissier au travail**. Ces artisans, qui ont des années d'experience, reproduisent en laine le dessin et les couleurs indiqués par l'artiste.

C'est un art très ancien, et qui est transformé aujourd'hui par les artistes modernes, comme Gromaire, Lurçat, Prassinos, Tourlière. Sur la page suivante, voyez quelques exemples des tapisseries modernes d'Aubusson. (Celle qui est sur la couverture de votre livre en est un autre excellent exemple.)

65

(Photographié aux ateliers *Suzanne Goubely-Gatien, Aubusson*.)

66

(Photographié aux ateliers *Suzanne Goubely-Gatien, Aubusson*.)

67

68

66. Une **tapisserie moderne**, Poissons et Papillons, par **Lurçat**.

67. **Tapisserie moderne**, Mille-Fleurs, par Dom Robert.

68. **Tapisserie moderne**, par **Tourlière**.

69. Dans le **château** historique de **Sainte-Feyre**, tapisserie de Prassinos.

69

Au pays du bon pain . . .

70. **Châtillon-sur-Chalaronne** (Ain) est célèbre pour les nombreux ponts fleuris qui traversent sa petite rivière, la Chalaronne. Il y a aussi de vieux bateaux chargés de fleurs. Joli, n'est-ce pas?

71. Un **champ de blé** avec des marguerites, des bleuets et des coquelicots. On dit que les herbicides vont détruire ces fleurs. C'est bon pour le blé, dommage pour le pittoresque.

72. Un **boulanger** fait cuire les délicieuses **baguettes** dans son four électrique.

73. Si vous habitez loin de la boulangerie, on vous apporte votre pain à domicile. Choisissez. Les gros pains, à gauche, sont pour les grandes familles, ou pour les gens qui aiment manger beaucoup de pain.

71

73

Lorraine

74. La statue de **Jeanne d'Arc,** à **Vaucouleurs,**
    près de son village natal.

75. Dans l'église de **Domrémy,** village natal de
    Jeanne d'Arc, un vitrail représente sa mort
    sur le bûcher. Un cierge, qui brûle devant
    le vitrail, ajoute à l'impression du feu. Que
    savez-vous sur **Jeanne d'Arc?**

76. A **Colombey,** la tombe du **général de Gaulle,**
    mort en 1970. Elle est simple et austère,
    suivant le désir du général. Que savez-vous
    sur **de Gaulle?**

74

75

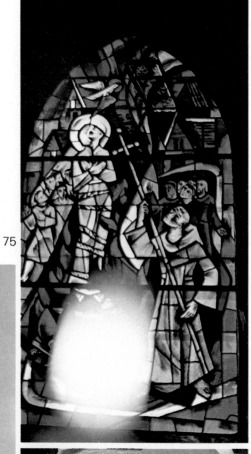

76

77. **La cathédrale de Reims.** C'est à **Reims** que les rois de France étaient toujours couronnés. Qui était le premier roi couronné à Reims? A quelle époque? Etait-ce dans cette cathédrale, ou dans une autre, plus ancienne, mais au même endroit?

78. **Cathédrale de Reims.** Détail de la façade, avec la rose, et la scène du Couronnement de la Vierge.

155 Voyage en France

3. Période Louis XV.
   Chocolatière de la reine.
4. Fauteuil de style Louis XV
   (Remarquez les lignes courbes).

1. Le déjeûner d'huîtres. Ce tableau représente une scène de la période de la Régence.
2. Peinture de Lancret dans le goût du XVIIIe siècle.

Un peu d'histoire

Le XVIIIe siècle: Siècle des Philosophes
Louis XV

Le Règne de Louix XIV est le plus long de l'histoire de France. Il était trop long, en fait. Quand le Roi-Soleil meurt en 1715, les finances royales sont très pauvres, et le peuple est accablé d'impôts. Les seigneurs qui, au début, aimaient tant Versailles, sont maintenant fatigués de l'étiquette rigide imposée par le vieux roi. A sa mort, son arrière-petit-fils devient roi. C'est Louis XV, et il a cinq ans.

La Régence

La Régence sera assurée par l'oncle du roi, le duc d'Orléans. Celui-ci aime surtout les plaisirs. Le Palais-Royal, où il habite, à Paris, et qui existe encore, est le rendez-vous d'une petite cour qui dîne, s'amuse, et ne pense qu'aux bonnes choses de la vie. Les nobles, fatigués des appartements peu confortables qu'ils habitaient à Versailles, se précipitent à Paris où ils se font construire de ravissantes maisons qu'on appelle *hôtels particuliers.** Il existe encore une quantité de ces hôtels particuliers, comme l'hôtel de Biron, qui est aujourd'hui le Musée Rodin, ou l'Elysée, qui était l'hôtel de Mme de Pompadour, et qui sert aujourd'hui de résidence officielle au Président de la République française.

La Régence est une période agréable pour les gens riches, mais pour les pauvres gens, la misère

---

*Un *hôtel particulier* is not a "hotel" in the modern sense of the word. It is rather a town house, sort of miniature château, complete with a courtyard for carriages, stables, service buildings, large park and garden, built within a town.

continue, les impôts sont trop lourds et la vie est chère. Le Régent doit trouver un moyen de financer les dépenses du gouvernement.

La compagnie du Mississippi

Le Trésor est vide. L'état ne peut plus payer ses dettes. Alors, le Régent a recours à un financier anglais, Law, qui a une idée originale pour trouver de l'argent. La France a récemment (1699) établi une colonie en Amérique, la Louisiane, nommée en honneur de Louis XIV. La Louisiane comprend alors, non seulement la Louisiane d'aujourd'hui, mais aussi tout le bassin du Mississippi. Law fonde la Compagnie du Mississippi et met en vente des actions au public.* Succès immense. Les gens se précipitent en grand nombre, en si grand nombre qu'il y a des morts, écrasés par la foule, pressée d'échanger son argent contre les précieuses actions. Naturellement, l'argent ainsi rassemblé n'est pas allé en Amérique servir à développer la vallée du Mississippi. Il est resté en France, où il a simplement servi à payer les dettes les plus pressantes du gouvernement. Après peu de temps, le public, qui se doutait de quelque chose, a demandé son argent. Cette fois, c'est une immense panique qui se développe. La même foule se précipite aux bureaux de la compagnie. Dans une scène semblable à celle de l'achat des actions, il y a encore des morts, écrasés cette fois dans la panique de la foule. Mais il n'y a pas d'argent pour rembourser les actions, et avec la faillite du système de Law, la confiance du peuple dans son gouvernement s'effondre.

Louis XV le Bien-Aimé

C'est ainsi que les Français appellent leur jeune roi, et ils espèrent qu'il va tout changer et rendre leur vie meilleure. C'est une erreur. Louis XV était un enfant gâté. Adulte, il est paresseux, ne pense qu'à ses plaisirs, et bâille ostensiblement aux réunions du Conseil Royal. Il est isolé du peuple à Versailles,

---

*Law was actually selling stock on America. There is no doubt that, if the intentions of the company had been genuine, the purchase of stock based on the development and future growth of America would have been a splendid investment.

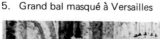

5. Grand bal masqué à Versailles

6. Le jeune roi Louis XV en grand costume royal.　　7. Madame de Pompadour.

et connaît mal la situation à Paris et dans la province. Il adore construire des châteaux, petits hôtels particuliers comme c'est la mode. Il fait bâtir le Trianon, dans le parc de Versailles, qui sert aujourd'hui de résidence aux chefs d'état étrangers en visite officielle à Paris. Le style de meubles Louis XV, avec ses proportions exquises et ses lignes courbes, reste aujourd'hui le style le plus admiré des amateurs d'antiquités.

Madame de Pompadour

Née Jeanne Poisson, elle est jolie, intelligente et charmante. Ce n'est pas une aristocrate, mais le roi remarque sa beauté et lui donne le titre de Marquise de Pompadour. Pendant vingt ans, elle vivra à Versailles comme favorite du roi dont elle partage les goûts pour la construction. Elle collectionne des multitudes d'objets d'art, soutient et encourage les artistes et les écrivains.

8. Un repas intime au XVIIIe siècle.

9. Buste de Diderot.
10. Dessin satirique: Une violente querelle entre Voltaire et Rousseau.
11. L'Encyclopédie de Diderot.

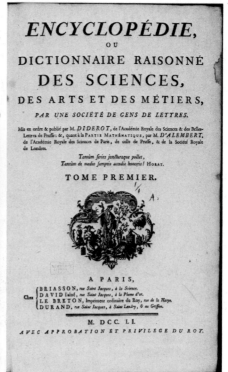

Les nouvelles idées: L'Encyclopédie

Après l'autorité totale du règne de Louis XIV, c'est la période de la liberté, surtout de la liberté des idées. On pose maintenant des questions impossibles à poser sous Louis XIV. Par exemple, à la question: «Qu'est-ce que le roi? », la réponse, sous Louis XIV aurait été: «Le roi est le représentant de Dieu.» Maintenant, on répond: «Le roi est un despote. C'est un homme comme les autres, mais qui exploite le peuple.» Paroles dangereuses, oui, mais excitantes quand on les entend pour la première fois. Les penseurs du XVIIIe siècle s'appellent des philosophes, mais ils s'intéressent à tous les sujets possibles, pas seulement à la philosophie. «Qu'est-ce que l'Eglise? » «Un système d'oppression» disent les philosophes. Et le peuple? Est-ce le serviteur obéissant du roi? Non, disent les philosophes, c'est le contraire. Le roi devrait être le serviteur du peuple.

Un groupe de ces philosophes, Diderot, d'Alembert, et Condorcet, publient leur *Encyclopédie* (1751). Ce gros dictionnaire, très bien illustré, donne une définition de chaque mot et de chaque idée. Parmi ces mots, il y a *roi, peuple, église, dieu, loi,* etc., avec les définitions que vous avez vues ou que vous imaginez. Madame de Pompadour, qui n'est pas religieuse, qui n'aime pas beaucoup l'Eglise et qui a des idées modernes, soutient l'*Encyclopédie* et ses auteurs, mais le roi Louis XV interdit le livre. Naturellement, cette interdiction le rend encore plus populaire. Et comme vous le savez, il est facile d'interdire un livre, mais comment interdit-on une pensée? une idée?

12

12. Une page illustrée de l'Encyclopédie
13. Une assemblée des philosophes du XVIIIe siècle: Voltaire, d'Alembert, Diderot, Condorcet, etc.

13

La marche des idées

Les auteurs de l'*Encyclopédie* ne sont pas seuls. Voltaire s'attaque dans *Candide*, à l'idée que «tout est pour le mieux dans le meilleur des mondes possibles», et il proteste de toutes les façons possibles contre le pouvoir arbitraire du roi. Rousseau étudie les causes de l'inégalité entre les hommes et propose un système par lequel chaque personne accepterait la volonté commune. C'est la base d'un système démocratique idéal, et comme il faut éduquer les hommes pour en faire des citoyens responsables, il écrit *Emile ou de l'Education*, un traité dans lequel il propose un système d'éducation des enfants. Ce système développera leur jugement, et leur responsabilité, au lieu de leur faire apprendre par cœur des quantités de choses qu'ils ne comprennent pas. L'éducation américaine, aujourd'hui, est basée dans une large mesure sur les idées de Rousseau.

Il semble manifeste que des changements profonds dans le gouvernement sont nécessaires, mais à toutes les suggestions le roi répond: «Après moi, le déluge!»* C'est donc une situation bien difficile qu'il laisse à son successeur.

---

*Meaning that anything (the deluge, for instance) could come after him, he didn't care, so long as things lasted as long as he did. Like Louis XIV's "L'état, c'est moi," this remark traditionally attributed to Louix XV may or may not actually have been uttered. In any case, it reflects rather well his attitude.

Vie et littérature

Le XVIIIe siècle est l'âge des philosophes. Les penseurs de cette période examinent le monde autour d'eux et découvrent qu'il n'est pas parfait. Ils le critiquent, comme le font Voltaire et Rousseau, et cherchent des moyens de l'améliorer.

Voltaire

Voltaire représente bien l'esprit du XVIIIe siècle. Il aime la vie luxueuse, les raffinements et les plaisirs, mais il proteste contre les coutumes de son époque, en particulier contre le système de la monarchie absolue et contre l'intolérance.

Candide

Dans son roman **Candide**, Voltaire attaque, sous forme satirique, l'idée, officiellement acceptée à cette époque, que «Tout est pour le mieux dans le meilleur des mondes possibles.» Voltaire trouve, au contraire, que tout n'est pas pour le mieux, que beaucoup de choses sont injustes: La vie n'est pas juste, le système du gouvernement n'est pas juste. Y a-t-il une solution à tous les problèmes des hommes?

Candide est un jeune homme, qui, accompagné de son tuteur Pangloss (un philosophe, qui trouve que «Tout est pour le mieux dans le meilleur des mondes possibles,») voyage à travers le monde à la recherche de la jeune fille qu'il aime. Il passe par d'horribles aventures: Il est enrôlé de force dans l'armée, survit à une bataille sanglante, est séparé de Pangloss, et le retrouve plus tard, mutilé par une horrible maladie. Ils sont maintenant, en compagnie de Jacques, un Anabaptiste, sur un bateau qui va à Lisbonne.

Soudain, une terrible tempête commença. Bientôt, la plupart des passagers, terrorisés et presque morts, n'avaient même plus la force de crier et de prier. Les voiles étaient déchirées, les mâts brisés, le bateau secoué comme une coquille de noix. Ceux qui pouvaient aider le faisaient. Jacques, qui était sur le pont, aidait à la manœuvre. Un marin furieux le frappa rudement, et il tomba sur les planches. Mais le coup jeta le marin à l'eau, où il tomba, la tête la première et resta à la surface, accroché à un morceau de mât brisé. Le bon Jacques alla à son secours, l'aida à remonter, et de l'effort qu'il fit il fut à son tour précipité à la mer, sous les yeux du marin qui le regarda périr, sans faire un geste pour l'aider. Candide approche, il voit son ami à l'eau, et veut se jeter après lui à la mer. Pangloss l'arrête et lui explique que la mer a été formée précisément pour que cet homme s'y noie. Tandis qu'il parle, le vaisseau coule, tout le monde est noyé, sauf Pangloss, Candide et le marin brutal qui avait noyé Jacques. Chacun trouve un morceau de planche et arrive jusqu'au rivage.

A peine sont-ils arrivés dans la ville, en pleurant la mort de leur ami Jacques, qu'ils sentent la terre trembler sous leurs pieds.* La mer monte dans le port, et arrache les bateaux qui sont à l'ancre. Des flammes et des cendres couvrent les rues et les places publiques. Les maisons s'écroulent. Trente mille habitants sont écrasés sous les ruines. Le marin disait: «Par dieu, il y aura quelque chose à voler ici.» Pangloss se demandait: «Quelle peut bien être la raison — car il y a sûrement une bonne raison — de ce phénomène? »

* * * * * * * *

Un peu plus tard, Pangloss et Candide arrivent en Angleterre. Là, ils assistent à un étrange spectacle:

* * * * * * * *

Une multitude de gens couvrait le rivage et regardait attentivement un assez gros homme qui était à genoux, les yeux bandés, sur le pont d'un des bateaux de la flotte. Quatre soldats, placés devant cet homme, lui tirèrent chacun trois balles dans la tête le plus calmement du monde, et tout le monde retourna à la maison entièrement satisfait. «Qu'est-ce donc que tout cela? demanda Candide, et quel Démon semble régner partout où nous allons? » Il voulait aussi savoir qui était ce gros homme qu'on venait de tuer avec cérémonie. «C'est un amiral»** lui répondit-on. «Et pourquoi tuer cet amiral? » demanda Candide. «C'est, lui dit-on, parce qu'il n'a pas fait tuer assez de gens. Il a combattu contre un amiral français, mais il n'était pas assez près de lui.» Candide s'exclama: «Mais l'amiral français était aussi loin de l'amiral anglais que celui-ci était de l'autre!» Les gens lui répondirent: «Cela est incontestable, mais dans ce pays, il est bon de tuer de temps en temps un amiral pour encourager les autres.»

* * * * * * * *

Candide apprend que Cunégonde, la jeune fille qu'il aime, a été vendue comme esclave en Turquie. Arrivés là, Pangloss et lui continuent à philosopher, et à se poser le problème du bien et du mal.

* * * * * * * *

Candide apprit qu'on avait exécuté plusieurs personnages importants dans le gouvernement. Tout le monde en parlait. En se promenant avec Pangloss, il rencontra un brave homme assis devant sa porte. «Comment s'appelaient ces personnages qu'on vient d'exécuter? » demanda Candide. «Je n'en sais rien, je ne connais le nom d'aucun personnage officiel. J'ignore l'aventure dont vous me parlez, mais je sais que ceux qui désirent participer aux affaires publiques finissent souvent mal. Moi, je cultive mon jardin, et je vis heureux.»

* * * * * * * *

Candide, à qui cet homme offre une hospitalité simple mais cordiale, comprend que le bien et le mal existent dans le monde, mais que pour être heureux, il ne faut pas essayer de comprendre leur raison. Il vaut mieux vivre simple et obscur, et il décide, lui aussi, de «cultiver son jardin.»

Adapté de Voltaire, *Candide*

---

*This is the historic and disastrous Lisbon earthquake of 1755 about which Voltaire wrote one of his most famous works, ***Poème sur le tremblement de terre de Lisbonne.***

**Candide has just witnessed the execution of Admiral John Byng, who, having been defeated by a French admiral, was unjustly condemned and executed in 1757.

Le Masque de Fer

L'identité de l'Homme au Masque de Fer reste mystérieuse. Certains disent que c'était peut-être un frère jumeau de Louis XIV, dont l'identité était ainsi cachée pour des raisons politiques. Au XIXᵉ siècle, Alexandre Dumas écrira un roman plein de suspense à son sujet. Voltaire, qui est non seulement un philosophe, mais qui écrit aussi plusieurs œuvres historiques, raconte ce que les gens disaient aux XVIIIᵉ siècle, environ un siècle après l'existence du Masque de Fer.

En 1661, il arriva un événement qui n'a point d'autre exemple. Ce qui est aussi étrange, c'est que les historiens n'en ont jamais parlé. Pourquoi? On envoya dans le plus grand secret, dans le château de Sainte-Marguerite, près de Marseille, un prisonnier inconnu, assez grand, jeune, et de toute apparence beau et noble. Mais ce prisonnier portait un masque de fer dont la mentonnière avait des ressorts d'acier qui lui laissaient la liberté de manger avec ce masque sur le visage. On avait l'ordre de le tuer s'il se découvrait.

Ce prisonnier était logé aussi bien que possible, et tout le monde lui parlait avec considération et respect. Il aimait les beaux vêtements et les dentelles, il jouait de la guitare. On lui servait les meilleurs repas et le gouverneur demandait sa permission avant de s'asseoir avec lui. Le médecin disait qu'il n'avait jamais vu son visage, quoiqu'il ait souvent examiné sa langue et le reste de son corps. Il avait un corps admirable, la peau un peu brune, une belle voix. Il ne se plaignait jamais de son sort, et ne révélait pas qui il était.

C'était sans doute un homme considérable, car voici ce qui arriva les premiers jours qu'il était dans l'île. Au moment des repas, le gouverneur mettait lui-même les plats sur la table, et ensuite sortait et fermait la porte à clef. Un jour, le prisonnier écrivit avec son couteau sur une assiette d'argent, et jeta l'assiette par la fenêtre vers un bateau qui était au rivage. Le pêcheur ramassa l'assiette et la porta au gouverneur. Celui-ci demanda sévèrement au pêcheur: «Avez-vous lu ce qui est écrit sur cette assiette? L'avez-vous montrée à quelqu'un? — Je ne sais pas lire, dit le pêcheur, et je ne l'ai montrée à personne.» Le gouverneur vérifia ce que disait l'homme, et enfin satisfait, lui dit: «Allez, vous avez beaucoup de chance de ne pas savoir lire. Cela vous a sauvé la vie.»

Cet inconnu mourut en 1703, et il fut enterré la nuit. Parmi les personnes qui ont eu connaissance directe de ces faits, il y a un homme, très respectable, et qui vit encore. Mais il a juré de garder le secret et il ne révèlera jamais ce qu'il sait sur l'Homme au Masque de Fer.

Adapté de Voltaire, *Histoire du Siècle de Louis XIV*

Rousseau

Jean-Jacques Rousseau est né à Genève, en Suisse, mais il passe sa vie adulte en France. C'est un homme d'une grande sensibilité, qui déteste toute discipline, et c'est aussi un penseur original, dont les idées sur la démocracie et un gouvernement juste et équitable sont en avance de son temps, et vont influencer deux constitutions: celle des Etats-Unis et celle de la France, pendant la Révolution.

Le Ruban volé

Dans ce passage, Rousseau évoque ses souvenirs de jeunesse, et avec une grande franchise, il raconte cet épisode. Très jeune, Jean-Jacques était serviteur chez une Comtesse. Un jour, il vole un ruban et accuse la cuisinière Marion.

On décida qu'il fallait savoir lequel de nous deux disait la vérité. On appela Marion. Toute la famille et tous les domestiques étaient là. Elle arrive. On lui montre le ruban que j'avais volé. Je la regarde en face et je l'accuse du vol, et de m'avoir donné le ruban. Elle est stupéfaite, ne dit rien d'abord, et me jette un regard qui aurait désarmé les démons, mais auquel mon cœur barbare résiste. Elle nie, enfin, avec assurance, mais sans colère, et me demande de ne pas déshonorer une fille honnête qui n'a jamais fait de mal à personne. Moi, avec une impudence infernale, je confirme ma déclaration, et je lui maintiens en face qu'elle m'a donné le ruban. La pauvre fille se met à pleurer et me dit: «Ah, Rousseau, vous me rendez bien malheureuse! Mais je ne voudrais pas être à votre place.» Voilà tout. Elle continua à se défendre avec fermeté et simplicité, mais sans la moindre invective contre moi. Cette modération, comparée à mon attitude décidée, lui fit tort. Personne ne pouvait imaginer d'un côté une audace aussi diabolique, et de l'autre une douceur aussi angélique. On nous renvoya tous les deux. Et le Comte se contenta de dire que la conscience du coupable vengerait assez l'innocent. Il avait raison. Sa prédiction ne cesse pas un seul jour de s'accomplir.

Adapté de Rousseau, *Les Confessions*, Livre II

Emile

Rousseau voudrait voir un système de gouvernement basé sur «la volonté commune» et non pas sur le caprice d'un roi ou d'une reine. Les citoyens doivent participer au gouvernement. Dans ce cas, il faut leur donner une éducation intelligente, raisonnable, qui développera les qualités humaines: la capacité d'observer et de tirer ses propres conclusions, c'est-à-dire le jugement, et surtout le cœur. Il écrit donc *Emile*, un traité sur l'éducation. Emile est le jeune garçon qui reçoit l'éducation idéale.

Le danger des Fables

Vous avez lu la fable **Le Corbeau et le Renard** et **La Cigale et la Fourmi** (pp. 112). Lisez maintenant ce que Rousseau pense de la valeur éducative de ces fables pour les enfants. Etes-vous d'accord avec lui? Pensez-vous de la même manière que les enfants dont parle Rousseau?

Les enfants lisent avec plaisir les fables. Mais vous verrez que, quand ils sont assez âgés pour comprendre ces fables, ils en tirent presque toujours une application qui est le contraire des intentions de l'auteur. Au lieu de remarquer le défaut qu'il faut éviter, ils admirent généralement celui qu'il faudrait détester. Ce défaut est toujours celui qui utilise les faiblesses des faibles à l'avantage des moins généreux ou des plus forts.

Dans la fable **Le Corbeau et le Renard**, les enfants se moquent du Corbeau, et ils admirent le Renard: Comme il est habile! Bien sûr, il est aussi menteur, malhonnête et envieux. Mais les enfants ne voient pas cela. Dans la fable **La Cigale et la Fourmi**, la Fourmi est dure, avare, sans pitié et sans sympathie pour la pauvre Cigale. Et pourtant, c'est la Fourmi que les enfants choisiront comme modèle.

Ainsi donc, dans la première fable, les enfants trouveront une leçon de flatterie et de mensonge. Dans la seconde, une leçon d'inhumanité. Mais, me direz-vous. Il faut deux morales dans la vie! Il faut une morale en paroles, qui est belle et bonne, mais sans utilité. Et il en faut une autre, cynique et pratique, pour vivre en société. Ces deux morales ne se ressemblent point.

Eh bien, Monsieur de la Fontaine, je promets de continuer à lire vos fables, et j'espère que je comprends très bien la vraie morale qu'elles contiennent: les hommes ne sont pas parfaits. Mais je ne laisserai pas Emile étudier ces fables avant qu'il soit assez âgé pour les comprendre, et ne pas prendre modèle sur des méchants et des cruels.

Adapté de **Emile**, Livre II

Emile et les voyages à pied

Au XVIIIe siècle, il n'y a que deux façons de voyager: à pied, ou à cheval (en voiture, aussi, bien sûr, mais soumis à la vitesse du cheval). On restait donc bien plus près de la nature que nous, avec nos autos, nos avions. Rousseau considère que, pour compléter son éducation, Emile devra faire un long voyage à pied. Voyez comment il décrit les plaisirs d'un tel voyage. Rousseau a-t-il raison? Etes-vous tenté par un voyage comme celui d'Emile?

Je ne connais qu'une manière plus agréable de voyager que d'aller à cheval, c'est d'aller à pied. On part quand on veut, on s'arrête quand on est fatigué. On observe tout le pays; on fait un détour à droite, à gauche, on examine tout ce qui nous intéresse. Si je vois une rivière, je marche le long de cette rivière; un bois, je vais sous son ombre; une grotte, je la visite; une carrière, j'examine les minéraux. Si un endroit me plaît, j'y reste aussi longtemps que je veux. Je ne dépends ni des chevaux, ni du postillon. Je n'ai pas besoin de choisir des routes larges et commodes. Je passe partout où un homme peut passer. Si le mauvais temps m'arrête, si je suis fatigué, je prends des chevaux. Mais Emile? Il est robuste, il est jeune. Pourquoi se fatiguerait-il? Il n'est pas pressé. Et sa santé vigoureuse rit du mauvais temps.

Voyager à pied, c'est voyager vraiment comme un philosophe. Qui, aimant les plantes et l'agriculture, ne veut pas connaître les plantes des pays qu'il traverse? Qui, ayant un peu de goût pour la nature, peut passer un terrain sans l'examiner, sans observer ses fleurs et ses herbes, sans chercher des cailloux intéressants. Les philosophes de la ville n'ont que leur cabinet et leurs livres. Mais le cabinet d'Emile, c'est la terre entière, et chaque chose y est à sa place.

Combien de plaisirs différents on trouve par cette agréable manière de voyager! J'ai vu des gens qui voyageaient dans des voitures confortables, tristes, en colère, ou souffrants. Et j'ai vu des piétons toujours gais, légers, et contents de tout. Combien le cœur rit quand on approche de la modeste auberge où on va trouver sa chambre! Comme on apprécie un repas simple! Avec quel plaisir on se repose à table! Quel bon sommeil on trouve dans un lit dur!

Quand on veut simplement arriver, on peut aller en voiture, mais quand on veut voyager, il faut aller à pied.

Adapté de *Emile*, Livre V

Questions sur *Un peu d'histoire*

1. Quand Louis XIV est-il mort? Quels étaient les sentiments du peuple à sa mort? Et les sentiments des seigneurs? / **2.** Qui succède à Louis XIV? Quel âge a-t-il? Qui sera régent? / **3.** Qu'est-ce qu'on appelle la *Régence* en France? Est-ce que les seigneurs restent tous à Versailles? Où vont-ils? Que font-ils construire? / **4.** Reste-t-il des hôtels particuliers du XVIIIe siècle à Paris? Donnez des exemples. / **5.** Quelle est la situation financière du gouvernement de la Régence? Pourquoi? / **6.** Qu'est-ce qu'on appelait alors *la Louisiane*? Etait-ce le même territoire qu'aujourd'hui? / **7.** Qu'est-ce que le financier anglais Law a voulu faire? / **8.** Quelle était la réaction du public? / **9.** Hélas! Est-ce que la Compagnie du Mississippi a gagné beaucoup d'argent pour les Parisiens? Pourquoi? Comment a fini l'affaire? / **10.** Que savez-vous sur le roi Louis XV: Comment l'appelait-on? Comment était son caractère? Qu'est-ce qu'il aimait? Etait-ce un bon roi? / **11.** Qui était la Marquise de Pompadour? Qu'est-ce qu'elle aimait surtout? / **12.** Qu'appelle-t-on *philosophie* au XVIIIe siècle? Nommez quelques philosophes du XVIIIe siècle. / **13.** Nommez quelques-uns des sujets qui intéressaient les philosophes. Dans quel ouvrage donnent-ils de nouvelles définitions de ces sujets? Quelle était l'attitude de Mme de Pompadour dans cette affaire? / **14.** Quelle est l'importance des idées de Rousseau pour l'éducation américaine contemporaine?

Sujet de discussion ou de composition

Des définitions importantes! Quelles étaient les définitions des mots **roi, peuple, église, Dieu, loi, gouvernement, impôts, autorité** avant l'Encyclopédie? (Imaginez si vous ne savez pas.) Quelles étaient les nouvelles définitions proposées, et leurs implications?

Questions sur *Vie et littérature*

A. *Candide* (Voltaire)

1. Quel est le but général des philosophes du XVIIIe siècle? / **2.** Comment Voltaire représente-t-il bien son époque? / **3.** Qu'est-ce que Voltaire attaque surtout, dans *Candide*? / **4.** Qui est Candide, et qui est Pangloss? Pourquoi voyagent-ils? / **5.** Dans la scène de la tempête, qui meurt, et qui est sauvé? Est-ce juste? / **6.** Racontez la scène de l'exécution de l'amiral. Sur quel fait historique est-elle basée? Qu'est-ce que Voltaire veut probablement que nous en pensions? / **7.** Quelle est la morale finale de *Candide*? Y a-t-il plusieurs sens possibles à la phrase *"Il faut cultiver son jardin"*?

B. *Le Masque de Fer* (Voltaire)

1. Comment était l'homme au *Masque de Fer*? Et comment était ce masque? / **2.** Comment le traitait-on? Qu'est-ce que ce traitement indique? / **3.** Comment le prisonnier a-t-il essayé de communiquer avec l'extérieur? A-t-il réussi? Pourquoi? / **4.** Est-ce que l'histoire du *Masque de Fer* est une légende, ou un fait historique?

C. *Le Ruban volé* (Rousseau)

1. De quel livre est tiré ce passage? Est-ce que le titre justifie le sujet du passage? / **2.** Pourquoi pensait-on que Marion était coupable? / **3.** Qu'est-ce que ce passage indique sur Jean-Jacques Rousseau?

D. *Le danger des Fables* (Rousseau)

1. De quel livre est tiré ce passage? Que savez-vous sur ce livre, et sur les idées que Rousseau y exprime? / **2.** Quelles sont les critiques de Rousseau sur les fables: *Le Renard et le Corbeau*? *La Cigale et La Fourmi*? / **3.** Etes-vous d'accord avec Rousseau, et pensez-vous que ces fables sont mauvaises pour les enfants? Expliquez votre point de vue.

E. *Emile et les voyages à pied* (Rousseau)

1. Comment pouvait-on voyager au XVIIIe siècle? Comparez ces manières de voyager avec nos transports d'aujourd'hui. Est-ce que l'homme du XVIIIe siècle voyait le monde de manière différente, à cause de sa vitesse différente? Expliquez. / **2.** Pourquoi Rousseau recommande-t-il les voyages à pied? Etes-vous d'accord avec lui? / **3.** Apprend-on plus, d'après Rousseau, si on voyage lentement? A-t-il raison? Expliquez.

Perfectionnez votre grammaire

Les termes de cohérence
Les expressions de temps

I. Les termes de cohérence

On appelle *termes de cohérence* les mots qui sont employés pour indiquer le rapport entre deux idées, deux phrases, ou pour indiquer la progression de votre pensée. Par exemple:

J'aime les voyages. Je reste souvent à la maison.

Voilà une phrase incohérente, parce que le rapport entre les deux idées n'est pas indiqué.

J'aime les voyages, **mais** je reste souvent à la maison.
J'aime les voyages, **pourtant** je reste souvent à la maison.
J'aime les voyages, **malheureusement**, je reste souvent à la maison.

Voilà trois variantes de la même phrase qui sont parfaitement cohérentes: **mais, pourtant, malheureusement** indiquent le rapport entre les deux idées.

A. Succession dans le temps, ou énumération d'actions

d'abord	ou	**commencer par**
et puis	ou	**ensuite**
enfin	ou	**finir par**

Exemples: **D'abord** je me lève (ou: Je **commence par** me lever). **Et puis** (ou: **ensuite**) je déjeune. **Ensuite** (ou: **et puis**) je m'habille. **Enfin**, je suis prêt à partir pour l'école (ou: Je **finis par** être prêt à partir pour l'école).

Remarquez: **commencer par** et **finir par** sont deux expressions très employées en français.

B. Conséquence

parce que ou **car** (plus littéraire)

Je vous aime bien **parce que** vous êtes gentil.
On n'aimait pas Louix XV, **car** ce n'était pas un bon roi.

c'est pourquoi ou **alors** ou **donc**

Louis XIV régna trop longtemps. **C'est pourquoi** le peuple fut content à sa mort.
Louis XIV régna trop longtemps. **Alors** (ou: **Donc**), le peuple fut content à sa mort.

grâce à et son contraire: **malgré**

> C'est **grâce aux** philosophes, et **malgré** l'opposition de la cour que les idées nouvelles de liberté sont devenues populaires.

pourtant *(however)*

> Pangloss reste optimiste. **Pourtant**, il voit des choses qui montrent que le monde est loin d'être parfait.
> Mme de Pompadour n'était pas une aristocrate. **Pourtant**, elle était plus raffinée que beaucoup de dames de la cour.

d'ailleurs *(besides, at any rate, anyway)* indique la corrélation entre un fait spécifique et une idée générale

> Nous sommes en Floride, et il fait chaud. **D'ailleurs**, il fait souvent chaud en Floride.

parce que et **à cause de**

> Quelle est la différence entre **parce que** et **à cause de**?

>> Candide voyageait, **parce qu'**il cherchait la jeune fille qu'il aimait.
>> Candide voyageait **à cause de** son désir de retrouver la jeune fille qu'il aimait.

> **parce que** est suivi d'un verbe (ou, plus précisément d'un verbe précédé de son sujet) parce qu'il introduit une proposition *(clause)*:

> Je suis fatigué $\begin{cases} \text{parce que j'}\textbf{ai travaillé.} \\ \text{parce que ma mère m'}\textbf{a donné} \text{ du travail.} \\ \text{parce que ma voiture } \textbf{est} \text{ en panne.} \end{cases}$

> **à cause de** est suivi d'un nom:

> Je suis fatigué $\begin{cases} \text{à cause de la } \textbf{chaleur.} \\ \text{à cause de mon } \textbf{travail} \text{ dans le jardin.} \\ \text{à cause de mon petit } \textbf{frère:} \text{ Il est insupportable.} \end{cases}$

II. Les expressions de temps

A. **le temps** (et **de temps en temps**) et **une fois** (et **parfois, quelquefois**)

> Avez-vous **le temps** d'étudier?
> Je vais au cinéma **de temps en temps**.

> Répétez ce mot une **fois**, deux **fois**, trois **fois**.
> Faites-vous **quelquefois** des fautes? Oui, j'en fais **quelquefois** (ou: **parfois**).

Le mot **temps** est toujours singulier.
Le mot **fois** est singulier ou pluriel.

B. **pendant** *(during)* et **pendant que** *(while)*

> C'est **pendant** le règne de Louis XV que les philosophes ont écrit l'*Encyclopédie*.
> **Pendant que** Louis XV était roi, la situation financière était mauvaise.

Attention: Le mot **pendant** a un autre sens:

> Je suis resté à Paris **pendant** *(for)* un mois.
> Vous serez en vacances **pendant** deux mois.

Quand le mot **pendant** a le sens de *for*, il n'est généralement pas absolument nécessaire au sens de la phrase:

> Je suis resté un mois à Paris.
> Vous serez deux mois en vacances.

C. **depuis** et **depuis que**

Avec le présent:

> Je suis à cette école **depuis** deux ans.
> Il pleut **depuis** hier.

> **Depuis que** nous avons ce livre, nous étudions l'histoire de France.
> **Depuis que** Lise est mon amie, je ne suis jamais seule.

Remarquez: Si une action a commencé dans le passé, et continue dans le présent, elle est au présent: «Je suis à cette école **depuis** deux ans (J'y suis maintenant).» En anglais, c'est différent: *I have been in this school for two years.*

Avec l'imparfait:

> J'étais à cette école **depuis** deux ans, quand je suis parti.
> Il pleuvait **depuis** deux jours, quand le soleil a apparu.

> **Depuis que** Louis XIV avait construit Versailles, les rois n'habitaient plus Paris.
> **Depuis que** Lise était l'amie de Monique, on les voyait toujours ensemble.

Remarquez: Si une action a commencé dans la passé et continue encore au moment de la narration au passé, employez **l'imparfait** avec **depuis**: J'étais à cette école *(I had been at that school)* depuis deux ans quand nous sommes partis.

D. **il y a**

Cette expression est souvent employée pour indiquer le temps:

> **Il y a** vingt ans que mes parents sont mariés. *(My parents have been married for 20 years.)*
> **Il y a** huit jours que je n'ai pas regardé la télévision.
> **Il y a** un an aujourd'hui que je suis parti pour la France.

Remarquez: **Il y a** peut être employé au passé composé (il y a eu), à l'imparfait (il y avait) ou au futur (il y aura):

Il y a eu un an hier que je suis parti pour la France.
Il y aura un an demain que je suis parti pour la France.
Il y avait un mois que j'étais à Paris quand je suis parti.

Note: Vous remarquez que **depuis que** et **il y a** s'emploient pour exprimer des idées semblables. On peut aussi employer **voilà** pour exprimer la même idée:

Je suis ici **depuis** six mois.
Il y a six mois que je suis ici.
Voilà six mois que je suis ici.

E. Les verbes **passer** *(to pass, to spend)*, **se passer** *(to happen)*, et **durer** *(to last)*

Le temps **passe** lentement quand on n'a rien à faire.
Où **passez-vous** vos vacances?

Qu'est-ce qui **s'est passé** pendant mon absence? Oh, il ne **s'est** rien **passé** d'intéressant.

Combien de temps **dure** une représentation au cinéma? Elle **dure** de deux à trois heures.

Combien de temps **a duré** le règne personnel de Louis XV? Il **a duré** 48 ans, de 1726 à 1774.

Exercices

I. Les termes de cohérence

Ajoutez un terme de cohérence qui indique le rapport entre les idées exprimées par les deux phrases.

EXEMPLE: Je n'ai pas fini mon travail. — J'ai essayé.
Je n'ai pas fini mon travail, pourtant, j'ai essayé.

1. J'aime les voitures de sport. — J'ai une vieille Ford.
2. Tout le monde vous aime. — Vous êtes charmant.
3. La vie est chère. — Mon père travaille beaucoup.
4. Il fait froid en Alaska en hiver. — Il y fait souvent froid.
5. Nous avons du travail. — Nous n'allons pas au cinéma ce soir.
6. On avait surnommé Louis XV «le Bien-Aimé». — On attendait des réformes.
7. Versailles avait coûté très cher. — Les palais coûtent généralement cher.
8. Versailles avait coûté très cher. — Un palais coûte moins qu'une guerre.
9. Vous n'avez pas beaucoup de mémoire. — Vous oubliez les dates.
10. Les Encyclopédistes avaient des idées sur la liberté. — Ces idées circulaient au XVIIIe siècle.

II. commencer par et finir par

Transformer les phrases suivantes en ajoutant **commencer par** et **finir par.**

    EXEMPLE: J'hésite toujours, mais je prends une décision.

                      Je commence toujours par hésiter, mais je finis par prendre une décision.

1. Le roi a interdit la publication de l'Encyclopédie. — Il l'a autorisée.
2. Le peuple aimait Louis XV. — Mais le peuple le détestait plus tard.
3. Candide pensait que le monde était bon. — Pourtant, il a changé d'avis.
4. La Compagnie du Mississippi avait du succès. — Mais elle a tourné au désastre.
5. Beaucoup de gens voulaient placer leur argent. — Mais ils l'ont perdu.
6. Souvent les entreprises financières attirent le public. — Et puis elles prennent l'argent des dupes.
7. D'abord, j'ai trouvé ce jeune homme impossible. — Ensuite, je l'ai trouvé sympathique.
8. Ma mère dit souvent non. — Quelquefois, elle dit oui.
9. On fait des économies. — Alors, on achète quelque chose d'important.
10. Il faut réfléchir. — Et puis il faut prendre une décision.

III. parce que et à cause de

Ajoutez **parce que** ou **à cause de** pour indiquer le rapport de cause à effet entre les deux idées.

    EXEMPLE: On construisit des hôtels particuliers. — La cour était fatiguée de Versailles.

                      On construisit des hôtels particuliers, parce que la cour était fatiguée de Versailles.

1. Je suis en retard. — L'autobus était en retard.
2. L'autobus était en retard. — Le mauvais temps et la neige.
3. Rousseau n'aime pas les Fables. — Elles donnent de mauvais conseils aux enfants.
4. Candide a fini par changer d'avis. — La méchanceté et l'injustice du monde.
5. Le corbeau a perdu son fromage. — Il était vaniteux et naïf.
6. La fourmi n'a rien donné à la cigale. — Les fourmis sont avares.
7. La pauvre cigale a souffert. — Son irresponsabilité.
8. La grenouille voulait être aussi grosse que le bœuf. — Sa vanité et sa prétention.
9. Le XVIIIe siècle a connu des idées de liberté. — Les philosophes et leurs ouvrages.
10. Rousseau conseille les voyages à pied. — La nature est plus près de vous que si vous voyagez à cheval.

IV. **temps** et **fois**

Complétez les phrases suivantes par **temps** ou **fois**.

1. Combien de . . . par jour mangez-vous? Ça dépend. Quand j'ai (le) (la) . . . je prends un petit déjeuner. Les autres . . . , je ne mange rien avant midi. Je ne passe jamais beaucoup de . . . à table!

2. Il était un(e) . . . , dans un(e) autre . . . , une princesse et un prince charmant. Ce prince a vu la princesse un(e) . . . , et il en est tombé amoureux. Après quelque . . . , il a demandé sa main.

3. Combien de . . . par semaine allez-vous au cinéma? Combien de . . . passez-vous, chaque semaine, devant la télévision?

4. Je n'ai pas (le) (la) . . . de sortir ce soir. Un(e) autre . . . , peut-être. Téléphonez-moi quand vous aurez un peu de . . . .

5. Combien de . . . vous faut-il pour aller d'une classe à l'autre? Et combien de . . . par jour changez-vous de classe?

V. Complétez les phrases suivantes par **depuis** ou **pendant**.

1. Le Président habite à la Maison-Blanche . . . un terme de quatre ans.
2. Dans certains avions, on montre un film . . . le voyage.
3. J'attends des nouvelles de vous . . . Noël.
4. Quel temps! Il pleut . . . dimanche.
5. Ecoutez et prenez des notes . . . la conférence.
6. Il y a toujours des examens . . . le mois de mai.
7. . . . le commencement du siècle, les choses ont bien changé.
8. Ma vie a changé . . . que j'essaie toujours de penser aux autres.
9. . . . la période des rois, le peuple n'était pas heureux. Est-il plus satisfait, . . . que nous avons une démocratie?
10. Il neige . . . hier. Va-t-il neiger . . . le week-end?

VI. Répondez aux questions suivantes en employant **depuis, il y a** ou **voilà**. (Les trois réponses sont généralement correctes. Donnez-les toutes les trois.)

1. Combien de temps y a-t-il que la guerre est finie?   *(20 ans)*
2. Depuis combien de temps attendiez-vous quand je suis arrivé?   *(10 minutes)*
3. Y a-t-il longtemps que vous étudiez le français?   *(2 ans 1/2)*
4. Combien de temps y a-t-il que vous habitez cette ville?   *(5 ans 1/2)*
5. Depuis quand le Président est-il à la Maison-Blanche?   *(presque 3 ans)*

Maintenant, donnez des réponses personnelles:

1. Depuis combien de temps allez-vous à l'école?
2. Quel âge avez-vous? Depuis combien de temps?
3. Depuis combien de temps habitez-vous à la même adresse?
4. Y a-t-il longtemps que vous habitez à la même adresse?
5. Depuis combien de temps savez-vous lire et écrire?

VII. Les expressions de temps au présent, et au passé

Traduisez les phrases suivantes en français.

1. *I have been here for two hours.*
2. *I had been there for two hours when he came in.*
3. *Things have changed a lot since the century began.*
4. *Mme de Pompadour had been living in Versailles for 20 years when she died.*
5. *I have been wanting to write to you since last year. I never have time.*
6. *My family has lived in the same house since I was born.*
7. *We have used the same book since the beginning of the year.*
8. *I have been going to this school for three years.*
9. *Since when do you know your best friend?*
10. *I have known him for a long time. I have known him since we were very young.*

VIII. Sujets de composition

1. Racontez l'histoire de votre vie. Employez le passé composé, l'imparfait, le présent, les termes de cohérence, et les expressions de temps: fois, temps, pendant, depuis, il y a, etc.

2. Racontez un film que vous avez vu. Employez le passé, le discours indirect pour raconter ce que les acteurs ont dit. Employez aussi des termes de cohérence et des expressions de temps.

3. Y a-t-il quelque chose que vous voulez faire depuis longtemps? (C'est peut-être apprendre à jouer d'un instrument, ou faire un voyage, ou entrer dans une certaine profession.) Racontez. Employez le présent, le passé, le futur. Employez aussi les termes de cohérence et des expressions de temps.

7 | Bavardez avec les Français

Vous rencontrez des jeunes gens de votre âge

Informations culturelles. Direz-vous **tu** ou **vous** aux jeunes gens de votre âge? Probablement **tu**, mais pas certainement. Deux garçons se diront probablement **tu**. Entre deux filles, ou une fille et un garçon, le **tu** est certainement possible mais pas certain. Laissez le jeune Français prendre l'initiative du **tu** ou du **vous** et faites comme lui.

Cette conversation emploie la forme **tu** pour vous en donner la pratique.

De quelle nationalité es-tu? Je suis . . . français (e) / américain (e) .

Où habites-tu en . France / Amérique . ?
— J'habite en . Normandie / Bretagne / Provence / Virginie / Caroline / Californie . . . . .
— J'habite dans le . nord / sud / ouest / est .
— J'habite dans la région de . Paris / New York / Los Angeles
— J'habite sur la côte . atlantique . . . . . .

Comment es-tu venu ici? Je suis venu . par avion / par bateau . . jusqu'à Londres / Paris / New York . . .
De là, j'ai pris . le train / l'autobus . . . . .
J'ai fait de l'autostop.

Où demeures-tu, ici?
— Je suis (votre adresse locale).
— Je suis . à l'hôtel / chez des amis / dans une maison d'étudiants / avec un groupe / chez des parents / tout seul, comme un grand!

Depuis combien de temps es-tu ici? J'y suis depuis . huit jours / quinze jours / un mois / hier / etc.

Note: Avec les noms de pays féminins (terminés par **e** muet) employez **en**.
Avec les noms de pays masculins (pas terminés par **e** muet) employez **au**.
Avec les noms de villes, employez **à** (**en** France, **au** Canada, **à** Paris).

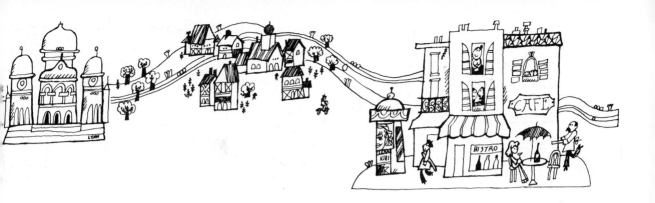

Vas-tu rester longtemps?	— Ça va dépendre de . mes finances / mes . . . . parents / ce que je décide de faire . . . .
	— Oui, je vais rester . huit jours / un mois .
	— Malheureusement, je pars . demain / dans . . . . trois jours .
Tu te plais, ici?	— Oui, c'est très sympa, ici.
	— Oui, je m'amuse bien et . les gens sont gentils / . le pays est beau / etc. .
	— Pas beaucoup. Il fait trop . froid / chaud . Il pleut trop.

Divisez la classe en groupes de 2 (ou de plus de 2) personnes. Chaque personne prend un rôle. Chaque groupe prépare sa conversation.

1. *Pierre*, who is from Aix-en-Provence, near Marseille, meets an American girl on a camping trip. He wants to know where she is from, how she came here. She tells him, and asks him how he came here, in the Alps. He hitchhiked, he says. He wants to know if she is having fun. Yes, she says, the people in her group are nice, but it rains too much.

2. *Monique* is from Saint-Cloud, near Paris. She meets Keith, who thinks she is Belgian. "No, she tells him, I am French." She wants to know: "Is he British (anglais) or American?" American, he tells her, from Texas, and explains where Texas is. Who is he with? He came to France all by himself "like a big boy" and lives in a student hall. She invites him to have dinner at her home.

3. A young American meets a group composed of a Belgian, a Swiss, an African and a Martiniquais, who are visiting New York. All five go have a coke and exchange questions and answers in order to get acquainted.

4. Each group divides into French, American and/or Canadian. They meet during a bicycle trip, in a Youth Hostel (Auberge de la Jeunesse) near Québec. Once the nationality of each member is determined, each fills in the details, and all participate in a lively conversation. Each student must ask and answer at least 3 questions.

Note: Ne commencez pas vos phrases par "**Euh . . . euh . . . .**" ou par "**Ah . . . ah . . . .**" Ce n'est pas français. Dites: "**Eh bien! . . . .**" ou "**Oh, moi . . . .**" ou "**Eh bien, voyons . . . .**" pour commencer vos phrases quand vous avez besoin de réfléchir à ce qui suit.

Un peu d'histoire

2

3

4

2. Portrait du futur Louis XVI à 15 ans.

3. Brûle-parfums en bronze et porcelaine, de l'époque de Marie-Antoinette.

4. Portrait de Marie-Antoinette à 14 ans, à l'époque de son mariage avec le futur roi Louis XVI.

Louis XVI et Marie-Antoinette
La Révolution commence le 14 juillet 1789

Le XVIIIe siècle qui avait commencé sur une note d'espoir, finit par une phase plus dramatique que tout ce que peuvent imaginer les auteurs de fiction. Avant la fin du siècle, un roi et une reine de France seront morts sur la guillotine, et une révolution violente et sanglante aura balayé tous les systèmes ancestraux de la France.

Louis XVI et Marie-Antoinette

Quand Louis XV meurt, le peuple ne l'appelle plus le Bien-Aimé. Au contraire: On est obligé de transporter son corps la nuit pour aller l'enterrer à Saint-Denis, tombeau traditionnel des rois. On a peur d'une émeute de la foule parisienne qui a faim, et qui maintenant déteste le roi, ses dépenses et ses favorites.

Le successeur de Louis XV, c'est son petit-fils, Louis XVI. Il a vingt ans quand son grand-père meurt, et il est marié avec Marie-Antoinette d'Autriche qui a dix-neuf ans. «Mon dieu, protégez-nous, nous régnons trop jeunes!» s'écrie celle-ci quand elle apprend la mort de Louis XV.

La situation dont hérite Louis XVI serait difficile pour un administrateur énergique et capable. Pour ce gros jeune homme, honnête et de bonne volonté, mais sans expérience et sans grande capacité, elle est impossible. La misère monte à Paris, tandis qu'à Versailles la vie continue. Il y a des bals, fêtes, un luxe sans limites. Les robes et les bijoux seuls de la reine coûtent une fortune. Quelques conseillers du roi essaient de proposer des réformes, mais la Reine, qui a une grande influence sur son mari, s'y oppose. Au milieu de la colère montante du peuple, Versailles est comme une île enchantée où rien n'a changé. Le roi va à la chasse, travaille dans son atelier où il fait des serrures pour s'amuser, et la reine danse, joue aux cartes où elle perd négligemment des sommes fantastiques.

1. Le 14 juillet 1789. Prise de la Bastille par le peuple de Paris.

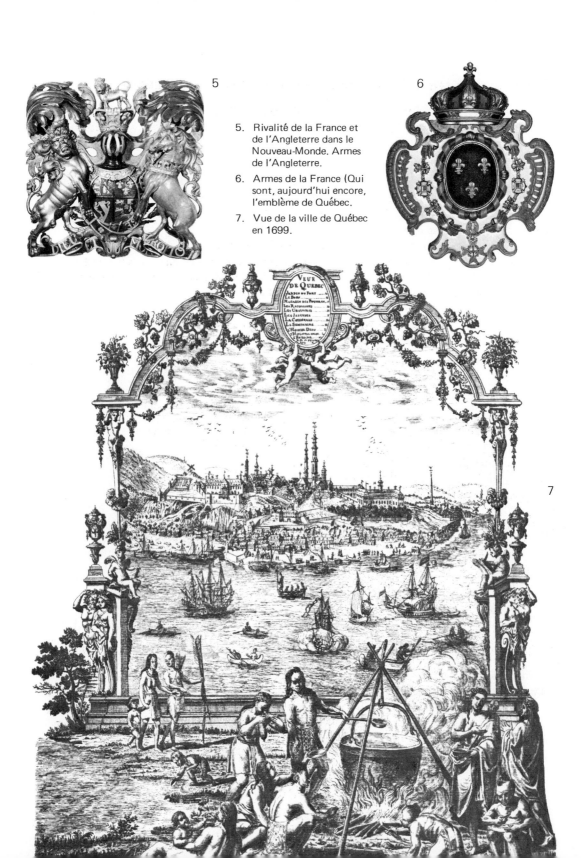

5. Rivalité de la France et de l'Angleterre dans le Nouveau-Monde. Armes de l'Angleterre.

6. Armes de la France (Qui sont, aujourd'hui encore, l'emblème de Québec.

7. Vue de la ville de Québec en 1699.

La France aide les Etats-Unis d'Amérique dans leur Guerre d'Indépendence

En 1759, la France a perdu sa colonie de la Nouvelle-France, ou Canada. Il faut dire que l'opinion publique ne s'intéresse pas beaucoup à cette colonie et ne comprend pas l'importance de cette perte. Mais l'Angleterre, ennemie traditionnelle de la France au XVIIIe siècle, a maintenant une position très forte en Amérique.

Aussi, quand les colonies anglaises d'Amérique se séparent et forment la République des Etats-Unis, Louis XVI est prêt à les aider, malgré sa mauvaise situation financière. Il est heureux de voir diminuer la puissance de l'Angleterre dans le Nouveau-Monde. Les Etats-Unis envoient des représentants remarquables à Versailles: Thomas Jefferson, Benjamin Franklin. Les Français admirent la simplicité de costume et de manières des Américains (Franklin, en particulier, a beaucoup de succès auprès des dames, pourtant il a plus de soixante-dix ans!). La Fayette part pour l'Amérique, et avec lui de nombreux volontaires. La flotte française aide les Etats-Unis, et c'est à Versailles que sera signé le traité final d'indépendance des Etats-Unis (Traité de Versailles, 1783).

8. Benjamin Franklin
9. Lafayette, au moment de la Guerre d'Indépendance des Etats-Unis.

10. Le célèbre collier de diamants.

11. Gravure satirique: le peuple est accablé d'impôts. Cette pauvre femme porte une religieuse et une aristocrate.

10

11   12

12. Marie-Antoinette et ses enfants, par Mme Vigée-Lebrun.

L'affaire du collier de la reine

C'est une affaire mystérieuse, et on ne saura probablement jamais toute la vérité. Un jour, le bijoutier de la reine, Boehmer, lui propose un collier de diamants. Ce n'est pas un bijou ordinaire, c'est une pièce unique, composée d'une quantité de pierres énormes et qui vaut une fortune. La reine refuse de l'acheter. Trop cher, dit-elle. Quelque temps après, le bijoutier reçoit la visite du Cardinal de Rohan qui lui donne 30.000 livres, promet de payer le reste dans quelques semaines, et emporte le collier. La reine le veut, dit-il, et l'a chargé de la négotiation. Le Cardinal remet le collier à une certaine Mme de la Mothe, qui prétend être l'intermédiaire entre la reine et le Cardinal, et à partir de ce moment, le collier disparaît. Il est probable que toute l'affaire a été arrangée par Mme de la Mothe, que le Cardinal est naïf et dupe, et que la reine est innocente. Mme de la Mothe a simplement brisé le collier et fait vendre les diamants en Angleterre. Elle est arrêtée et condamnée comme voleuse. Mais à l'époque, l'innocence de la reine n'est pas claire, et l'opinion publique, qui est contre sa frivolité et ses dépenses exagérées, accepte l'idée qu'elle a reçu le collier mais qu'elle dénie le fait pour ne pas le payer. L'Affaire du Collier est désastreuse pour la réputation de la reine, et ne fait rien pour augmenter la confiance du peuple dans son gouvernement.

13. Louis XVI en grand costume royal.

14. Gravure satirique: Ce paysan porte un membre du clergé et un aristocrate. Pouvez-vous expliquer le sens de ce dessin et du dessin correspondant, page de gauche?

13   14

La Réunion des Etats-Généraux

La maladie chronique du trésor royal continue: il est vide. Les conseillers du roi, et en particulier le financier Necker conseillent de faire une réunion des Etats-Généraux.

Qu'est-ce que les Etats-Généraux? Ce sont des représentants de la population de la France. Il y a trois «états»: la Noblesse, qui est composée d'aristocrates, le Clergé, composé de représentants de l'Eglise, et le Troisième, ou Tiers Etat, composé de représentants du peuple. Malheureusement, ces députés ne constituent pas une représentation très démocratique: Il y a un peu plus du double de députés pour le Tiers-Etat que pour la Noblesse et le Clergé, mais en réalité, le Tiers-Etat représente plus de 90% de la population.

Quand réunit-on les Etats-Généraux? Pas souvent, et pas régulièrement. La dernière fois était en 1614. En principe, ils doivent donner des conseils au roi quand celui-ci se trouve dans une situation vraiment sérieuse.

Qu'est-ce que le roi veut obtenir des Etats-Généraux? C'est très simple. Il veut obtenir leur support pour instituer de nouveaux impôts.

Est-ce que les Etats-Généraux comprennent cela? Pas du tout, surtout le Tiers-Etat. Quand on apprend, dans les provinces, que le roi convoque les Etats-Généraux, le peuple est plein d'espoir. Chaque ville prépare des *cahiers de doléances* où on écrit soigneusement les sujets de mécontentement, les plaintes des habitants. Dans leur naïveté, les bons citoyens pensent probablement que le roi va passer ses nuits à lire leurs plaintes et à chercher des remèdes.

Qu'est-ce qui se passe? Chaque ville choisit ses représentants, et un grand nombre des députés du Tiers-Etat sont de jeunes avocats, pleins des idées nouvelles de Rousseau sur l'égalité, la liberté et la

15. Le Serment du Jeu de Paume. Les deputés promettent de donner une constitution a la France.

15

fraternité. Ils arrivent à Versailles dans leur plus beau costume, pleins d'espoir. Ils vont parler au roi, lui expliquer la misère de son peuple et tout va changer. En réalité, quand ils arrivent, ils sont traités avec indifférence et même avec hostilité par les autres Etats et par les représentants du roi. Quand on leur rappelle qu'ils ne représentent que le peuple, l'un d'eux dit: «Qu'est-ce que le peuple? Rien. Qu'est-ce qu'il veut être? Tout.»

Comment les Députés vont-ils voter? L'Assemblée Nationale. La première question est celle du vote. Va-t-on voter par Ordre, ou par député? Si on vote par Ordre, il y aura toujours deux votes (la Noblesse et le Clergé) contre un (le Tiers-Etat). Si, d'autre part, on vote par député, comme les députés du Tiers-Etat sont un peu plus nombreux que ceux des deux autres groupes, le Tiers-Etat est assuré de gagner. Quand la Noblesse et le Clergé refusent le vote par tête, les députés du Tiers-Etat prennent une grande salle, à Versailles et s'y barricadent. Ils annoncent que, puisqu'ils représentent le peuple, ils ont formé une **Assemblée Nationale** qui va préparer une **Constitution** pour la France.

Le Quatorze Juillet 1789

Les événements se précipitent: les conseillers du roi rassemblent des troupes autour de Versailles pour disperser, si c'est nécessaire, les députés de l'Assemblée Nationale. Paris, qui a faim, et où les rumeurs circulent, croit que le roi veut attaquer la ville. Les Parisiens décident de se défendre, et ils cherchent des armes. Aux Invalides, il y a des canons! Les canons saisis, on cherche maintenant des munitions. A la Bastille, dit quelqu'un, il y a des munitions. Brandissant des armes improvisées et traînant ses canons, la populace se dirige vers la Bastille.

Qu'est-ce que la Bastille? C'est une vieille forteresse, reste des anciennes fortifications de Paris. C'est la prison personnelle du roi, où il a le droit d'enfermer, sans jugement, et pour aussi longtemps qu'il lui plaît, n'importe quel prisonnier. C'est donc un symbole de l'autorité absolue du roi. Mais depuis long-temps, le roi n'exerce plus beaucoup ce privilège, et en 1789, la Bastille ne contient que quelques prisonniers, six ou sept, qui sont en réalité des aristocrates que le roi a enfermé lui-même pour les soustraire à la justice civile. L'un a volé les bijoux de sa mère, un autre a empoisonné sa femme. Il est probable qu'ils ont bien plus peur de la justice civile que de la prison royale, où ils ont leurs domes-tiques et une grande liberté.

Qu'est-ce qui se passe? La situation est assez confuse, mais quand les gardes de la Bastille tirent sur le peuple, la bataille commence, et bientôt la Bastille est prise. M. de Launay, directeur de la prison, est tué, sa tête est coupée et portée au bout d'une pique.

Ce soir-là, quand Louis XVI rentre de la chasse, il entend les nouvelles du jour. «Quoi,» dit-il, «c'est une révolte?» Et un de ses conseillers répond tristement: «Non, Sire, c'est une révolution.»

La Révolution française a commencé. Personne ne sait où elle va, ses chefs pas plus que les autres. La France s'engage dans cinq années qui vont bouleverser les coutumes et les institutions de quinze siècles. C'est la fin de l'Ancien Régime, le commencement des Temps Modernes. Mais le soir du 14 Juillet 1789, personne ne sait ce que l'avenir réserve, et beaucoup croient même que la Révolution est finie!

Vie et littérature

Pendant que le roi, la reine et la cour de Versailles vivent dans le luxe et les plaisirs, les paysans, eux, vivent dans une misère qui est difficile à imaginer. Le célèbre voyageur anglais Young nous a laissé une description de ce qu'il a vu dans le sud de la France.

Misère dans la campagne de France sous Louis XVI

10 juin 1787

Traversé Peyrac, et j'ai vu beaucoup de mendiants. Dans tout le pays, les filles et les enfants ne portent ni chaussures, ni bas. Les laboureurs, à leur travail, n'ont ni sabots, ni chaussettes. C'est une misère qui montre la vraie situation en France aujourd'hui, car la prospérité d'un pays repose sur sa circulation et sa consommation, et une large consommation par un grand nombre de gens a plus de conséquences que celle faite par quelques riches. Les paysans français n'ont aucun objet fait de laine ou de cuir, et c'est un très mauvais signe. Cela me rappelle la pauvreté que j'ai vue en Irlande.

30 juin 1789

Ce monsieur me raconta des choses horribles! Il y a des familles entières dans la détresse la plus complète. Ceux qui travaillent n'ont qu'un salaire insuffisant pour se nourrir, et beaucoup sont sans travail. Personne n'est autorisé à acheter plus de deux sacs de blé. Pour qui a le sens commun, il est clair que ces règlementations ont une tendance directe à rendre la situation plus mauvaise encore, mais on ne peut pas raisonner avec un gouvernement qui a des idées fixées de cette façon immobile. Le jour du marché, j'ai vu le blé vendu ainsi, avec un détachement de soldats au milieu de la place pour empêcher toute violence.

Mais le peuple se dispute avec les boulangers, dont les prix sont exorbitants; des injures, on passe aux coups, et c'est l'émeute, et les gens se sauvent avec du pain ou du blé sans payer. C'est arrivé dans beaucoup d'endroits. La conséquence, c'est que ni les cultivateurs, ni les boulangers ne veulent plus rien apporter dans les villes, jusqu'au moment où la famine commence, et quand cela arrive, les prix montent si énormément que des troupes sont constamment nécessaires pour donner un peu de sécurité aux gens qui approvisionnent les marchés.

Cette situation ne peut pas durer.

Adapté de Young, ***Voyages en France*** (1787)

Mme Vigée-Lebrun parle de Marie-Antoinette

Mme Vigée-Lebrun est née en 1755, la même année que Marie-Antoinette. C'est une artiste de grand talent, qui devient célèbre très jeune, et qui sera la portraitiste officielle de Marie-Antoinette.

Il y a plusieurs excellents portraits de la reine par Mme Vigée-Lebrun, et ce sont surtout ces portraits qui nous donnent l'image que nous avons gardée de Marie-Antoinette.

Dans ses *Souvenirs*, Mme Vigée-Lebrun montre Marie-Antoinette à Versailles. Malgré le ton très favorable de ces souvenirs, vous trouverez certaines références qui vous montrent que la popularité de la reine n'était pas grande.

Marie-Antoinette était grande, admirablement bien faite, et c'était la femme de France qui marchait le mieux. Elle portait la tête haute, avec une majesté qui faisait reconnaître la Reine au milieu de toute la cour.

A la première séance, j'étais timide, mais Sa Majesté me parla avec beaucoup de bienveillance. C'est alors que je fis le portrait qui la représente avec une grande robe de satin à crinoline, et une rose à la main. Ce portrait était destiné à son frère l'Empereur d'Autriche.

Dans un autre portrait, la Reine porte une robe nacarat* et je l'ai placée devant une table, où elle arrange des fleurs dans un vase. Je préférais beaucoup la peindre sans crinoline, et dans une toilette plus simple. Le portrait que je préfère la représente coiffée d'un grand chapeau de paille et dans une robe de mousseline blanche. Quand on a exposé ce tableau au Salon, beaucoup de gens méchants ont dit que la Reine avait fait peindre son portrait en chemise. Car nous étions en 1786, et la calomnie s'exerçait sur elle.

J'ai vu la Reine à la cour, dans la plus grande parure, couverte de diamants, et comme un magnifique soleil l'éclairait, elle paraissait vraiment éblouissante. Après, je lui dis comme j'admirais la noblesse de son aspect, et de son beau cou élevé. Elle me répondit: «Si je n'étais pas Reine, on dirait que j'ai l'air insolent, n'est-ce pas?»

Le dernier portrait que j'ai fait de Sa Majesté est celui qui la montre avec ses enfants. J'avais justement terminé le tableau pour le Salon de 1788. Quand on l'apporta au Salon, on entendit mille remarques défavorables. «Voilà Madame Déficit,» disaient les gens, et beaucoup d'autres choses que mes amis me répétaient. Mais je n'avais pas le courage d'aller au Salon moi-même, voir le sort de mon tableau. J'avais si peur de la réaction adverse du public, que j'en avais la fièvre. Je restai dans ma chambre à prier Dieu pour la famille royale.

Adapté de Mme Vigée-Lebrun, *Souvenirs*

Nacarat was a new shade in vogue at the time, sort of a brilliant rose.

Le 14 juillet 1789: Faut-il exécuter ou féliciter cet officier?

Le 14 Juillet, c'est le jour où le peuple de Paris a pris la Bastille. Cette vieille forteresse était défendue par des troupes de Suisses au service du roi. Voilà le récit de Louis de Flue, un des officiers suisses. Après la prise de la Bastille, les Suisses sont faits prisonniers et conduits à l'Hôtel de Ville.

Les rues où nous passions, les fenêtres, et même les toits étaient pleins de masses de gens qui criaient des insultes dans ma direction. Des épées, des pistolets et des bayonettes étaient constamment pressés contre moi. Je ne savais pas comment j'allais mourir, mais je sentais que mon dernier moment était venu. Ceux qui n'avaient pas d'armes me jetaient des pierres, et les femmes me menaçaient du poing. Déjà deux de mes hommes avaient été assassinés derrière moi, et je ne serais jamais arrivé à l'Hôtel de Ville sans la protection de mes gardes qui forçaient la foule à respecter leur prisonnier.

J'arrivai enfin, au milieu de cris de «Pendez-le!», devant l'Hôtel de Ville, quand on m'apporta une tête au bout d'une pique. C'était celle de M. de Launay, gouverneur de la Bastille. Un peu plus loin, je vis M. de Losme, commandant de la Bastille, couché par terre, baigné de sang. A ma droite, un groupe était occupé à pendre un officier et deux soldats à un lampadaire.

Ma situation n'avait l'air guère meilleure, quand on me fit paraître devant un comité qui m'accusa d'avoir résisté pendant la bataille de la Bastille, et d'avoir causé la mort de plusieurs patriotes. Je protestai de mon mieux, disant que j'avais simplement obéi à mes ordres, et qu'ils devraient blâmer ceux qui donnaient ces ordres. Puis, voyant que c'était le seul moyen de me sauver, je déclarai mon désir de me joindre aux forces de la Nation. Je ne sais pas si mon discours leur parut sincère, ou s'ils étaient seulement fatigués de tuer, mais ils crièrent: «Bravo, bravo, c'est un brave Suisse!» D'autres apportèrent du vin, et nous bûmes à la santé de Paris et de la Nation. Puis, on me conduisit, avec quelques autres Suisses, jusqu'au Palais Royal, pour nous montrer au peuple. C'est là que nous eûmes vraiment de la chance.

Un prisonnier de la Bastille, délivré après la bataille, était conduit à travers le Jardin, et la foule l'acclamait. On nous prit aussi pour des prisonniers, tout le monde nous admirait et nous entourait. Les gens croyaient voir sur nos mains la marque des chaînes que nous avions portées, et l'erreur générale était si complète qu'un orateur improvisé monta sur une table, nous groupa autour de lui, et expliqua que nous étions des prisonniers innocents, victimes de la tyrannie du roi, et demanda qu'on fasse une quête pour nous. Bientôt, on nous apporta chacun cinq francs, et notre groupe commanda un bon dîner.

Avant la fin de ce dîner, nous étions les amis de tout le monde.

Adapté de «La Prise de la Bastille par un de ses Défenseurs,» *Revue Rétrospective.*

Questions sur *Un peu d'histoire*

1. Quels étaient les sentiments du peuple à la mort de Louis XV? Pourquoi? / **2.** Qui a remplacé Louis XV sur le trône? Comment était le nouveau roi? Qui était la nouvelle reine? / **3.** Pourquoi la situation était-elle très difficile pour Louis XVI? Etait-il capable de gouverner le pays? Qui gouvernait, en réalité? / **4.** Où habitaient le roi et la reine? Est-ce loin de Paris? Mais quel était le contraste entre Versailles et Paris? Pourquoi? / **5.** Que faisaient le roi et la reine pendant que Paris avait faim? Lequel des deux le peuple blâmait-il le plus? Pourquoi? / **6.** Pourquoi Louis XVI a-t-il aidé les Etats-Unis dans leur Guerre d'Indépendance? / **7.** Quels étaient les représentants de la jeune Amérique en France? Les admirait-on? Pourquoi? / **8.** Dites brièvement et simplement ce qu'on appelle l'Affaire du Collier. Quels en étaient le principal objet et les principaux personnages? / **9.** Qu'est-ce que les Etats-Généraux? / **10.** Pourquoi avait-on besoin d'une réunion des Etats-Généraux? / **11.** Est-ce que les Etats-Généraux étaient d'accord avec le roi sur le but de leur réunion? Pourquoi? / **12.** Qu'est-ce qu'on appelle *cahiers de doléances*? Pourquoi les a-t-on écrits? Ces gens avaient-ils raison? / **13.** Comment voulait voter le Tiers-Etat? Pourquoi? Comment voulaient voter les autres ordres? Pourquoi? Qui a gagné? / **14.** Pourquoi appelle-t-on le 14 juillet, *Bastille Day*, en anglais? / **15.** Comment a fini cette journée historique du 14 juillet? Est-ce que Louis XVI a compris son importance? Pourquoi?

Sujet de discussion ou de composition

Quelles sont les causes des révolutions, en général? Et quelles sont les actions par lesquelles un peuple commence une révolution? Quelles sont, en général, les conséquences des révolutions? Est-il préférable d'avoir une révolution, ou des réformes légales? Pourquoi?

Questions sur *Vie et littérature*

A. *Misère dans la campagne de France sous Louis XVI* (Young)

1. Quel contraste y avait-il entre la cour de Versailles et la campagne de France au XVIIIe siècle? / **2.** Comment pouvait-on voir que les paysans étaient pauvres? / **3.** Pourquoi le blé est-il si important pour les Français? Et comment voyait-on qu'il n'y avait pas assez de blé? / **4.** S'il n'y a pas assez de blé, quelle est la conséquence terrible et fatale?

B. *Mme Vigee-Lebrun parle de Marie-Antoinette* (Mme Vigée-Lebrun)

1. Pourquoi Mme Vigée-Lebrun est-elle célèbre? / **2.** Comment était Marie-Antoinette, d'après Mme Vigée-Lebrun? / **3.** Décrivez trois portraits de Marie-Antoinette par Mme Vigée-Lebrun. / **4.** Comment savez-vous que la popularité de la reine n'était pas grande?

C. *Le 14 juillet 1789* (Revue Rétrospective)

1. Qui est l'auteur du récit, et qu'est-ce qu'il faisait le jour du 14 juillet 1789? / **2.** Se trouvait-il dans une mauvaise situation pendant qu'on le conduisait à l'Hôtel de Ville? Qu'est-ce qu'il pouvait attendre? / **3.** Comment la situation a-t-elle changé, une fois arrivé à l'Hôtel de Ville? / **4.** Où l'a-t-on emmené, ensuite? Et comment la situation a-t-elle encore changé, et de façon comique cette fois? / **5.** Qu'est-ce que cette histoire indique sur les événements comme ceux du 14 juillet 1789? Y a-t-il une morale?

Perfectionnez votre grammaire

Démonstratifs, possessifs et relatifs

I. Adjectifs et pronoms démonstratifs

A . L'adjectif démonstratif **ce (cet) / cette, ces**

Comment allez-vous
$\begin{cases} \textbf{ce} \text{ matin?} \\ \textbf{cet} \text{ après-midi?} \\ \textbf{cette} \text{ semaine?} \\ \textbf{ces} \text{ jours-ci?} \end{cases}$

L'adjectif démonstratif est **ce** (**cet** devant une voyelle)/**cette**
ces au pluriel (masc. et fém.)

L'adjectif démonstratif, comme les autres adjectifs, accompagne un nom et s'accorde avec ce nom.

B. Le pronom démonstratif **celui/celle, ceux/celles**

Ce chien est **celui** de mon voisin.
Cette maison est **celle** de mon voisin.
Ces arbres sont **ceux** de mon voisin.
Ces fenêtres sont **celles** de mon voisin.

Le pronom démonstratif, comme les autres pronoms, remplace un nom et s'accorde avec le nom qu'il remplace.

1. L'usage de **celui/celle, ceux/celles**

Vous voulez un livre? Avons-nous **celui que** vous voulez?
Ce n'est pas la robe de Lise. C'est **celle de** sa mère.
Qui est ce monsieur, **celui qui** passe? C'est le directeur.

Quand le pronom démonstratif est suivi de **qui/que** ou de (**du, des**) employez la forme **celui/celle, ceux/celles**.

2. L'usage de **celui-ci/celle-ci, ceux-ci/celles-ci***

Vous voulez un livre? Voulez-vous **celui-ci**?
De toutes les leçons du livre, **celle-ci** est la plus simple.

---

*La forme **celui-là/celle-là, ceux-là/celles-là** existe aussi. En principe, **celui-ci** veut dire *this one* et **celui-là** veut dire *that one,* mais les Français font rarement la différence, excepté dans l'expression: **celui-ci** et **celui-là**, *the latter and the former:*

Mon père et ma mère sont gentils. **Celle-ci** parce qu'elle dit toujours oui, et **celui-là** parce qu'il est toujours d'accord avec elle.

Dans tous les cas où le pronom démonstratif n'est pas suivi de **qui/que, de (du, des)** employez la forme **celui-ci** (ou **celui-là**).

3. L'usage stylistique de **celui-ci/celle-ci, ceux-ci/celles-ci**

> Louis XVI a remplacé Louis XV, quand **celui-ci** est mort.
> Jefferson était représentant des Etats-Unis à Versailles, avec Benjamin Franklin. **Celui-ci** avait beaucoup de succès auprès des dames.

Il est de très bon style, en français, d'employer **celui-ci/celle-ci, ceux-ci/celles-ci** comme sujet de la phrase, pour remplacer le nom de la personne (ou de l'objet) nommé le dernier.

> Le Cardinal avait promis d'acheter le collier pour **la Reine. Celle-ci** ne savait probablement rien de l'affaire.

> On a décidé de convoquer **les Etats-Généraux. Ceux-ci** ne s'étaient pas réunis depuis plus de cent cinquante ans.

Récapitulation des adjectifs et pronoms démonstratifs

ce ———————— celui ———————————— celui-ci, celui-là		
cette ———————— celle ———————————— celle-ci, celle-là		
ces ———— { ceux ———————————— ceux-ci, ceux-là		
{ celles ———————————— celles-ci, celles-là		

II. Adjectifs et pronoms possessifs

A. L'adjectif possessif

> Voilà **mon** père, **ma** mère, **mes** frères et sœurs.
> Voilà **ton** père, **ta** mère, **tes** frères et sœurs.
> Voilà **son** père, **sa** mère, **ses** frères et sœurs.
> Voilà **notre** maison et **nos** affaires.
> Voilà **votre** maison et **vos** affaires.
> Voilà **leur** maison et **leurs** affaires.

L'adjectif possessif, comme les autres adjectifs, accompagne un nom et s'accorde avec ce nom.

B. Le pronom possessif

> Voilà mon livre. C'est **le mien**.
> Voilà ton livre. C'est **le tien**.
> Voilà son livre. C'est **le nôtre**.
> Voilà votre livre. C'est **le vôtre**.
> Voilà leur livre. C'est **le leur**.

Le pronom possessif, comme les autres pronoms, remplace un nom et s'accorde avec ce nom. Voilà un tableau qui montre les différentes formes du pronom possessif pour le masculin et féminin singulier, et pour le pluriel.

Récapitulation des adjectifs et pronoms possessifs

Adjectifs / Pronoms possessifs		Adjectifs / Pronoms possessifs	
mon	le mien	notre	le nôtre, la nôtre
ma	la mienne	nos	les nôtres
mes	les miens, les miennes		
ton	le tien	votre	le vôtre, la vôtre
ta	la tienne	vos	les vôtres
tes	les tiens, les tiennes		
son	le sien	leur	le leur, la leur
sa	la sienne	leurs	les leurs
ses	les siens, les siennes		

III. Les pronoms relatifs

A. qui et que[*]

Nous lisons la leçon **qui** parle de Louis XVI.

Le peuple, **qui** au commencement avait confiance, a vite compris que le roi ne savait pas gouverner.

Les gens **qui** peuvent deviner l'avenir sont rares.

qui est le pronom relatif sujet, pour les personnes et les objets.

La leçon **que** nous lisons parle de Louis XVI.

Les Etats-Généraux **que** le roi a convoqués, se composaient de trois groupes.

Les choses **que** vous préférez sont celles que vous faites bien.

que est le pronom relatif objet, pour les personnes et les objets. C'est aussi un pronom neutre, qui réfère à une idée, a une phrase:

Le roi savait **que** la réunion des Etats-Généraux était nécessaire.

---

[*]Quand le relatif est objet d'une préposition, employez une ou l'autre forme:
Le roi, **sur qui** on comptait pour des réformes, était indécis.
On peut aussi dire:
Le roi, **sur lequel** on comptait pour des réformes, était indécis.
La chose **à quoi** tout le monde pensait était la Révolution.

B.   **lequel, auquel** et **duquel**

1.   **lequel/laquelle, lesquels/lesquelles**

Montrez-moi le stylo avec **lequel** vous écrivez.   Voilà celui avec **lequel** j'écris.

On savait qu'il y aurait des conséquences à la prise de la Bastille; mais on ne savait pas **lesquelles**.

Le pronom relatif, sans préposition ou avec une préposition (excepté **à** et **de**) est **lequel/laquelle, lesquels/lesquelles**.

2.   **auquel/à laquelle, auxquels/auxquelles**

Marie-Antoinette avait des amies intimes, **auxquelles** elle faisait des cadeaux très coûteux.

Une dame **à laquelle** elle a donné beaucoup, était Mme de Polignac.

Les gens **auxquels** Marie-Antoinette accordait sa faveur étaient détestés du peuple.

Le pronom **auquel/à laquelle, auxquels/auxquelles** est la contraction de **à** + **lequel**. On l'emploie quand le verbe de la phrase a besoin de la préposition **à** (Elle faisait) des cadeaux **à** . . . . , elle donnait beaucoup **à** . . . . , elle accordait sa faveur **à** . . . .).

3.   **duquel/de laquelle, desquels/desquelles**

Quand je parle de la Révolution, vous savez **de laquelle** je parle.   Je parle de celle de 1789.

Les Etats-Unis, **desquels** Jefferson et Franklin étaient représentants, avaient récemment gagné leur indépendance.

Le pronom **duquel/de laquelle, desquels/desquelles** est la contraction de **de** + **lequel**.   On l'emploie quand le verbe de la phrase a besoin de la préposition **de** (Je parle **de** . . . , Ils étaient représentants **de** . . .).

Récapitulation

Adjectif		Pronom relatif		
quel	lequel	auquel	duquel	
quelle	laquelle	à laquelle	de laquelle	
quels	lesquels	auxquels	desquels	
quelles	lesquelles	auxquelles	desquelles	

C.   Le pronom neutre **ce: ce qui, ce que, ce à quoi, ce dont**

Ce qui m'intéresse, c'est surtout l'aspect personnel de l'histoire.
Ce que vous dites m'intéresse beaucoup.
Dites-moi **ce à quoi** vous pensez et **ce dont** vous avez besoin.

Remarquez: L'accord avec **ce qui, ce que,** etc., est masculin singulier:

Ce qui était important à Versailles, c'était la beauté et l'élégance.

D. Le pronom relatif **dont**[*] et **ce dont**

Voilà les choses **dont** j'ai besoin.
Voilà **ce dont** j'ai besoin.

Les choses dont j'ai peur sont la fatigue et la maladie.
Ce dont j'ai peur, c'est la fatigue et la maladie.

dont est l'équivalent de **de qui** ou **de quoi**. Quand l'antécédent de **dont** est «les choses», on dit **ce dont**.

Voilà un restaurant **dont** j'aime bien la cuisine.
Mes amis sont des gens **dont** je partage les goûts.

Quand l'antécédent n'est pas «les choses», on dit seulement **dont**.

Remarquez: Avec **ce dont**, l'accord est masculin singulier:

Ce dont j'ai besoin n'**est** pas **cher**: c'est la santé et des amis fidèles.

Exercices

I. Révision rapide des adjectifs démonstratifs

Complétez en ajoutant le pronom démonstratif correct.

1. . . . matin	7. . . . jours-ci	13. . . . réunion
2. . . . après-midi	8. . . . gens	14. . . . peuple
3. . . . fois	9. . . . temps	15. . . . représentant
4. . . . année	10. . . . espoir	16. . . . conseils
5. . . . arbre	11. . . . plaintes	17. . . . été
6. . . . homme	12. . . . remède	18. . . . hiver

II. Le pronom démonstratif

A. Remplacez le nom par un pronom démonstratif approprié.

EXEMPLE: Voilà la voiture de mon père et la voiture de ma mère.
Voilà la voiture de mon père et celle de ma mère.

---

[*]**dont** ne peut pas s'employer pour formuler une question:
A qui est cette voiture?
De qui êtes-vous l'ami?
On emploie **à qui** pour exprimer la possession, **de qui** pour exprimer la relation.

1. J'ai manqué l'autobus de huit heures, alors j'ai pris l'autobus de 9 heures.
2. Est-ce votre travail personnel ou le travail de quelqu'un d'autre?
3. On aime les gens aimables et surtout les gens qui font des compliments.
4. La reine, qui n'avait pas de problèmes, ne comprenait pas les problèmes du peuple.
5. La réputation du Cardinal est restée intacte, mais la réputation de la reine a souffert.
6. La Bastille n'était pas une prison civile. C'était la prison du roi.
7. Louis XVI n'a pas compris que le jour du 14 juillet était le jour qui marquait le commencement de la Révolution.
8. La Révolution française a commencé en 1789. Quand a commencé la Révolution des Etats-Unis?
9. Il y avait deux portraits de la reine: le portrait où elle était en robe rose, et le portrait où elle était en robe de mousseline. C'est ce portrait que le peuple détestait.
10. Le jour de la prise de la Bastille, on ne distinguait pas bien les hommes qui avaient attaqué la forteresse et les hommes qui l'avaient défendue!

B. **Complétez la phrase par le pronom démonstratif approprié.**

EXEMPLE: Il y a plusieurs versions de l'affaire du collier.
Dans . *celle* . du Cardinal, il est innocent. Mais beaucoup de gens n'acceptaient pas . *celle-ci* . (celle-là).

1. Quel avion prenez-vous? Je prends . . . . C'est . . . qui va à New-York.
2. Montrez-moi votre maison. C'est . . . , ce n'est pas . . . . qui est à gauche est . . . de mon oncle.
3. Ce garçon vous téléphone souvent, mademoiselle! Est-ce vraiment . . . que vous aimez, ou préférez-vous . . . sont timides et qui vous adorent de loin?
4. Voyez ces belles fleurs! . . . sont des roses, et . . . sont des capucines *(nasturtiums)*. Moi, . . . que je préfère sont les roses jaunes.

C. **Usage stylistique du pronom démonstratif**

Remplacez le nom par le pronom démonstratif approprié.

EXEMPLE: L'employé a parlé au directeur. Le directeur a dit qu'il était content de son travail.
L'employé a parlé au directeur. **Celui-ci** a dit qu'il était content de son travail.

1. Le détective cherche la solution d'un crime. **Ce crime** est le travail d'un habile criminel.
2. En 1989 on célèbrera le deux-centième anniversaire de la Révolution. **La Révolution** a commencé en 1789, par la prise de la Bastille. **La Bastille** était la prison personnelle du roi. **Le roi** y enfermait les gens dont il n'était pas content.

3. Le Dauphin Louis a épousé Marie-Antoinette. **Marie-Antoinette** avait quinze ans et **Louis** en avait seize.

4. On n'a pas beaucoup pleuré à la mort de Louis XV. En effet, **Louis XV** était détesté de beaucoup de gens. **Ces gens** lui reprochaient son indifférence et ses favorites.

III. Le pronom possessif

Complétez en employant le pronom possessif **le mien, le tien, le sien**, etc.

EXEMPLE: J'ai mes idées, et vous avez . *les vôtres* .

1. Moi, j'ai ma clé. Avez-vous . . . . . ?
2. Vous avez vos responsabilités. Vos parents ont . . . . . .
3. Mon père a sa voiture et ma mère voudrait bien avoir . . . . . .
4. Le roi avait son point de vue. Mais le peuple avait . . . . . .
5. J'ai votre adresse. Attendez, je vais vous donner . . . . . .
6. Les représentants de la Noblesse avaient des convictions. Mais ceux du Tiers-Etat avaient . . . . . .
7. J'ai pris votre place parce que . . . . . était occupée.
8. Avez-vous vos affaires? Je ne sais pas où j'ai mis . . . . . .
9. Ma voiture est dans le parking. Où as-tu mis . . . . . ?
10. Tout le monde a ses opinions personnelles. J'ai . . . . . , vous avez . . . . . , une autre personne aura . . . . . et d'autres auront . . . . . .

IV. Révision rapide du pronom relatif **qui** et **que**

Complétez par le pronom relatif correct.

1. A la mort de Louis XV, c'est son petit-fils Louis XVI . . . est devenu roi. Le peuple pensait . . . ce serait un bon roi, . . . il était honnête et bon. Mais ceux . . . le connaissaient bien savaient . . . il était faible, et . . . son intelligence n'était pas grande.

2. Ah, ce collier! Le bijoutier . . . voulait le vendre disait . . . il valait près de deux millions de livres. La reine, . . . aimait les bijoux a pourtant dit . . . elle préférait employer l'argent pour des choses . . . . étaient plus nécessaires. On sait . . . le Cardinal de Rohan, . . . voulait avoir la faveur de la reine a acheté le collier. Mais on ne sait pas . . . a fini par recevoir ce collier, on sait seulement . . . Mme de la Mothe était probablement coupable.

V. Le pronom **lequel, auquel** et **duquel** (ou **dont**)

Complétez par la forme correcte de **lequel, auquel, duquel**

EXEMPLE: Il y a des tas de gens . *auxquels* . je n'ai jamais le temps d'écrire.

1. Quel sont les problèmes . . . vous pensez le plus souvent?
2. Je vous ai apporté deux journaux; je ne savais pas . . . vous préfériez.

3. Il y a une délicieuse recette pour . . . il faut des fraises des bois *(wild strawberries)*.
4. Dites-moi . . . de ces robes vous aimez le mieux.
5. Je connais une rivière au bord . . . on fait des pique-niques épatants.
6. J'aime les amis sur . . . on peut compter.
7. J'ai emporté toutes les affaires . . . j'ai besoin pour le week-end.
8. Suzette a une amie . . . elle raconte tous ses secrets.
9. Jean-Paul a un copain . . . il téléphone souvent.
10. Donnez-moi la liste des dates . . . vous aurez besoin pour l'examen.

VI. Le pronom relatif **ce qui/ce que,** et **dont, ce dont, ce à quoi**

Remplacez les mots indiqués par la forme correcte du pronom relatif composé.

1. Quand Louis XVI est revenu de la chasse, et qu'on lui a dit . . . . était arrivé, il a demandé . . . . la prise de la Bastille indiquait.

2. On lui a répondu, que . . . . le peuple voulait, ... tout le monde parlait, c'était un changement complet.

3. Le peuple de Paris criait que . . . . on avait besoin, c'était surtout du pain. Mais . . . . les Etats-Généraux voulaient, c'était une révolution. Ils savaient que . . . . il fallait faire, c'était donner une constitution à la France.

4. Marie-Antoinette n'avait pas compris . . . . le peuple français aimait, elle n'avait pas vu . . . . fait la popularité d'un monarque. Pourtant, sa mère lui écrivait souvent et lui donnait des conseils . . . . elle avait grand besoin.

5. L'influence de la reine sur le roi était . . . . les gens étaient fatigués. Ils étaient mécontents de . . . . elle dépensait pour son plaisir, et de la façon . . . . elle passait son temps à Versailles.

VII. Sujets de composition

1. Imaginez une discussion entre deux personnes (ou deux animaux!) qui ont des idées très différentes. C'est peut-être une mère et sa fille, ou un chien et un chat, un éléphant et une souris . . . ou deux hommes politiques de points de vue opposés. Employez beaucoup de pronoms possessifs, démonstratifs, relatifs, etc. Employez aussi des termes de cohérence, et le discours indirect.

2. Racontez, dans vos propres termes, l'Affaire du Collier de la Reine. Faites un effort pour imaginer les conversations, les détails probables. Employez des pronoms possessifs, relatifs, démonstratifs, le discours indirect et des termes de temps et de cohérence.

3. Racontez, au passé, et dans vos propres termes, l'aventure de l'officier suisse capturé à la Bastille. Employez le discours indirect, des termes de cohérence, de temps, et les pronoms étudiés dans cette leçon.

8 Bavardez avec les Français

A table

Informations culturelles. Les Français font un petit déjeuner léger: café au lait, pain et beurre, par exemple. A midi, ils font leur repas principal de la journée. Le dîner est généralement vers huit heures du soir, ou vingt heures, et c'est un repas assez léger.

Voulez-vous déjeuner avec nous?

A quelle heure se met-on à table?

Avec plaisir. Vous êtes gentil (le).

— A . midi / treize / vingt heures . . . . . juste.
— Oh, vers . midi et demi . mais arrivez quand vous pourrez.
— On vous attendra si vous êtes en retard.

Qu'est-ce qu'il y a de bon, aujourd'hui?

— Tout a l'air bon. Rien n'a l'air bon.
— . La salade / Le bifteck / Le hamburger . a l'air bon.
— Les hors d'œuvres sont toujours bons.

Oh, qu'est-ce qui sent si bon?

C'est probablement . votre bonne cuisine / le . gâteau / le poulet .

Où est ma place?

Mettez-vous là, . à côté de / en face de . votre ami.

Qu'est-ce que vous voudriez?

Passez-moi . le sel / le poivre / le beurre / le pain / . l'eau / le plat / la viande / etc. .

Est-ce que les Américains mettent généralement du beurre sur leur pain?

Oui. Généralement. Et ils boivent généralement de l'eau ou du lait.

Avez-vous faim?

— J'ai une faim de loup.
— J'ai toujours faim, surtout pour un bon repas comme ça.
— J'avais faim . . . . mais cette mauvaise cuisine me coupe l'appétit.

Voulez-vous reprendre un peu . de viande / . . de dessert / de légumes . . ?

— Oui, merci, avec plaisir.
— Non, merci, c'est délicieux mais j'ai mangé comme quatre!

Bon appétit!

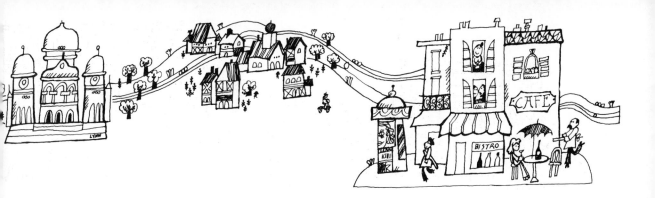

Divisez la classe en groupes de deux (ou plus de deux) personnes. Chaque personne du groupe prend un rôle, et chaque groupe prépare sa conversation.

1. *Bob* is in France. On the beach, he meets a *French family, the Duvals and their son and daughter.* Mme Duval invites him to have «déjeuner» with them the next day. Bob accepts with pleasure, and thanks her. He wants to know at what time they eat. Oh, says Mme Duval, about 1:00 PM, but if you are late, we will wait for you. I won't be late, says Bob. I am always as hungry as a bear.

2. The next day, at the *Duvals, Bob* asks *Josette Duval* what smells so good. It must be the cake, she says; my mother made it especially for you. *Mme Duval* calls everybody to the table («A table, tout le monde.»). Bob wants to know where he should sit. *Michel Duval* tells him to sit there, next to him.

3. *You* have invited *a young Belgian* you met at school, to have dinner at your home. He wants to know when your family eats. At six, sharp, you tell him. You tell him that it will be a simple meal: chicken, vegetables, a salad. He says he loves simple meals, and that he always eats "like four."

4. *You* are on a student tour, *with an international group*. Today, your group is staying at a place where the food is not too promising. Be imaginative and humorous, and compose a conversation between a few friends who were hungry, but are not so sure now . . . . .

5. Quite simply, a conversation such as you have in the cafeteria with your friends.

6. Some *young American and French-speaking people* are discussing their respective eating habits: What time do you eat? Do you butter your bread? Do you eat your salad before, or after, your meat? What do you drink with your meals? etc.

Un peu d'histoire
La Révolution

La Révolution dure cinq ans (1789—1794). Quand elle finira, seize mille personnes auront été guillotinées, et parmi ces victimes, il y aura le roi, la reine, aussi bien que les chefs des différentes phases de la Révolution. Mirabeau, un des premiers chefs du mouvement révolutionnaire, a dit: «Il est plus facile de commencer une révolution que de la finir.»

Le 14 Juillet 1789

Vous avez vu, dans le chapitre précédent, comment le peuple de Paris a pris la Bastille. Maintenant, le peuple sait quelle est sa force, et il va en profiter.

Le roi, prisonnier du peuple, ramené à Paris

Cet été de 1789, il y a très peu de pain, et il est très cher, à cause des taxes qu'il faut payer pour apporter la farine à Paris. Le peuple a faim, et pense que le roi peut abolir les taxes et lui donner du pain. Donc, le six octobre, une foule de Parisiens, menés par des femmes, se met en marche sur Versailles. Arrivés là, il y a une émeute, quelques gardes sont tués, et la foule demande que le roi vienne résider à Paris, loin du contrôle des aristocrates de sa cour. C'est à ce moment-là que Marie-Antoinette, entendant les cris sous ses fenêtres, aurait demandé à une de ses dames: «Qu'est-ce qu'ils veulent?» «Du pain, Votre Majesté,» aurait répondu la dame. Et Marie-Antoinette aurait rétorqué avec indifférence: «Eh bien, s'ils n'ont pas de pain, qu'ils mangent de la brioche!»*

Le roi, la reine, et leurs enfants (ils ont une fille de onze ans, et un fils, le Dauphin, de cinq ans) sont emmenés comme prisonniers du peuple à Paris (6 octobre 1789).

La Grande Peur

L'Assemblée Nationale décide d'abolir tous les privilèges des aristocrates. Dans les provinces, les paysans enragés tuent les seigneurs, brûlent et pillent les châteaux. Tous les aristocrates qui le peuvent s'échappent de France, émigrent dans d'autres pays.

Le fuite du roi

Le roi décide de quitter la France aussi. Marie-Antoinette est autrichienne, son frère est Empereur d'Autriche, et sa famille lui offre assistance. Alors, la famille royale, déguisée, part, au milieu de la nuit vers la frontière. Mais quand leur voiture s'arrête pour changer de chevaux, un homme reconnaît le roi. La famille royale est arrêtée, ramenée à Paris. C'est la fin de la possibilité d'une monarchie constitutionnelle (21 juin 1791).

---

*Another historical remark, which does reflect the irresponsible and frivolous attitude attributed to the queen at that time. (*brioche* is a sort of coffee cake.)

1. L'exécution de Louis XVI. La tête du roi est montrée au peuple aux cris de "Vive la Nation!"

La France en guerre avec l'Autriche. La République est proclamée

Les aristocrates émigrés et l'armée de l'Empereur d'Autriche (qui est le frère de la Reine) menacent la France. Ils veulent rétablir le roi sur le trône et renverser le gouvernement de l'Assemblée Nationale. La France déclare la guerre à l'Autriche, et se trouve dans une situation très dangereuse: Révolution à l'intérieur, guerre à l'extérieur. Danton, un des jeunes avocats député du Tiers-Etat, est devenu un des chefs politiques, et il est nommé ministre de la Justice.

Jugement et exécution du roi

Le roi est accusé de comploter, avec la reine, contre la France, c'est-à-dire contre le gouvernement de la Révolution. On ne saura jamais si toutes les accusations sont vraies, mais il est condamné à mort et guillotiné le 20 janvier 1793.

La Terreur

On appelle la Terreur la période qui dure un an (Juillet 93—Juillet 94) pendant laquelle le gouvernement révolutionnaire décide qu'il n'y a pas besoin de preuves pour être condamné à mort. Une simple accusation suffit. Pendant cette période, il suffit que quelqu'un vous dénonce, disant par exemple que vous avez crié un jour: «Vive le Roi!». Vous êtes arrêté, comdamné sans jugement et exécuté sur la guillotine. Parmi les victimes, il y a Danton, condamné par son ennemi Robespierre.

2. Les adieux de Louis XVI à sa famille, la veille de son exécution.

2

3

4

3. La reine Marie-Antoinette conduite à la
   guillotine, quelques mois après le roi.

4. Personnages de la Révolution.

5. Pendant la Terreur, tout le monde est suspect. Ici, on arrête un homme soupçonné d'être un"aristocrate".

5

6. Le révolutionnaire Danton, conduit à son tour à la guillotine.

7. Un tambour des armées de la République.

8. Robespierre, responsable de la Terreur, meurt lui aussi sur la guillotine.

La guillotine

C'est une machine, inventée par le docteur Guillotin, qui permet d'exécuter les condamnés rapidement, en leur coupant la tête. Elle est installée sur la Place de la Révolution (aujourd'hui, Place de la Concorde). Chaque jour, des charrettes chargées de condamnés arrivent au pied de la guillotine. Il y a toujours (détail horrible) une foule de curieux qui viennent voir les exécutions, qui crient et applaudissent quand le couteau tombe et les têtes roulent dans le panier.*

La fin de la Terreur et de la Révolution

Pendant toute la Terreur, Robespierre est le maître absolu et indisputé du gouvernement. Il décide de la vie et de la mort, et le gouvernement est paralysé par la peur. Mais ses ennemis, et il en a beaucoup, préparent sa chute. Accusé à son tour, le gouvernement se tourne contre lui et le déclare hors-la-loi. Il essaie de s'échapper et un gendarme le blesse. Il a la mâchoire brisée. Robespierre passe sa dernière nuit allongé sur une table dans la grande salle de l'Assemblée. Les gens défilent devant lui et l'insultent. Le lendemain, il est conduit à la guillotine et exécuté aux cris de joie de la foule (27 Juillet 1794).

Avec Robespierre finit la Révolution. La France est épuisée, prête à accepter n'importe quel régime. Après cette période d'excès et de terreur, les gens veulent surtout la paix et l'ordre.

Les changements apportés par la Révolution

Désormais, tous les citoyens seront égaux devant la loi, et paieront les mêmes impôts, décide la Révolution. Le gouvernement révolutionnaire fait un grand effort pour tout changer en France. Tout ce qui

---

*The guillotine is still the means of legal execution in France. Of course, executions are rare, and they are no longer public. It is even possible that, by the time you read these lines, the death penalty will have been abolished in France.

rappelle la royauté est détruit: Statues, châteaux, palais sont démolis ou brisés, et la France perd ainsi une grande partie de son héritage artistique. La religion est interdite, et les églises sont transformées en casernes, en écuries, en entrepôts. Le calendrier traditionnel est supprimé. Les mois ne s'appelleront plus janvier, février, mars, etc , mais nivôse (mois des neiges), pluviôse (mois de la pluie), ventôse (mois des vents), floréal (mois des fleurs), thermidor (mois de le chaleur), etc. Le mois est divisé en trois périodes de dix jours qui remplacent la semaine traditionnelle.

Dans un effort pour établir l'égalité totale entre tous les Francais, la Révolution décide que les termes *monsieur, madame, mademoiselle* sont illégaux. Tout le monde doit s'appeler *citoyen* ou *citoyenne*, et le *vous*, forme polie si chère aux Français, fait place au *tu*. (En public, du moins. Il est probable qu'en privé, les gens continuent à dire: «S'il vous plaît, monsieur.»)

Mais ces innovations ne durent pas, et dès la fin de la Révolution, la religion revient, le calendrier traditionnel est restauré, et les formes traditionnelles de la conversation sont reprises.

Une innovation durable de la Révolution: Le système métrique

Chaque province avait son propre système de mesure. Pour assurer l'unité des mesures, la Révolution française établit un système universel, le système métrique. Basé sur un système décimal et des mesures empruntées au monde physique (par exemple le mètre est le millionième du quart de la circonférence de la Terre), ce système reste employé en France. Il a été adopté plus tard par tous les pays civilisés, sauf les pays de langue anglaise, qui gardent le système anglais, mais qui sont en train d'adopter petit à petit le système métrique eux aussi.

9. Les destructions de la Révolution. Le peuple détruit les statues et les monuments qui représentent la religion et la royauté.

9

Vie et littérature

La littérature proprement dite de cette période est bien moins intéressante que les remarquables *documents* qui racontent les événements incroyables et rapides de ces cinq ans si pleins de changements et de tragédies.

A Paris, sous la Terreur

Un Parisien, absent depuis un an et demi, retourne à Paris, dans l'espoir de trouver un de ses anciens amis qui lui doit de l'argent. Il trouve la ville bien changée: Les Parisiens sont en train de vivre la période de la Terreur.

Déjà, dans la diligence qui m'amenait vers Paris, j'avais entendu raconter des histoires effrayantes: des gens arrêtés dans la rue, mis en prison sans explication, condamnés à mort sans jugement, guillotinés le lendemain. Mais rien ne me préparait à ce que j'allais trouver dans la capitale.

Il n'était que huit heures du soir à notre arrivée, mais tout Paris était sombre. Pas de lumières dans les rues: le vide et le silence. Tous les magasins fermés, et personne dans ces rues que j'avais connues si animées. Fort inquiet, je me dirigeai vers la maison de mon ami. C'était un homme que je n'avais pas vu depuis un an et demi, mais je savais qu'il était devenu Jacobin (c'est-à-dire révolutionnaire), comme une sorte d'assurance, et qu'il pensait probablement plus à sa propre sécurité qu'à la destinée de ses anciens amis.

Quand je frappai à la porte, cela causa une panique dans la maison. C'était l'heure où le gouvernement révolutionnaire faisait les arrestations à domicile, et mon ami, tremblant, vint demander: «Qui est là?» Quand il vit que c'était moi, sa terreur redoubla. «Vous êtes supect, dit-il, absent de Paris depuis plus d'un an! Si on vous trouvait chez moi, je serais perdu!» Je le suppliai de m'aider à trouver un logement pour la nuit, mais il était visiblement terrifié d'être trouvé en ma compagnie.

Je compris vite que je ne trouverais pas de logement: Tout était fermé, personne n'ouvrait sa porte. Alors, je retournai finalement à la station de la diligence, où l'employé me dit: «Vous n'avez pas le droit d'être à Paris sans visa sur votre passeport. Il faut aller tout de suite au Comité Révolutionnaire pour obtenir un visa.» Comme c'était la nuit, et que le bureau du Comité était fermé, il me permit de rester assis sur une chaise dans un coin. Mais on voyait bien qu'il était nerveux de ma présence.

Dès sept heures du matin, je sortis. La vue de la lumière du soleil et des gens qui maintenant passaient dans les rues, calmèrent un peu mes nerfs, et soudain, je fus frappé par un curieux mélange de couleurs. Toutes les portes, et toutes les fenêtres portaient un drapeau tricolore. Quelques patriotes, plus républicains que leurs voisins, ou voulant le paraître, avaient un jour déployé un drapeau. Après cela, tout le monde était obligé de faire la même chose. Il était dangereux de paraître moins patriotique que les autres, et chacun déployait, lui aussi, son drapeau tricolore. On voyait aussi partout des inscriptions: «Unité, Indivisibilité, Liberté, Egalité, Fraternité, ou la mort.» Un étranger, arrivant à Paris, pouvait croire, en lisant ces mots «Fraternité, ou la mort» que «la mort» serait pour celui qui refuserait l'hospitalité «fraternelle.» Quelle hypocrisie! Et elle me rappelait la phrase de Rousseau: «On ne parle jamais tant de liberté que dans un pays où elle a cessé d'exister.»

Adapté de *Histoire de la Révolution par Deux Amis de la Liberté*.

L'exécution de Louis XVI

Ce récit est fait par Cléry, le valet de chambre de Louis XVI, qui est avec lui dans sa prison. Cléry apprend que le roi est condamné à mort. Malgré sa grande tristesse, il continue à servir le roi avec dévouement pendant ses dernières heures.

La reine, qui est emprisonnée dans une autre partie de la prison du Temple, a obtenu la permission de voir le roi pour la dernière fois.

A huit heures du soir, la Reine entra, tenant son fils par la main, accompagnée de sa fille et de Madame Elizabeth, sœur du Roi. Tous se jetèrent dans les bras du Roi, et, pendant plusieurs minutes, on n'entendit que le bruit de leurs sanglots. On voyait la silhouette des gardes derrière la porte vitrée. «Allons dans la salle-à-manger,» dit la Reine. «Non, dit le Roi, je n'ai pas le droit de quitter cette pièce.» La triste scène dura trois quarts d'heure, et à chaque phrase que leur disait le Roi, on voyait les princesses sangloter plus fort.

A dix heures moins le quart, le Roi se leva, et pour calmer les larmes de sa famille, il promit de les voir le lendemain matin avant de partir pour la guillotine. Mais c'était un pieux mensonge, je savais qu'il avait déjà décidé que c'était la dernière visite. Ces moments sont trop douloureux pour les vivre deux fois. . . .

Un peu plus tard, je préparai le dîner du roi. C'était difficile, car il n'avait pas le droit d'avoir une fourchette ou un couteau, seulement une cuillère. Je lui servis du poulet coupé en morceaux, et des légumes. Il mangea de bon appétit, et comme dessert, je lui apportai un biscuit et un petit verre de vin.

Le Roi passa ensuite un moment en prières dans son cabinet, avec son confesseur. Après s'être couché, il me dit: «Cléry, réveillez-moi à cinq heures.» Et il s'endormit profondément.

Juste avant cinq heures, j'allumais le feu, quand le Roi se réveilla. Il s'habilla, et je le vis prendre sa montre et la placer sur la cheminée. Puis, il prit la bague d'or qu'il avait au doigt, et la regarda, et la mit dans sa poche. Il prit ensuite plusieurs de ses objets personnels, ses lunettes, sa tabatière, et les plaça aussi sur la cheminée, sous les yeux des gardes.

Après avoir entendu la messe, à genoux dans son cabinet, le Roi prit mes mains et me dit: «Cléry, vous m'avez bien servi.» Je fus bouleversé d'émotion: «Ah, Sire, dis-je, je souhaite de pouvoir offrir ma vie à la place de la vôtre!» Il répondit: «Je n'ai point peur de la mort, mais j'ai un désir:

restez ici, pour vous occuper de mon fils.* Restez-lui dévoué comme à moi.» Les larmes m'aveuglaient. Je pris la main du roi et la baisai.

Paris était en armes depuis le petit jour. On entendait les tambours battre partout, le son des chevaux et des canons. Soudain le bruit augmenta. Les portes s'ouvrirent et un officier, accompagné de dix gendarmes entra. «Vous êtes venus me chercher? » L'officier répondit: «Oui.» Le Roi retourna à son cabinet, prit son testament, et demanda à un des gardes de le donner à la Reine. Le garde refusa rudement, avec des mots d'insultes. Alors, le Roi se tourna vers moi: «Pardonnez-moi, Cléry, dit-il, pour les moments où j'ai été impatient avec vous.» Et aux gardes: «Partons,» dit-il.

Je restai seul dans la pièce, immobile de douleur. Les tambours et les trompettes annoncèrent que Sa Majesté avait quitté la prison. Une heure plus tard, une salve d'artillerie et les cris de «Vive la Nation, Vive la République!» m'annoncèrent que le Roi, mon maître, n'était plus.

Adapté de Jean-Baptiste Cléry, *Journal des événements pendant la capitivité de Louis XVI.*

---

*Louis XVI's wish was not to be fulfilled. His son, who would have succeeded him as Louis XVII, was soon afterwards taken away from his mother, and kept a prisoner in another part of the prison. He may, or may not have died there a few months later. A great deal of mystery surrounds the event. In any case, he disappeared and was never found after the Revolution, although many impostors claimed, later, to be the lost Louis XVII.

Questions sur *Un peu d'histoire*

1. Quand commence, et quand finit, la Révolution? / **2.** Indiquez brièvement quels sont les événements, décrits dans le chapitre précédent, qui marquent le commencement de la Révolution. / **3.** Où étaient le roi et la famille royale pendant la Révolution? Pourquoi, quand et comment le roi a-t-il quitté Versailles? / **4.** Le roi, et la famille royale en fuite, sont arrêtés à Varennes, et ramenés à Paris. Pourquoi le roi voulait-il quitter la France? Où voulait-il aller? / **5.** Est-ce que la France était en guerre pendant la Révolution? Contre quel pays? Quelles sont les conséquences de cette situation pour la reine Marie-Antoinette? / **6.** Pourquoi Louis XVI est-il exécuté? / **7.** Quel était le moyen d'exécution pendant la Révolution? Emploie-t-on encore ce moyen en France? Qu'en pensez-vous? / **8.** Qui était Robespierre? De quoi était-il responsable? Comment est-il mort? / **9.** Qu'est-ce que les Révolutionnaires ont détruit pendant cette période? Pourquoi? / **10.** Quels sont les changements apportés à la vie et la culture françaises par la Révolution? Ces changements ont-ils duré? Pourquoi?

Sujet de discussion ou de composition

Le système métrique. Que savez-vous sur ce système? Quelle est son origine?
D'où vient le système employé aux Etats-Unis? Comparez ces deux systèmes.
Y a-t-il une tendance aujourd'hui à adopter ou à rejeter le système métrique?
Quels sont les avantages du système métrique?
Quels sont les problèmes à considérer si les Etats-Unis décident d'adopter le système métrique?

Questions sur *Vie et littérature*

A. *A Paris, sous la Terreur* (Histoire de la Révolution)

1. Comment ce voyageur trouve-t-il Paris changé, le soir de son arrivée? / **2.** Quelle réception lui fait
son ami quand il frappe à sa porte? Quelle est la cause de cette mauvaise réception? / **3.** Où finit-il
par passer la nuit? Dans quelles conditions? / **4.** Qu'est-ce qu'il remarque, le lendemain, dans les rues
de Paris? Comment explique-t-il tout ce patriotisme? A-t-il probablement raison? / **5.** Pensez-vous
que ce texte raconte une aventure authentique, ou qu'il est imaginaire? Pourquoi?

B. *L'exécution de Louis XVI* (Cléry, valet de Louis XVI)

1. Quels étaient les membres de la famille royale emprisonnés en même temps que Louis XVI? /
2. Racontez la dernière visite du roi avec sa famille. / **3.** Pourquoi le roi n'avait-il pas le droit d'avoir
un couteau et une fourchette pour son dernier repas? / **4.** Louis XVI a-t-il mangé son dernier dîner de
bon appétit? A-t-il bien dormi ensuite? Qu'est-ce que cela vous indique sur son caractère? / **5.** Quelles
étaient les dernières actions du roi avant de partir pour son exécution? / **6.** Est-ce que les gardes
étaient polis ou rudes avec le roi? Pourquoi? Comparez leur attitude avec celles qu'ils avaient quelques
années plus tôt, à Versailles, avec ce même roi. / **7.** Comment Cléry, resté dans la prison, a-t-il appris
la mort du roi? / **8.** Est-ce que le désir de Louis XVI, de voir Cléry rester avec son jeune fils, s'est
réalisé? Pourquoi?

Perfectionnez votre grammaire

Les verbes pronominaux

I. Le concept du verbe pronominal

je me lève	ils s'aiment
je me demande	nous nous disputons

Pour un verbe pronominal, l'objet est indiqué par un pronom: **me, te, se, nous, vous, se**. Il y a quatre catégories de verbes pronominaux que nous allons réviser dans cette leçon: les verbes **purement réfléchis, réciproques, à sens idiomatique** et **à sens passif**.

II. La conjugaison du verbe pronominal (exemple: **se demander**)

Présent		
Affirmatif	*Interrogatif*	*Négatif*
je me demande	Est-ce que je me demande? *	je ne me demande pas
tu te demandes	te demandes-tu?	tu ne te demandes pas
il se demande	se demande-t-il?	il ne se demande pas
nous nous demandons	nous demandons-nous?	nous ne nous demandons pas
vous vous demandez	vous demandez-vous?	vous ne vous demandez pas
ils se demandent	se demandent-ils?	ils ne se demandent pas

---

*La forme **Est-ce que**, généralement employée pour la première personne, est naturellement possible pour toutes les personnes de la conjugaison.

Affirmative	Interrogative	Négative
je me suis demandé	me suis-je demandé? *	je ne me suis pas demandé
tu t'es demandé	t'es-tu demandé?	tu ne t'es pas demandé
il s'est demandé	s'est-il demandé?	il ne s'est pas demandé
nous nous sommes demandé	nous sommes-nous demandé?	nous ne nous sommes pas demandé
vous vous êtes demandé	vous êtes-vous demandé?	vous ne vous êtes pas demandé
ils se sont demandé	se sont-ils demandé?	ils ne se sont pas demandé

L'impératif du verbe pronominal

EXEMPLE: **se lever**

affirmatif
{
lève-toi
levons-nous
levez-vous
}

négatif
{
ne te lève pas
ne nous levons pas
ne vous levez pas
}

III.   Remarques sur la construction et la forme du verbe pronominal

A.   Quand il y a deux verbes ensemble.

1.   Si le premier verbe ne prend pas de préposition, comme **aimer, penser, croire, espérer, vouloir**, etc. (Voir la liste de ces verbes, page 35.)

Aimez-vous vous lever à six heures du matin?
Non, **je n'aime pas me lever** à six heures du matin.

2.   Si le premier verbe prend une préposition, comme **oublier de**, ou **commencer par, finir par**. (Voir la liste des verbes qui prennent une préposition, page 35.)

Oubliez-vous de vous laver les mains?
Oui, **j'oublie** quelquefois **de me laver** les mains.

B.   A l'infinitif, le pronom change avec la personne.

L'infinitif avec **se** (**se lever, se depêcher, se demander**, etc.) est la forme générale, impersonnelle du verbe. Mais le pronom change avec la personne:

Je vais **me** lever.   Il va **se** lever.
Tu vas **te** lever.   Nous allons **nous** lever.
etc.   etc.

---

*La forme **Est-ce que** est naturellement possible pour toutes les personnes de la conjugaison au passé comme au présent.

IV. Les quatre catégories des verbes pronominaux

Il est beaucoup plus facile de comprendre le système des verbes pronominaux si on les divise en catégories qui correspondent à leur sens.

A. Les verbes purement réfléchis

Exemples: **se réveiller, se lever, se demander, s'habiller, se laver, se peigner, se mettre en route, se mettre à table, se reposer, s'ennuyer, s'amuser, s'installer, se dire, s'occuper, s'inquiéter**, etc.

Ce sont les verbes qui indiquent une action purement réfléchie sur le sujet:

Je **me lève** à sept heures.
Je **me regarde** dans le miroir.
Je **m'habille** vite.

B. Les verbes à sens réciproque

Exemples: **se rencontrer, s'aimer, se disputer, se brouiller, se réconcilier, se séparer**, etc.

Ce sont les verbes qui indiquent une action réciproque entre deux ou plusieurs personnes (ou objets):

Paul et Lise **se rencontrent** souvent.
Ce jeune homme et cette jeune fille **s'aiment**.
Ma sœur et moi **nous nous disputons** souvent. (Mais **nous** ne **nous brouillons** pas.)

C. Les verbes pronominaux à sens idiomatique

C'est une section très importante des verbes idiomatiques. Il y a beaucoup d'expressions en français qui emploient un verbe pronominal avec un sens idiomatique. Par exemple:

Mon frère **se fait** très bien à la vie d'étudiant d'université.

Vous voyez comment le verbe **faire** change de sens quand il est employé idiomatiquement comme **se faire** *(to get used to)*. C'est le cas pour beaucoup de verbes. En voilà quelques-uns:

s'en aller *(to go away)*

Et **je m'en vais**.
Au vent mauvais . . . . . (poème de Verlaine)

s'apercevoir (de quelque chose) *(to realize)*

Je me suis aperçu de la nécessité de parler français dans cette classe.

se conduire *(to behave)*

Nous espérons que **vous vous conduisez** bien, même quand personne ne vous regarde.

se passer *(to happen)*

Qu'est-ce qui **s'est passé** pendant mon absence?

se passer de *(to do without)*

Quand on n'a pas de voiture, **on s'en passe** et on prend l'autobus.

se rappeler et **se souvenir de** *(to remember)*

Je me rappelle mes souvenirs d'enfance avec plaisir.
Je me souviens de mes souvenirs d'enfance avec plaisir.

se rendre compte de *(to realize, meaning similar to that of s'apercevoir)*

Je me rends compte que j'ai besoin de faire des progrès.

D. Les verbes pronominaux à sens passif

Il est souvent possible en français, d'indiquer le passif par la forme pronominale. Par exemple:

Le français **se parle** au Canada.
Les légumes **se mangent** avec la viande.
Ce journal **se vend** partout.

On emploie aussi cette forme dans beaucoup d'expressions comme:

Ça se dit *(it is said, people say)*   **Ça s'entend** *(you can hear it)*
Ça se voit *(it shows)*   **Ça se fait** *(it is done)*

V. L'accord du participe passé d'un verbe pronominal

A. Lise s'est levée.
Paul s'est levé.

Le participe passé s'accorde avec le complément d'objet direct qui est généralement le pronom d'objet **me/te/se/nous/vous**.

B. Ils se sont parlé.   (parler **à**)
Elles se sont demandé.   (demander **à**)

Le pronom d'objet me/te/se/nous/vous, n'est pas toujours un complément d'objet direct. Il est parfois **indirect**. Dans ce cas, le participe passé reste invariable.

C. Elle s'est lavée.
Elle s'est lavé les mains.

Dans la phrase «Elle s'est lavée», le participe passé s'accorde avec le pronom **se** qui est un objet direct. Dans le deuxième exemple, **les mains** est objet direct, et «se» devient objet indirect. (Elle a lave quoi? Les mains. A qui? A elle —se—.)

Remarquez: Cette règle semble compliquée, mais c'est en réalité la même que celle que vous employez pour les participes passés employés avec **avoir**:

> J'ai achet**é** une revue.
> La revue que j'ai achet**ée** est intéressante.

Exercices

I. Révision rapide des formes du verbe pronominal.

Quelle est la forme du verbe?

A. Interrogatif

1. il se lève
2. vous vous dites
3. on se demande
4. nous nous amusons
5. il se dépêche
6. je m'ennuie
7. elles s'habillent
8. vous vous endormez
9. ils se réconcilient
10. tu te fâches

B. Négatif

11. tu t'amuses
12. je me réveille
13. il s'installe
14. nous nous taisons
15. vous vous lavez
16. on se repose
17. il s'en va
18. ils se rencontrent
19. vous vous aimez
20. on se parle

C. Passé composé

21. je me lave
22. il se rappelle
23. vous vous endormez
24. on se met à table
25. ils se mettent en colère
26. elle se lave les mains
27. tu te rends compte
28. elles se disputent
29. nous nous en apercevons
30. on se le dit

II. Mettez les passages suivants au passé.

A. Au style ordinaire du passé, passé composé et imparfait

Marie Antoinette *se demande* pourquoi, un jour, le peuple *se met* à crier sous son balcon. Elle ne *se rend* pas compte que ces gens *ont* faim, et qu'ils *se fâchent* parce que tant d'argent *est* dépensé stupidement à Versailles. Elle *se dit* que *c'est* une petite révolte, et que les choses *se calmeront* vite. Elle *se trompe*. Et elle *s'aperçoit* vite que la fin de la monarchie *s'approche* et que le monde *se transforme* pendant qu'elle *s'amuse* à Trianon.

B. Au style littéraire, passé littéraire et imparfait

Un Parisien, absent de Paris depuis un an, *se dit* un jour qu'il *a* besoin de retourner à Paris, car il *se trouve* sans argent. Il *se met* en route et *arrive* tard le soir. Il *s'aperçoit* que la ville *a* bien changé. Il *se dirige* vers la maison d'un ami, mais quand il *se rend* compte que cet homme *est* terrifié de sa présence, il *s'en va*, et *se demande* où il *va* passer la nuit. Enfin, il *s'en retourne* au bureau de la diligence et *se décide* à y passer la nuit.

III. Les verbes purement réfléchis

Voilà une liste de quelques-uns de ces verbes: **se laver, se mettre en route, se lever, se dépêcher, se demander, se plaindre, s'amuser, s'ennuyer, s'installer, se mettre à table, se réveiller, se dire, se reposer, se coucher.**

Employez chacun de ces verbes dans une phrase, et composez ainsi une petite composition au passé qui commence par: Ce matin, je . . . . .

Exemple: Ce matin, je me suis réveillé à six heures. Etc.

IV. Les verbes réciproques

Voilà une liste de quelques-uns de ces verbes: **se rencontrer par hasard, se plaire, se sourire, se revoir, se dire, se parler, se disputer, se séparer, se fiancer, se raconter, s'embrasser, se réconcilier.**

Composez, en employant tous ces verbes, chacun dans une phrase, une petite histoire d'amour. Ajoutez des détails intéressants. (Comment se sont-ils rencontrés? Pourquoi se sont-ils revus? Quand se sont-ils disputés? etc. . . . .) Employez aussi d'autres verbes quand ils seront nécessaires.

Exemple: Je vais vous raconter l'histoire de mon oncle et ma tante favoris. Ils *se sont rencontrés* par hasard, parce qu'il était agent de police et qu'elle conduisait très vite. Ils *se sont plu* tout de suite, et c'est difficile, quand on *se trouve* devant un agent qui donne un PV, et une jeune fille qui dit: «Zut!»   Etc.

V. Les verbes à sens idiomatique

s'en aller, s'apercevoir ou **se rendre compte, se rappeler** ou **se souvenir de, se conduire, se passer, se passer de**

Complétez chacune des phrases suivantes par un des verbes de la liste ci-dessus.

1. J'avais oublié votre adresse, mais . . . . . juste à temps.
2. Un enfant sage . . . . . toujours bien.
3. Mon dieu! Vous . . . . . de la gravité de la situation?
4. Je pars le 1er juillet, et je . . . . . en France.
5. Qu'est-ce qui s' . . . . . pendant mon absence?
6. Si on n'a pas de voiture, eh bien, on . . . . . et on va à pied.
7. Aimez-vous . . . . . vos souvenirs d'enfance?
8. Dès que j'ai fermé la porte, je . . . . . que j'avais oublié ma clé.
9. Je . . . . . plus facilement de pain que de chocolat. Et vous?
10. Vous . . . . . de la même façon quand vous êtes chez vous et quand vous êtes en public?

VI. Les verbes à sens passif

Donnez l'équivalent de la phrase avec un verbe pronominal à sens passif.

EXEMPLE: Ce journal est vendu à Paris.
             Ce journal se vend à Paris.

1. Le français est parlé en Afrique de l'Ouest.
2. On a joué ce film la semaine dernière à la télévision.
3. On joue encore souvent les disques des Beatles.
4. La bouillabaisse est faite avec beaucoup de poissons et du safran.
5. En France, on mange la salade après la viande.
6. On trouve les légumes congelés au supermarché.
7. On sert le vin blanc frais, et on sert le vin rouge à la température de la pièce.
8. En français, on ne dit pas «Bon matin».
9. La station de télévision Antenne II est vue et entendue dans toute la France.
10. On met les fleurs fraîches dans l'eau.

VII. A votre avis, dites-moi si . . . ?

Répondez en employant une des expressions suivantes, ou sa forme négative:

ça se voit, ça se sait, ça se dit, ça s'entend, ça se comprend, ça se vend, ça se fait

EXEMPLE: Je suis bien fatigué.
             Ça ne se voit pas du tout!

1. Cette dame que vous admirez a cinquante ans.
2. Je parle anglais, mais je suis né en France.
3. Pourquoi y a-t-il des horreurs dans les magasins?
4. Quand le professeur a corrigé la même faute dix fois il est . . . . . fatigué!
5. Pourquoi vous habillez-vous comme ça?
6. Pourquoi ne venez-vous pas en classe avec des gants et un chapeau?
7. Sait-on généralement que les politiciens ne sont pas sincères?
8. Il y a des avions qui passent au-dessus de cette maison toute la journée.
9. Pourquoi ne vous rasez-vous pas la tête?
10. Les voyageurs sont fatigués: Ils ont passé la nuit dans l'avion.

VIII. Formulez la question avec un verbe pronominal.

Formulez la question (ou une des questions possibles) qui correspond à la phrase donnée.

EXEMPLE: Oui, je me suis bien amusé.   *(hier soir)*
             Vous êtes-vous bien amusé hier soir?

1. On ne peut pas s'en passer.   *(de téléphone)*
2. Il s'est rendu compte.   *(de son erreur)*
3. Oui, je m'y suis fait sans difficulté.   *(au climat de la région)*
4. Oui, mon petit frère s'est bien conduit.   *(chez grand-mère)*
5. Non, je ne me la rappelle pas.   *(la date de la Révolution)*
6. Oui, je me suis mis au travail.   *(hier matin)*
7. Oui, mes parents se sont installés.   *(dans la nouvelle maison)*
8. Non, nous ne nous disputons jamais.   *(ma sœur et moi)*

IX. L'accord du participe passé d'un verbe pronominal (et d'autres verbes).

Faites l'accord du participe passé quand il est nécessaire.

EXEMPLE: Jacqueline s'est mis. *e*. en route à 8 heures.

1. Suzanne s'est réveillé . . . . . et elle s'est levé . . . . .

2. Vous êtes-vous bien reposé . . . . . , Mesdemoiselles, et avez-vous vu . . . . . le beau soleil dehors?

3. Mes amis et moi, nous nous sommes bien amusé . . . . . Il n'y avait pas de filles, alors Jacques et Louis se sont demandé . . . . . si les filles étaient absolument nécessaires.

4. Jacqueline et Monique s'en sont allé . . . . . toutes les deux à la plage. Elles se sont allongé . . . . . sur le sable et elles se sont dit . . . . . que c'était une bonne journée.

5. Anne-Marie s'est coiffé . . . . . pendant une heure. Puis, elle s'est regardé . . . . . dans le miroir, et elle s'est admiré . . . . .

6. Mon père et ma mère se sont rencontré . . . . . quand ils étaient étudiants. Ils se sont parlé . . . . . , ils se sont plu . . . . . , ils se sont marié . . . . . et ils se sont toujours très bien entendu . . . . .

X. Sujets de composition

1. Racontez comment deux personnes que vous connaissez bien se sont rencontrées. (Ce sont peut-être vos parents, ou un couple de votre famille ou de vos amis.) Racontez les circonstances, avec beaucoup de verbes réfléchis. (Employez aussi le discours indirect, les termes de cohérence, et les expressions de temps comme **il y a** et **depuis**.)

2. Votre meilleur ami (ou votre meilleure amie). Comment vous êtes-vous rencontrés? Racontez les circonstances, en suivant les instructions données pour le sujet #1.

3. Une journée idéale ou, au contraire, une journée complètement désastreuse. (Exemple: Je me suis levé trop tard, alors je me suis dépêché, mais . . . . .). Employez beaucoup de verbes pronominaux, le discours indirect, les termes de cohérence et les expressions de temps.

9 | Bavardez avec les Français

Le système métrique   (voyez page 300)

Informations culturelles. Tous les pays qui ne sont pas de langue anglaise emploient le système métrique. Il est probable que les Etats-Unis l'emploieront aussi un jour.

Au marché, ou dans un magasin

La vendeuse: Combien en voulez-vous?

— du lait, du vin, de l'eau minérale, etc.

Donnez-m'en 1 litre (ou: 1/2 litre, ou 1/4 de litre).

— des fruits, des légumes, de l'épicerie, etc.

Donnez-m'en   1 kilo (1 Kg).
1 livre (1 livre = 1/2 kilo).
1/2 livre, 1/4 de livre

— du tissu, du ruban, etc.

Donnez-m'en 1 mètre (ou: 1/2 mètre, ou 1/4 de mètre).

A la station d'essence

L'employé: Je vous en mets combien?

— Faites le plein.
— Mettez-m'en 5, 10, 15, 20, 40 litres.*

La distance et la vitesse

Un Français: Vous allez loin?

— Non, je ne vais qu'à 100 mètres.
— Non, je vais à 1 kilomètre 500 (1 km, 500).
— Oui, je vais à 10, 20, 100 kilomètres.

Combien faites-vous à l'heure?

— Je fais 4 km à l'heure (à pied).
— Je fais 100 km. à l'heure (en voiture).
— On fait 500 km. à l'heure (en avion).

La température en degrés centigrades

Fait-il froid?

— Oui, très froid. Il fait zéro degré.
— Non, pas très froid. Il fait 17 degrés.

Fait-il chaud?

Oui, très chaud. Il fait 37 degrés.

Avez-vous de la fièvre?

Non, ma température est normale: 37 degrés.

---

*Most French cars are rather small, and burn less gas than most American cars. Therefore, they have a smaller tank.

Divisez la classe en groupes de 2 (ou de plus de 2) personnes. Chaque personne du groupe prend un rôle, et chaque groupe prépare sa conversation.

1. *At the market.* *You* exchange greetings with the *saleslady*. You tell her you want some apples. "How much?" she asks. "Give me two pounds," you say. She asks if you need anything else: «Et avec ça?» You tell her you also want 3 lbs. cherries, 10 lbs. potatoes and 5 lbs. oranges. She asks you if you need anything else. You tell her that's all for today: «Non, merci, c'est tout pour aujourd'hui.»

2. *At the store.* Same situation, *you* and the *saleslady*. You want 2 lbs. sugar, ½ lb. butter, and ¼ lb. candy. "Is that all?" You say: "Give me also 2 lbs. coffee."

3. *In a department store.* Same situation, *you* and the *saleslady*. You want 3 yds. of blue material, 2½ yds. of red material, 5 yds. red ribbon. When the saleslady asks you if there is anything else, you say: "Oh, yes, give me ½ a yard of black ribbon."

4. *At the gas station.* You are putting gas in your car. You tell the attendant: "Fill it up." He tells you he has put in 6 gallons. Ask him if you have enough to go to Chartres, which is 40 miles from there. Imagine his answer.

5. *The temperature.* You call a friend: Is it cold outside today? What is the temperature? "It is 30 degrees," he tells you. Continue the conversation: Do you think it is: hot? cold? Discuss what you are going to wear in that temperature.

6. You discuss the extremes of temperature in the U.S. with some French friends. (What would happen if you forgot to reduce the Fahrenheit degrees into centigrades, and told them that in some parts of your state the temperature reaches 110 degrees? Would they believe you? Why?) Imagine an interesting, perhaps amusing, conversation involving someone who forgets to reduce the degrees.

7. Each group will invent and prepare a conversation using as many as possible of the metric system elements learned in this lesson.

Note: Remember that, for practical purposes, and when complete accuracy is not necessary, the rough equivalents are:

1 lb.	=	1 livre
2 lbs.	=	1 kilo
1 qt.	=	1 litre
1 gal.	=	4 litres

1 mile = 8/5 kilomètre

And remember that, in the centigrade thermometer, 37^0 is normal body temperature, which is 98.6^0 in Fahrenheit.

Un peu d'histoire
Napoléon

Un jeune inconnu venu de Corse

L'histoire de Napoléon est un de ces exemples où la vérité dépasse la fiction. C'était un jeune homme pauvre, petit, maigre, qui parlait français avec un accent italien. (Il était né en Corse en 1769 et la Corse venait juste de devenir française à sa naissance.) Comment est-il devenu Empereur des Français, puis conquérant de l'Europe, juste au lendemain de la Révolution?

Napoleone Buonaparte (c'est un nom italien; plus tard, en France, on l'appellera Napoléon Bonaparte) est envoyé à l'école militaire de Brienne quand il a neuf ans. Les autres enfants se moquent de son nom étranger et de son accent. Qui pourrait deviner ce que l'avenir lui réserve?

Jeune officier, au moment de la Révolution, il se distingue dans la campagne d'Italie, où les habitants de Milan acclament l'armée de la jeune République française. C'est le commencement de sa popularité. Puis, il conduit les troupes en Egypte, et très habilement, transforme dans ses communiqués les défaites en victoires. De retour en France, il devient un des chefs du gouvernement qui a suivi la Révolution, puis son seul chef. Mais il a d'autres ambitions.

1. Napoléon au commencement de sa carrière.   2. La maison natale de Napoléon à Ajaccio en Corse.

2

Empereur des Français en 1804

Environ mille ans après Charlemagne, devenu Empereur en 800 (v. p. 41) Napoléon se déclare Empereur des Français. Il oblige le Pape, qui le déteste, à venir à Paris pour le couronner. Là, dans une cérémonie splendide, le petit général corse est couronné Napoléon 1er, et sa femme, Joséphine, une belle créole de la Martinique, est couronnée Impératrice. Au moment où le Pape va placer la couronne impériale sur la tête du nouvel empereur, celui-ci la prend et la place lui-même sur sa tête, pour indiquer qu'il ne doit son titre à personne. Dix ans seulement se sont passés depuis la Révolution, dont le but était de débarrasser la France de sa monarchie, et voilà un empereur sur le trône! Il va donner à la France un gouvernement bien plus autocratique que celui de Louis XVI.

L'œuvre de Napoléon en France

Napoléon est un excellent administrateur, et il va prendre des mesures qui permettront de moderniser la France, en ce début du XIXe siècle. C'est aussi un excellent psychologue, qui connaît bien la nature humaine. Il a compris que les gens sont fatigués de l'égalité forcée de la République. Il restaure la splendeur de la cour, dans son Palais des Tuileries. Il crée une nouvelle aristocratie, et donne des

3. Le couronnement de l'Empereur Napoléon Premier, à Notre-Dame.

4. Portrait de l'Impératrice Joséphine par Gérard.

5. Un "napoléon", pièce d'or du règne de Napoléon.

6. La célèbre "Madame Sans-Gêne", femme du Maréchal Lefèvre. Quelques mois plus tôt, c'était une blanchisseuse de Paris.

titres de duc, prince, à ses généraux. Leurs femmes, qui, un an plus tôt, étaient peut-être blanchisseuses ou marchandes de légumes, sont duchesses et princesses, couvertes de bijoux, en costume richement brodé. On raconte que la mère de Napoléon, regardant passer le cortège impérial, disait avec ferveur: «Pourvu que ça dure!»

Plus importantes, et plus durables, sont les innovations de Napoléon dans d'autres domaines:

Il a donné à la France un code civil, le *Code Napoléon*, basé sur le droit romain, employé aujourd'hui en France, en Belgique, en Louisiane, et au Mexique.

Il a divisé le pays en *départements* qui remplacent les anciennes provinces. Il y a aujourd'hui 95 départements, nommés d'après une caractéristique géographique de leur région: rivière, montagne, etc.: la Marne, la Haute-Marne, les Alpes, les Alpes-Maritimes, etc. Toute l'administration est centralisée à Paris.

Il a organisé les universités, créé les *lycées*, ou écoles secondaires qui existent aujourd'hui.

Il a fondé l'*Ordre National de la Légion d'Honneur* qui récompense les services rendus à l'état. La Légion d'Honneur est indiquée par un ruban rouge à la boutonnière.

7. Soldats de l'armée de Napoléon.

8. Soldat revenant d'une des campagnes de Napoléon.

9. Napoléon à la tête de ses troupes.

Les guerres de Napoléon

Malheureusement, Napoléon qui est arrivé au pouvoir par ses succès militaires, va s'y maintenir par des guerres constantes. Dans les dix années de son règne, il lutte contre toutes les puissances d'Europe et gagne des territoires immenses. Il fait une guerre cruelle en Espagne* et réussit à placer son frère sur le trône espagnol. Enfin, sa force s'affaiblit. L'Angleterre fait un «blocus continental» contre la France et reste l'ennemie jamais battue de Napoléon.

Le commencement de la fin: La désastreuse campagne de Russie

Napoléon décide d'attaquer la Russie. Ses troupes, la Grande-Armée, marchent à travers l'Europe. Mais la Russie est protégée par son immensité, son hiver glacial où un froid inhumain rend toute manœuvre militaire impossible.

La Grande Armée avance et rencontre peu de résistance. Où est l'armée russe? L'armée française traverse villes et villages déserts. Où est la population? Enfin, juste au commencement de l'hiver, elle arrive devant Moscou, voit les clochers dorés de la ville briller au soleil. Mais Moscou est vide, vide

---

*The term *guerrilla* (little war, in Spanish), meaning here "war of popular resistance" originated then, in the resistance of the Spanish people against the government imposed to them by Napoleon.

10. La passage de la Bérésina, pendant la désastreuse retraite de Russie.

de ses habitants et de ses provisions. Et le lendemain, la ville entière éclate en flammes. Les Russes ont emporté toutes les provisions, vidé les maisons. Maintenant, invisibles, ils brûlent la ville. Que peut faire l'armée française? Le terrible hiver russe commence. Continuer à marcher vers l'immensité glacée de la Sibérie? C'est le suicide. Alors, Napoléon donne l'ordre de la retraite, et poursuivie par les troupes russes, sans provisions, sans équipement, à demi-morte de faim et de froid, l'armée retourne en France. Ce qui reste de l'armée y retourne, car la plupart des soldats sont morts dans cette horrible retraite.

Napoléon est vaincu. L'Europe entière est contre lui, son armée est détruite, Paris est occupé.* Les vainqueurs décident d'exiler l'Empereur. Il est envoyé à l'Ile d'Elbe, pas loin de sa Corse natale. Mais il n'y reste pas longtemps.

---

*From this occupation dates the word *bistro* (or *bistrot*), a little cafe. The Russian soldiers occupying Paris were forbidden to drink, but would often sneak into some little cafe asking for a drink and saying: "Bistro, bistro" (in Russian, "quick"), for fear the patrol would catch them. Hopeful cafe owners took to writing the word "Bistro" on their window thinking that was the Russian word for a cafe.

11. La défaite de Waterloo.   12. Napoléon en exil à l'île de Sainte-Hélène.

Les Cent-Jours et Waterloo

Pendant qu'il est à l'Ile d'Elbe, Napoléon prépare son retour en France. Quand il débarque, le peuple, qui, un an plus tôt, demandait sa mort, l'acclame (les gens sont souvent difficiles à comprendre) et les troupes du nouveau gouvernement se joignent à lui. Il arrive à Paris en triomphe, mais ses vieux ennemis l'attendent. Enfin, il est battu à Waterloo (1815) et cette fois c'est la fin de l'aventure napoléonienne.

L'exil, la mort et la légende

Les Anglais envoient cette fois Napoléon à Sainte-Hélène, petite île isolée dans l'Atlantique. Il lui sera impossible de s'échapper, et c'est là que le tyran (disent les Anglais), ou le héros (disent les Français), finit ses jours.

Napoléon a laissé la France occupée, battue, après des guerres où des centaines de milliers d'hommes sont tués . . . Et pourtant, il a donné à la France des années de gloire qu'elle n'oublie pas, et quand, vingt ans après sa mort, ses cendres sont rapportées en France, les Français leur font une réception enthousiaste. On peut visiter la tombe de Napoléon aux Invalides, à Paris. Un des visiteurs célèbres à cette tombe, fut Hitler, qui a contemplé le tombeau, peu de temps avant sa propre campagne de Russie, qui devait finir de façon semblable à celle de Napoléon.

Vie et littérature

Le règne de Napoléon correspond, en littérature, à la période pré-romantique. Le plus grand nom est celui de *Chateaubriand*. Un peu plus jeune que Chateaubriand, mais associé lui aussi au mouvement pré-romantique, *Lamartine* donne à ce siècle qui commence des lignes poétiques inoubliables.

On associe souvent aussi cette période au nom de *Victor Hugo*. En réalité, Victor Hugo est né en 1802, et il était trop jeune pour écrire pendant la période de Napoléon. Mais il a tant écrit, un peu plus tard, *au sujet* de Napoléon, et des années de gloire — et de défaite — de son armée, qu'il est impossible de parler de Napoléon sans citer Victor Hugo.

Victor Hugo (1802–1885)

Victor Hugo est le plus connu des poètes du XIXe siècle, peut-être même de toute la littérature française. Sa vie domine tout le siècle, et sa voix est entendue dans tous les domaines: poésie lyrique, polémique, politique, théâtre, roman. Son père était un officier de l'armée de Napoléon, et Victor Hugo admire Napoléon Ier.

Le Retour de Russie

La Grande Armée, vaincue, décimée, revient de Moscou. C'est la retraite de Russie, pendant ce terrible hiver qui restera célèbre.

Il neigeait.
    On était vaincu par sa conquête.
Pour la première fois, l'aigle baissait la tête.
Sombres jours! L'empereur revenait lentement,
Laissant derrière lui brûler Moscou fumant.
Il neigeait.
    L'âpre hiver fondait en avalanche.
Après la plaine blanche, une autre plaine blanche.
On ne connaissait plus les chefs, ni le drapeau.
Hier, la Grande Armée, et maintenant, troupeau.
On ne distinguait plus les ailes, ni le centre.
Il neigeait.
    Des blessés s'abritaient dans le ventre
Des chevaux morts. Au seuil des bivouacs désolés
On voyait des clairons, à leur poste gelés,
Restés debout, en selle, et muets, blancs de givre
Collant leur bouche en pierre aux trompettes de cuivre.

Boulets, mitraille, obus, mêlés aux flocons blancs
Pleuvaient. Les grenadiers, surpris d'être tremblants
Marchaient, pensifs, la glace à leur moustache grise.
Il neigeait, il neigeait toujours.
                                    La froide bise
Sifflait. Sur le verglas, dans des lieux inconnus
On n'avait pas de pain, et l'on allait pieds nus.
Ce n'était plus des cœurs vivants, des gens de guerre,
C'était un rêve errant dans la brume, un mystère,
Une procession d'ombres sous le ciel noir.

Les Châtiments

Chateaubriand (1768—1848)

Dans les *Mémoires d'Outre-Tombe* (ainsi nommées, parce que l'ouvrage devait être publié seulement après sa mort), Chateaubriand raconte ses souvenirs d'enfance, dans le grand, sombre et froid château de Combourg, en Bretagne.

Vous trouverez dans cette page le sentiment de la solitude au milieu de sa famille, et vous verrez comment l'art de Chateaubriand transforme cette petite scène de la vie réelle en un drame plein de mystère.

Les soirées à Combourg

A huit heures, la cloche annonçait l'heure du dîner. Après le repas, dans les beaux jours d'été, on s'asseyait sur le perron. Mon père, armé de son fusil, tirait sur les chouettes qui sortaient à l'arrivée de la nuit. Ma mère, ma sœur Lucile et moi, nous regardions le ciel, les bois, les derniers rayons du soleil, les premières étoiles. A dix heures, on rentrait, et on se couchait.

Les soirées d'automne et d'hiver étaient d'une autre nature. Le dîner fini, et les quatre membres de la famille revenus de la table à la cheminée, ma mère s'asseyait, en soupirant, sur un petit divan. On mettait devant elle une petite table ronde, avec une bougie. Je m'asseyais auprès du feu avec Lucile. Les domestiques enlevaient le couvert et sortaient. Mon père commençait alors une promenade qui ne cessait qu'à l'heure de son coucher. Il portait une longue robe de chambre de laine blanche, d'une sorte que je n'ai jamais vue sur personne d'autre. Sa tête, demi-chauve, était couverte d'un grand bonnet blanc, qui se tenait tout droit. Lorsqu'en se promenant il s'éloignait du foyer, la vaste salle était si peu éclairée par une seule bougie, qu'on ne le voyait plus. On l'entendait seulement encore marcher dans l'obscurité. Puis, il revenait lentement vers la lumière et émergeait peu à peu de l'obscurité comme un spectre, avec sa robe blanche, son bonnet blanc, sa longue figure pâle.

Lucile et moi, nous parlions un peu, à voix basse, quand il était à l'autre bout de la pièce. Nous ne disions rien quand il était près de nous. Il nous disait, en passant: «De quoi parliez-vous? »

Terrifiés, nous ne répondions pas. Il continuait sa marche. Le reste de la soirée, on entendait seulement le bruit mesuré de ses pas, les soupirs de ma mère, et le murmure du vent.

Dix heures sonnaient à l'horloge du château. Alors mon père s'arrêtait. La même force, qui avait fait sonner l'horloge, semblait avoir arrêté sa marche. Il regardait sa montre, la remontait, prenait un candélabre d'argent surmonté d'une grande bougie, entrait un moment dans la petite tour de l'ouest pour ses prières. Puis, il revenait, son candélabre à la main. Il allait alors vers sa chambre, à l'autre extrémité du château. Lucile et moi, nous étions debout sur son passage, immobiles et pétrifiés. Nous l'embrassions, et nous lui souhaitions une bonne nuit. Il penchait vers nous sa joue sèche et creuse sans nous répondre, continuait sa route, et nous entendions les portes se refermer sur lui. . . .

Adapté de Chateaubriand, *Mémoires d'Outre-Tombe*, 1, III

Lamartine

Tout le monde, en France, connaît le magnifique poème *Le Lac*, de Lamartine. Il est lu, récité, mis en musique et chanté. Chaque génération y trouve un reflet de ses propres émotions.

Le Lac

Lamartine a rencontré, au bord de ce lac, une jeune femme dont il tombe follement amoureux. Il promet de revenir l'année prochaine, et de la retrouver au bord de ce lac, témoin de leur premier amour. Hélas! Il est seul au rendez-vous: Son amie est morte pendant l'année, et il vient seul s'asseoir au bord du lac. Il se souvient qu'elle avait demandé, au temps de s'arrêter, quand ils étaient heureux.

> O lac, l'année à peine a fini sa carrière
> Et près des flots chéris qu'elle devait revoir,
> Regarde! Je viens seul m'asseoir sur cette pierre
> Où tu la vis s'asseoir!
>
> Un soir — t'en souvient-il? — nous voguions en silence;
> On n'entendait, au loin, sur l'onde et sous les cieux
> Que le bruit des rameurs qui frappaient en cadence
> Tes flots harmonieux.

«Oh temps, suspends ton vol! Et vous, heures propices,*
    Suspendez votre cours!
Laissez-nous savourer les rapides délices
    Des plus beaux de nos jours!

Mais je demande en vain quelques moments encore,
    Le temps m'échappe et fuit;
Je dis à cette nuit: «Sois plus lente»; et l'aurore
    Va dissiper la nuit.

Aimons donc, aimons donc! De l'heure fugitive,
    Hâtons-nous, jouissons!
L'homme n'a point de port, le temps n'a point de rive
    Il coule, et nous passons!»

O lac, rochers muets, grottes, forêts obscures
Vous que le temps épargne et qu'il peut rajeunir,
Gardez de cette nuit, gardez, belle nature,
    Au moins le souvenir!

Que le vent qui gémit, le roseau qui soupire,
Que les parfums légers de ton air embaumé,
Que tout ce qu'on entend, l'on voit ou l'on respire,
    Tout dise: «Ils ont aimé!»

Abrégé de Lamartine, *Méditations poétiques*, XIV

---

*This, and the following two stanzas, represent the words spoken by the lovers at the time of their last meeting.

Questions sur *Un peu d'histoire*

1. Que saviez-vous de Napoléon avant de lire ce chapitre? / **2.** Napoléon est né en Corse. Où est la Corse? Qu'est-ce que c'est? Quelle langue y parlait-on quand Napoléon était enfant? Pourquoi? / **3.** Comment Napoléon a-t-il commencé sa carrière? / **4.** Comment est-il devenu Empereur? (Donnez la date.) Quel autre empereur a été couronné mille ans plus tôt? / **5.** Est-ce que Napoléon a fait uniquement: Des bonnes choses? Des mauvaises choses pour la France? Donnez des exemples des bonnes et des mauvaises, *à votre avis*. / **6.** Quelle est l'origine du terme *guerrilla*? / **7.** Qu'est-ce que c'est que la Retraite de Russie? Est-ce un souvenir heureux ou horrible de l'histoire de France? Pourquoi? / **8.** Qu'est-ce qu'on appelle les *Cent Jours*? / **9.** Quelle est la dernière bataille de Napoléon? Est-ce une victoire, ou une défaite? / **10.** Comment, et où, Napoléon a-t-il fini sa vie? / **11.** Qui, dans l'histoire moderne, a aussi fait une campagne de Russie, avec des conséquences désastreuses? / **12.** Pourquoi, à votre avis, les Français ont-ils fait une réception enthousiaste aux cendres de Napoléon? Qu'est-ce que cela indique sur la psychologie humaine?

Sujet de discussion ou de composition

Napoléon. Son nom est devenu légendaire. Dans quel sens l'emploie-t-on aujourd'hui? (*"He thinks he is a little Napoleon," "to have a Napoleon complex,"* etc.) Expliquez.

Pourquoi, à votre avis, la France qui venait de finir une terrible Révolution, a-t-elle accepté ce dictateur militaire? Y a-t-il un certain parallèle entre Napoléon et Hitler? Expliquez.

Questions sur *Vie et littérature*

A. *Le Retour de Russie* (Victor Hugo)

1. De quel événement historique parle ce poème? Quelle est sa date approximative? / **2.** Chaque ligne de ce poème a douze syllabes (treize quand la dernière syllabe est muette, c'est-à-dire se termine par un **e** muet). Trouvez ces douze syllabes et indiquez-les pour chacun des dix premiers vers. / **3.** Par quel procédé poétique Victor Hugo insiste-t-il sur l'idée que la neige tombait continuellement? / **4.** Indiquez tous les mots, dans ce poème, qui indiquent le froid. Indiquez aussi tous les mots qui indiquent la souffrance ou la désolation. / **5.** Quelles sont les images employées dans ce poème? (Par exemple: «l'aigle baissait la tête» est une image qui indique l'humiliation et la défaite de Napoléon.) / **6.** Quelle est l'impression générale causée par ce poème?

B. *Les Soirées à Combourg* (Chateaubriand)

1. Cherchez dans la section en couleur, *Voyage en France,* la photo du château de Combourg. Vous donne-t-il l'impression d'une maison confortable? Le contraire? Qu'en pensez-vous? / **2.** Comment se passaient les soirées d'été à Combourg? En quelle saison pensez-vous que la photo en couleurs de Combourg est prise? Comment la scène est-elle différente en hiver? / **3.** Quels étaient les membres de la famille du jeune Chateaubriand à Combourg? Quels étaient leurs rapports (amitié? peur? etc.)? / **4.** Quelles étaient les seules sources de lumière dans cette grande salle? Quel était le costume du père, et pourquoi semble-t-il dramatique et mystérieux? / **5.** Comment se terminait la soirée? Est-ce que cela semble naturel, pour une soirée en famille, ou au contraire, mystérieux et terrifiant? Comparez cette scène aux soirées dans votre famille. Quelles sont les différences?

C. *Le Lac* (Lamartine)

1. Quelle est l'aventure réelle de sa vie qui a inspiré Lamartine à écrire *Le Lac*? / **2.** Comptez les syllabes de chaque ligne des 4 vers de la première strophe. Combien de syllabes y a-t-il? Est-ce que tous les vers ont le même nombre de syllabes? / **3.** Comparez le nombre de syllabes des vers de la strophe 1, à celui des vers de la strophe 3. Quelles sont les différences? Qu'est-ce que ces différences veulent indiquer? / **4.** Les poètes romantiques parlent souvent à la Nature. Est-ce le cas dans ce poème? A qui parle le poète? A qui parlent les amoureux dans les strophes 3, 4, et 5? / **5.** Qu'est-ce que le poète demande au lac? Et qu'est-ce que les amoureux demandent au temps? / **6.** Quelles sont les émotions principales exprimées dans *Le Lac*? Est-ce que ce sont des émotions propres à Lamartine, ou au contraire des émotions que tout le monde connaît un jour ou l'autre? Expliquez.

Perfectionnez votre grammaire

Le subjonctif

Le subjonctif est un **mode**.* C'est le mode que prend le verbe quand il est précédé de certaines expressions subjectives.

I. Les formes du subjonctif.

A. Les neuf subjonctifs irréguliers

Il y a neuf verbes qui ont un subjonctif irrégulier. Ce sont:

être:	**que je sois**	faire:	**que je fasse**	savoir:	**que je sache**
avoir:	**que j'aie**	falloir:	**qu'il faille**	valoir:	**qu'il vaille**
aller:	**que j'aille**	pouvoir:	**que je puisse**	vouloir:	**que je veuille**

La conjugaison de ces verbes au subjonctif

	être		avoir		aller		vouloir
que	je sois	j'	aie	j'	aille	je	veuille
que	tu sois	tu	aies	tu	ailles	tu	veuilles
qu'	il soit	il	ait	il	aille	il	veuille
que	nous soyons	nous	ayons	nous	**allions**	nous	**voulions**
que	vous soyez	vous	ayez	vous	**alliez**	vous	**vouliez**
qu'	ils soient	ils	aient	ils	aillent	ils	veuillent

Remarquez: L'irrégularité de la racine pour la forme **nous** et **vous** des verbes **aller** et **vouloir** qui correspond à celles du présent de l'indicatif.

	faire		pouvoir		savoir		
que	je fasse	je	puisse	je	sache		
que	tu fasses	tu	puisses	tu	saches	**falloir:**	qu'il faille
qu'	il fasse	il	puisse	il	sache		
que	nous fassions	nous	puissions	nous	sachions	**valoir:**	qu'il vaille
que	vous fassiez	vous	puissiez	vous	sachiez		(surtout employé
qu'	ils fassent	ils	puissent	ils	sachent		dans l'expression:
							il vaut mieux.)

---

*Les **modes** sont: l'indicatif, le conditionnel, l'impératif, le subjonctif. Chaque mode a ses **temps**: présent, passé, et futur pour certains.

II. Le subjonctif régulier

A. Les terminaisons du subjonctif.

Tous les verbes, à l'exception de **être** et **avoir**, ont les mêmes terminaisons au subjonctif:

que je	. . . .	**—e**	que nous	. . . .	**—ions**
que tu	. . . .	**—es**	que vous	. . . .	**—iez**
qu'il	. . . .	**—e**	qu'ils	. . . .	**—ent**

B. La racine du subjonctif.

Tous les verbes, à l'exception des neuf que nous avons vus forment leur subjonctif sur la 3ème personne du pluriel du présent indicatif.

EXEMPLE:

Verbes réguliers:

regarder:	ils regard~~ent~~	que	je regard**e**
réfléchir:	ils réfléchiss~~ent~~	que	je réfléchiss**e**
attendre:	ils attend~~ent~~	que	j'attend**e**

Verbes irréguliers:

boire:	ils boiv~~ent~~	que je boiv**e**	**mettre:**	ils mett~~ent~~	que je mett**e**
devoir:	ils doiv~~ent~~	que je doiv**e**	**prendre:**	ils prenn~~ent~~	que je prenn**e**
dire:	ils dis~~ent~~	que je dis**e**	**tenir:**	ils tienn~~ent~~	que je tienn**e**
écrire:	ils écriv~~ent~~	que j'écriv**e**	**venir:**	ils vienn~~ent~~	que je vienn**e**

---

1. Conjugaison des verbes réguliers des trois groupes

	regarder	**réfléchir**	**attendre**
que	je regarde	je réfléchisse	j' attende
que	tu regardes	tu réfléchisses	tu attendes
qu'	il regarde	il réfléchisse	il attende
que	nous regardions	nous réfléchissions	nous attendions
que	vous regardiez	vous réfléchissiez	vous attendiez
qu'	ils regardent	ils réfléchissent	ils attendent

---

2. Conjugaison des verbes irréguliers avec changement de racine

	boire		devoir		prendre		tenir		venir
que	je	boive	je	doive	je	prenne	je	tienne	je	vienne
que	tu	boives	tu	doives	tu	prennes	tu	tiennes	tu	viennes
qu'	il	boive	il	doive	il	prenne	il	tienne	il	vienne
que	nous	**buv**ions	nous	**dev**ions	nous	**pren**ions	nous	**ten**ions	nous	**ven**ions
que	vous	**buv**iez	vous	**dev**iez	vous	**pren**iez	vous	**ten**iez	vous	**ven**iez
qu'	ils	boivent	ils	doivent	ils	prennent	ils	tiennent	ils	viennent

Remarquez: Ces verbes ont une irrégularité pour les formes **nous** et **vous** qui correspond à celle qu'ils ont au présent indicatif.

3. Conjugaison du subjonctif des verbes irréguliers sans changement de racine

	dire		écrire		mettre	
que	je	dise	j'	écrive	je	mette
que	tu	dises	tu	écrives	tu	mettes
qu'	il	dise	il	écrive	il	mette
que	nous	disions	nous	écrivions	nous	mettions
que	vous	disiez	vous	écriviez	vous	mettiez
qu'	ils	disent	ils	écrivent	ils	mettent

III. Remarques générales sur le subjonctif.

A. Comparaison du subjonctif et de l'imparfait

La forme **nous** et **vous** de tous les verbes au subjonctif (excepté celle des neuf verbes que nous avons déjà étudiés) est la même que pour l'imparfait.

B. Verbes qui ont un **i** dans la racine, comme **rire, étudier, oublier.**

Pour ces verbes, il y a deux **i** aux formes **nous** et **vous** du subjonctif et de l'imparfait.

Exemple: **oublier**

	Présent		Imparfait			Subjonctif
j'	oublie	j'	oubliais	que	j'	oublie
tu	oublies	tu	oubliais	que	tu	oublies
il	oublie	il	oubliait	qu'	il	oublie
nous	oublions	nous	oubliions	que	nous	oubliions
vous	oubliez	vous	oubliiez	que	vous	oubliiez
ils	oublient	ils	oubliaient	qu'	ils	oublient

C. Verbes qui ont un **y** pour leur forme **nous** et **vous.**

Pour ces verbes, il y a un **y** et un **i** pour les formes **nous** et **vous**, à l'imparfait et au passé composé.

Exemple: **croire**

	Présent		Imparfait			Subjonctif
je	crois	je	croyais	que	je	croie
tu	crois	tu	croyais	que	tu	croies
il	croit	il	croyait	qu'	il	croie
nous	croyons	nous	croyions	que	nous	croyions
vous	croyez	vous	croyiez	que	vous	croyiez
ils	croient	ils	croyaient	qu'	ils	croient

IV. Les usages du subjonctif

A. Après **il faut** et les autres expressions de nécessité, possibilité, doute, émotion, désir ou volonté

Exemples:

nécessité

Il faut que je **fasse** mon lit tous les matins.
Il est indispensable que vous **sachiez** le subjonctif.

possibilité

Il est possible que je **finisse** mon travail ce soir.
Il est impossible que vous **fassiez** des fautes élémentaires.

doute

> Il n'est pas certain que je **parte** demain.
> Je doute que vous **puissiez** finir à temps.

émotion

> Nous sommes heureux que vous **soyez** nos amis.
> Elle est enchantée que sa famille **soit** là.
> J'ai hâte que vous **entendiez** cette histoire.
> Je me réjouis que vous **soyez** en bonne santé.

désir ou **volonté**

> Je veux (je voudrais) que vous **sachiez** ça.
> C'est mon désir que vous **restiez** ici.
> Je souhaite que vous **fassiez** un bon voyage.

Remarquez: On n'emploie pas le subjonctif après une expression de certitude, comme **il est certain**:

> Il est certain qu'une guerre est toujours un désastre.

On n'emploie pas le subjonctif après les verbes **penser, croire, espérer, trouver** quand ils sont à la forme affirmative. (Mais on peut l'employer quand ils sont interrogatifs ou négatifs.)

> **Je crois** que Paul **est** malade.

Mais:

> **Croyez-vous** que Paul **soit** malade?   Non, **je ne crois pas** qu'il **soit** malade.

B.   Après certaines locutions conjonctives comme:

pour que, afin que de sorte que	*(so that)*	bien que quoique	*(although)*
avant que	*(before)*	à moins que	*(unless)*
de peur que	*(for fear that)*	jusqu'à ce que	*(until)*

Exemples: On vous explique **pour que** vous compreniez.
>   Je voudrais le voir **avant qu'**il parte.
>   **Bien que** vous soyez américain, vous parlez bien français.
>   J'attendrai, **à moins que** vous téléphoniez.
>   Restez **jusqu'à ce que** l'avion arrive.

C. Remarque importante sur les usages du subjonctif

Examinez les phrases suivantes:

Pas de changement de sujet   *Avec changement de sujet*

Je suis content **d'être** ici. ——————— Je suis content **que vous soyez** ici.
Je voudrais **rester** longtemps.——————— Je voudrais **que vous restiez** longtemps.

Voilà un franc pour téléphoner.——————— Voilà un franc pour **que vous téléphoniez**.
Venez me voir avant de **partir**.——————— Venez me voir avant **que je parte**.

Vous remarquez qu'on emploie le subjonctif dans les cas énumérés dans A et B,
seulement s'il y a un changement de sujet entre les deux propositions *(clauses)*. Si les
deux verbes ont le même sujet, il n'y a pas de subjonctif, et le deuxième verbe est infinitif.

D. Le subjonctif après **qui que** *(whoever)*, **quoi que** *(whatever)*, **où que** *(wherever)*

Qui que vous soyez, il faut obéir aux lois de votre pays.
Ou qu'on aille, on trouve que les gens se ressemblent.
Quoi que je fasse, je ne fais pas d'économies.

E. Le subjonctif (facultatif) après le superlatif ou une expression limitative comme
premier, dernier, seul, unique, rien, personne, et ne . . . que

Vous êtes peut-être **le meilleur** ami que **j'aie**.
Vous êtes certainement **le meilleur** ami que **j'ai**.

On emploie le subjonctif après un superlatif ou une des expressions indiquées quand il y a
une idée de doute, de possibilité. Mais quand il y a une idée de certitude, on emploie
l'indicatif.

Vous êtes probablement **la seule** personne qui **puisse** faire ça.
Vous êtes sûrement **la seule** personne qui **peut** faire ça.

Il **n'y a que** vous qui **sachiez** le russe, ici?
Oui, il **n'y a que** moi qui **sait** le russe, j'ai vérifié.

Exercices

I.   Révision rapide des formes du subjonctif

Quelle est la forme au subjonctif?

EXEMPLE: il attend
qu'il attende

1. je sais	9. je vais	17. vous savez	25. ils tiennent
2. je veux	10. je réfléchis	18. nous allons	26. nous nous amusons
3. je fais	11. je finis	19. vous pouvez	27. vous apprenez
4. j'ai	12. je bois	20. on attend	28. on se demande
5. je suis	13. j'écris	21. il croit	29. je me mets à table
6. il y a	14. je lis	22. vous riez	30. tu te rends compte
7. c'est	15. je dis	23. nous oublions	31. vous vous apercevez
8. je peux	16. je mets	24. il se dit	32. on se dépêche

II.   Mettez les phrases suivantes au subjonctif.

EXEMPLE: Il faut être à l'heure.   *(vous)*
Il faut que vous soyez à l'heure.

1.	Il faut aller au supermarché.	*(vous)*
2.	Il faut faire attention.	*(nous)*
3.	Il ne faut pas oublier les dates importantes.	*(les étourdis)*
4.	Il faut être gentil avec tout le monde.	*(les gens polis)*
5.	Il ne faut pas mettre les coudes *(elbows)* sur la table.	*(les enfants)*
6.	Il faut écouter les nouvelles à la radio.	*(votre père)*
7.	Il faut attendre quand les autres sont en retard.	*(nous)*
8.	Il faut avoir du courage dans la vie.	*(moi)*
9.	Faut-il répondre aux lettres immédiatement?	*(tout le monde)*
10.	Faut-il préparer le dîner tous les soirs?	*(votre mère)*

III. Faites une phrase avec les deux phrases qui sont proposées.

Employez le subjonctif quand il est nécessaire, l'infinitif dans les autres cas.

> EXEMPLE: Les voyageurs arrivent à destination. Ils sont contents.
> ***Les voyageurs sont contents d'arriver à destination.***

1. Les voyageurs sont surpris / La Tour Eiffel n'est pas si haute que ça.
2. Vous êtes bien content / Vous êtes en vacances ce soir.
3. Votre mère est furieuse / Personne n'est là à l'heure du dîner.
4. Il est bien possible / Jacqueline a encore oublié sa clé.
5. Jacqueline a peur / Elle est en retard.
6. Moi, j'aime bien / Les gens sont d'accord avec moi.
7. Il n'est pas certain / Ma famille fait un voyage cette année.
8. Certains voyageurs regrettent / Il n'y a pas de restaurant sur Notre-Dame.
9. Personne ne souhaitait / Une autre révolution commence.
10. Nous, nous voudrions / Nous savons le subjonctif.

IV. Le subjonctif après **penser, croire, espérer, trouver** et **il me semble**.
(Attention: Il n'y a pas de subjonctif après ces verbes quand ils sont à la forme affirmative.)

> EXEMPLE: Je trouve que vous *(être)* . . . . . . charmant.
> ***Je trouve que vous êtes charmant.***

1. Pensez-vous que ce problème *(avoir)* . . . . . . une solution?
2. Il me semble que vous *(étudier)* . . . . . . beaucoup.
3. Je ne trouve pas que le français *(être)* . . . . . . difficile.
4. Espérez-vous que le temps *(être)* . . . . . . meilleur demain?
5. Beaucoup de gens pensent que les autres ne *(comprendre)* . . . . . pas la situation.
6. Napoléon pensait-il que le peuple *(vouloir)* . . . . . . un empereur?
7. Vous semble-t-il que ce *(être)* . . . . . . logique d'avoir un empereur après une révolution?
8. Croyez-vous que les guerres *(faire)* . . . . . . du bien ou du mal?
9. Je pense que je *(pouvoir)* . . . . . . très bien comprendre les Français.
10. Pensez-vous que les élèves *(savoir)* . . . . . . le subjonctif?

V. Transformez les phrases qui vous sont proposées et faites-en une seule.

> EXEMPLE: Vous n'êtes pas gentil avec moi / Je vous aime *(bien que)*
> ***Bien que vous ne soyez pas gentil avec moi, je vous aime.***

1. Ce monsieur apporte des fleurs à sa femme / Elle est contente.   *(pour)*
2. Je relis tout ce que j'écris / Je fais des fautes   *(de peur)*
3. Vous serez en retard / Vous vous dépêchez   *(à moins)*

4. Je me lave les mains / Je me mets à table *(avant)*
5. Ce jeune ménage se dispute / La belle-mère s'en va *(jusqu'à)*
6. Nous sommes arrivés / Vous êtes parti *(avant)*
7. Téléphonez-moi de bonne heure / Je vous téléphone d'abord *(à moins)*
8. Nous nous reposons en route / Nous arrivons en bonne forme *(afin)*

VI. Le subjonctif après les locutions adverbiales: **pour que (afin que, de sorte que), bien que, jusqu'à ce que, quoi que, avant que, de peur que.**

Complétez les phrases suivantes.

> EXEMPLE: Napoléon est resté empereur jusqu'à ce que . . . . .
> *Napoléon est resté empereur jusqu'à ce que les Anglais l'envoient en exil.*

1. Napoléon est allé à l'école en France bien que . . . . .
2. Il a dit que ses batailles d'Egypte étaient des victoires, quoi que . . . . .
3. Le Pape vient à Paris couronner le nouvel Empereur bien que . . . . .
4. La mère de Napoléon priait de peur que . . . . .
5. La cour de Napoléon est restée à Paris jusqu'à ce que . . . . .
6. La Grande-Armée est arrivée devant Moscou avant que . . . . .
7. Napoléon a donné un Code Civil à la France afin que . . . . .
8. Il a changé le nom des provinces, bien que . . . . .
9. On emploie aujourd'hui le nom des départements, à moins que . . . . .
10. Les Anglais ont exilé Napoléon à Sainte-Hélène, de peur que . . . . .

VII. Sujets de composition

1. Cherchez dans les journaux un problème d'ordre économique, politique ou social. Expliquez sa cause, donnez votre opinion sur sa solution possible. Employez au moins 10 verbes au subjonctif, et des expressions comme: Il est possible, il faut, il me semble, je ne crois pas, à moins que, jusqu'à ce que, pour que, etc. Employez aussi une variété d'expressions que vous avez apprises dans les autres leçons.

2. Un des problèmes de votre vie. Expliquez sa cause, donnez votre opinion sur la nature du problème, ses conséquences et sa solution. Employez au moins 10 verbes au subjonctif et suivez les instructions données pour le sujet #1.

10 | Bavardez avec les Français

Au pair dans une famille française

Informations culturelles. Le système «**au pair**» permet à beaucoup de jeunes gens d'aller passer quelque temps dans un autre pays. La jeune fille (ou le jeune homme) **au pair** habite avec la famille, où elle/il a certaines responsabilités (par exemple: aider la mère de famille, donner les leçons d'anglais aux enfants) Le terme «**au pair**» veut dire que vous ne recevez pas de salaire et que vous ne payez rien pour votre chambre et vos repas.

Voulez-vous me dire ce qu'il faudra que je fasse, madame?

Eh bien, voilà. Tous les matins, il faudra que:
— vous fassiez votre lit.
— vous mettiez votre chambre en ordre.
— vous m'aidiez à préparer le petit déjeuner.

A quelle heure faut-il que je me lève?

Il faut que vous soyez prêt à . huit heures / . . .
. . sept heures, etc. . .

Qu'est-ce qu'il faut que je fasse d'autre?

Il faut que vous donniez une leçon d'anglais à
. . Michel . . . tous les matins à . 9/10 . . . heures.
Secouez-le, il est paresseux comme un loir!*

Faut-il que je lui donne des devoirs?

Oh oui, donnez-lui-en beaucoup. Il faut qu'il passe son bachot en octobre.

Voulez-vous que je vous aide à préparer le déjeuner?

— Non, merci, j'ai de l'aide pour ça.
— Vous êtes libre après le déjeuner.
— Arrangez votre temps comme vous voudrez, mais il faut que vous fassiez travailler Michel.

Est-ce que j'aurai l'occasion de parler français?

Vous pouvez parler français, nous vous aiderons, mais réservez une heure par jour pour parler anglais avec Michel.

Oh, j'allais oublier . . . Qu'est-ce que je fais pour mon blanchissage?

— Il y a une machine à laver en bas.
— La voiture de la blanchisserie passe le lundi.

---

*un loir is a dormouse (whatever a dormouse is, exactly). Few people have seen one, but the expression, **paresseux comme un loir** means that a person is very lazy.

Merci, madame. Je suis très heureux d'être chez vous.

Nous aussi, nous sommes très heureux de vous avoir chez nous.
Vous êtes en famille. Faites comme chez vous.

Divisez la classe en groupes de 2 (ou de plus de 2) personnes. Chaque personne prend un rôle, et chaque groupe prépare sa conversation.

1. *Madame Arnaud* and *you.* You ask Mme Arnaud what you will have to do. She says: "Every morning, you must get up at seven, make your bed, tidy up your room." You ask her if she wants help with breakfast. "No," she says, "but you will have to help me with dinner." You ask her what else you must do. "You must speak English with André at least two hours a day." You assure her you will do that, and tell her you are happy to be with them (chez vous).

2. *Madame Delaval* and *you.* You ask Mme Delaval what you should do with your laundry. She tells you there is a washing machine downstairs. You ask her what she wants you to do. "You must help me prepare lunch and dinner. You will be free all afternoon, but arrange your time to be here every day at 11:00 AM and 7:00 PM." You tell her you will. She says: "I know. We are happy to have you with us (chez nous). Please, make yourself at home."

3. *Michel Duval* and *you.* You tell Michel that he will have to be ready every day at 9:00 AM for his English lesson. "Have a heart (Aie du cœur)," says Michel, "I am never ready at 9." So you tell him at 9:30 then, but no later. "I am very lazy," says Michel, "will I have to do any homework?" You tell him yes, he has to pass his bachot in October. Michel groans. (Be creative, and express that groan in French!) But he says that he is glad just the same you are with him (chez nous).

4. Compose an imaginative conversation, which could include *you* and *several members* of your host family, in which you will use many expressions of this and other conversation lessons.

Un peu d'histoire
Le XIXᵉ siècle
Une succession de gouvernements
La machine à vapeur et la lampe à gaz

Napoléon n'avait pas compris que, dans le siècle qui commence, et avec l'industrie qui commence à se développer, la prospérité d'un pays vient de l'exploitation de ses ressources, non pas de ses conquêtes territoriales. Car maintenant, avec le XIXᵉ siècle, une révolution plus importante que toutes les autres va commencer: C'est la révolution industrielle qui suit l'invention de la *machine à vapeur* et de la *lampe à gaz*.

Les moyens de transport, qui n'avaient pas changé depuis le temps des Romains, vont être révolutionnés par les trains et les bateaux à vapeur. L'industrie va être activée par la force de la vapeur, pas seulement celle des hommes et des animaux. Les villes vont se développer autour des grands centres industriels.

Comment la France fait-elle face à cette ère nouvelle?

La Restauration: Deux frères de Louis XVI sont rois

Eh bien, il faut avouer que la France, après avoir fait une révolution complète, exécuté un roi, accepté un empereur, semble fatiguée des nouveautés. Après Waterloo, les puissances victorieuses lui

1. Les trains sont la merveille du XIXe siècle!

2. "Trop tard! Le train est parti!" dit l'employé à cette famille chargée de bagages.

2

3

4

imposent un roi. C'est le frère de Louis XVI, Louis XVIII.* Il a passé les vingt ans précédents en exil, et, dit un de ses ministres, «En vingt ans, il n'a rien appris, et rien oublié.» Mais il trouve un pays changé, et il comprend qu'il faut accepter quelques nouvelles idées. Il accepte donc une constitution. Pourtant, quand il meurt, en 1824, son frère Charles X essaie de restaurer la monarchie absolue qu'il a connue quand il était jeune, à Versailles, avant la Révolution. Le peuple se révolte, et Charles X repart en exil (Révolution de 1830).

Il est remplacé par un cousin, Louis-Philippe, le roi bourgeois. Celui-ci n'a rien de royal. Il se promène dans les rues de Paris avec son parapluie, envoie ses enfants à l'école publique, et il essaie de garder la paix à tout prix. Mais le parti républicain demande une république. Un nouveau parti, le socialisme, veut améliorer le sort des travailleurs aux dépens de la bourgeoisie. Louis-Philippe est forcé d'abdiquer (1848) et la République est proclamée (Révolution de 1848).

De la République à l'Empire

Mais la République ne durera pas longtemps. En effet, le président de cette république (c'est la deuxième, la première était sous la Révolution), est Louis-Napoléon Bonaparte, le neveu de Napoléon Ier. Celui-ci ne tarde pas à proclamer le commencement du Deuxième Empire. Il est empereur sous le nom de Napoléon III.**

La politique intérieure de Napoléon III est bonne, et les grandes villes de France, telles que nous les connaissons aujourd'hui, prennent leur apparence sous son règne. Paris, en particulier, le Paris moderne, date en grande partie de Napoléon III.

---

*Louis XVI had a son, who would have been Louis XVII, but who died during the Revolution without having reigned.

**Napoléon Ier had a son, who became Napoléon II at his father's death, but who never reigned, because he was in exile and died at the age of twenty.

3. Les rois Louis XVIII, frère
   de Louis XVI, et
4. Louis-Phillippe, le roi bourgeois.
5. L'Arc de Triomphe et la Place de
   l'Etoile, construits au XIXe siècle.
6. L'Empereur Napoléon III et
7. l'Impératrice Eugénie.

8

9

La Guerre de 1870 et le siège de Paris

Mais sa politique extérieure est mauvaise, il entraîne la France dans des guerres désastreuses. La dernière de ces guerres, c'est celle de 1870, entre la France et la Prusse. Paris est assiégé. Les Parisiens meurent de faim et mangent chiens, chats, rats, les animaux du zoo, et les petits oiseaux des arbres. Les Prussiens, établis sur les collines près de Paris, bombardent la ville avec leur artillerie et les Parisiens sont terrifiés. Enfin, c'est la défaite, une défaite terrible pour l'amour-propre français, et la France perd l'Alsace-Lorraine, avec Strasbourg.

L'Alsace-Lorraine change de mains

Pensez à la situation des pauvres Alsaciens-Lorrains. Un jour ils sont français, un autre jour ils sont allemands. Ils vont rester allemands jusqu'à la guerre suivante, en 1914. Ils redeviendront français alors. Puis, à la guerre suivante, en 1940, ils seront allemands de nouveau. En 1945, ils seront et resteront français. Pouvez-vous imaginer les complications et les problèmes que cette situation cause aux pauvres habitants de cette province?

Les conséquences de la guerre

La conséquence la plus désastreuse de la guerre de 1870, c'est que la France va développer un esprit de revanche, un patriotisme mal placé, qui demandera que, un jour ou l'autre, une autre guerre vienne corriger les injustices de celle-ci. Et l'affreuse guerre de 1914—18 sera, dans une certaine mesure, dûe à cet esprit qui cherche la guerre et non pas la paix.

8. Inauguration du Canal de Suez.

9. Une bataille de la guerre de 1870.

10. L'Alsace-Lorraine, perdue par la France en conséquence de la guerre de 1870.

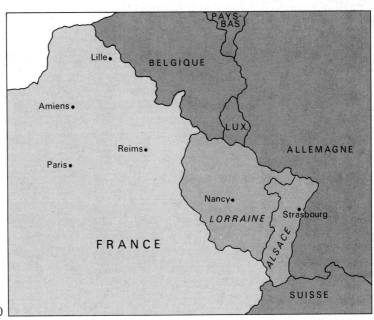

La machine à vapeur: le train

Jusqu'à présent, il n'y avait que le cheval qui serve comme moyen de transport. Mais c'est l'âge d'une transformation complète de la vie. A partir de 1840, le train va révolutionner les transports. On le regarde au début avec inquiétude: «Un animal de fer, de cuivre et d'acier qui boit de l'eau bouillante et mange du feu» dit Théophile Gautier. Mais Victor Hugo, d'abord sceptique, change vite d'avis: «C'est un mouvement magnifique . . . La rapidité est inouïe. Les fleurs au bord du chemin, ne sont plus des fleurs, ce sont de longues raies rouges ou blanches.» Ces premiers trains n'allaient pas très vite, mais pensez que ces gens n'avaient rien connu de plus rapide que le cheval.

L'industrie et les problèmes sociaux

Grâce à la machine à vapeur, on peut actionner des machines puissantes, alors des usines sont créées dans les grandes villes. Elles emploient hommes, femmes, et enfants qui travaillent 10, 12, 14 heures

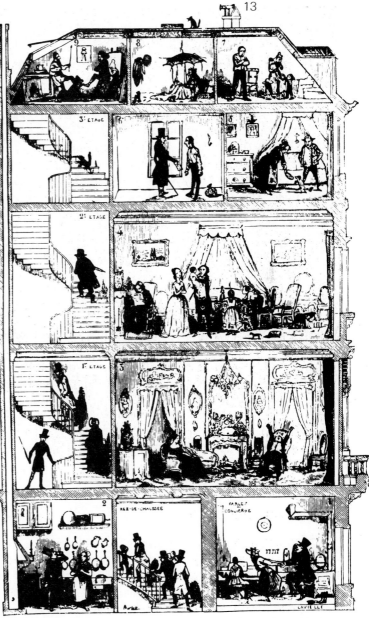

11. La Gare Saint-Lazare, à Paris.
    Peinture impressioniste de
    Claude Monet.

12. L'industrie de la soie à Lyon.

13. "Géographie sociale". Dans les
    immeubles sans ascenseur, le
    confort et la richesse des
    habitants diminuent à chaque
    étage.

par jour dans des conditions horribles. Leurs salaires leur permettent juste de vivre dans la plus grande
misère. On voit des enfants de six ans travailler dans des mines, par exemple, ou dans des ateliers de
tissage, à moitié morts de faim, de froid et de fatigue, pour quelques sous par jour. Il n'est pas question d'école pour ces enfants ouvriers.

C'est parce que l'industrie est nouvelle, et que les rapports entre patrons et ouvriers ne sont pas encore établis. Les patrons exploitent les ouvriers qui n'ont aucun moyen de protection. Il est clair que des lois sociales, qui vont déterminer les *droits* des ouvriers, sont nécessaires. Elles vont apparaître dans cette période.

L'architecture

Pendant tout ce siècle, on construit en France. Si vous visitez Paris, vous serez frappé du fait que tant de ses monuments datent du XIXe siècle: L'Arc de Triomphe, construit pour commémorer les victoires de Napoléon Ier, la Bourse, l'Assemblée Nationale, la Madeleine, l'Opéra. Les monuments anciens sont restaurés, comme Notre-Dame, ou transformés, comme le Louvre. Sous Napoléon III, les premiers grands magasins s'ouvrent, et ils ont un succès indescriptible. On construit les égouts (*sewers*) de Paris qui servent encore aujourd'hui, et dont on peut faire la visite, car ils sont très propres. Mais surtout, sous Napoléon III, l'architecte Haussman transforme la ville en coupant de grandes rues, des «artères» à travers les petites ruelles du vieux Paris. Il y aura ainsi de splendides perspectives, comme celle de la Concorde aux Champs-Elysées. La circulation sera plus facile, et la ville «respire». Les beaux bâtiments qui bordent ces artères, appartements, magasins, sont aussi construits à cette époque.

Grand progrès dans les sciences

C'est la période où des savants comme Pasteur font des découvertes qui vont révolutionner la science et la médecine. Pasteur, entre autres choses, découvre l'existence des germes, ou microbes, et développe la pasteurisation. Avant lui, on pensait que la génération spontanée était possible. Pas exemple, Van Helmont écrivait au XVIIe siècle: «Si on comprime une chemise sale dans l'ouverture d'un vase contenant du blé, le blé, sous l'influence de l'odeur de la chemise sale, donne naissance à des souris, en vingt et un jours environ. Les souris sont adultes, il y a des mâles et des femelles.»

Pasteur affirme, au contraire, que les souris ne naissent que d'autres souris, et que seuls les germes donnent naissance à d'autres germes. Son procédé de pasteurisation permet de conserver le lait, par exemple. Il suffit de chauffer le liquide assez pour tuer les germes, et de fermer les ouvertures pour que d'autres germes n'entrent pas.

Les inventions se multiplient: Parmi les plus importantes, citons la découverte du radium par Pierre et Marie Curie en 1898.

La fin du XIXe siècle

La guerre de 1870 se termine par une défaite, comme nous avons vu. Elle se termine aussi par une révolution, qui a lieu à Paris, et qu'on appelle la Commune. La Commune dure trois mois. Paris, qui a peur d'une restauration monarchique, voudrait un gouvernement socialiste. Les troupes du gouvernement finissent par reprendre Paris, mais pas avant que les «Communards» n'aient fait brûler un grand nombre de monuments de Paris. Ceux-ci sont reconstruits aujourd'hui, excepté le Palais des Tuileries. Si vous allez à Paris, vous verrez, près de la Place de la Concorde, le Jardin des Tuileries qui remplace le palais brûlé sous la Commune.

Enfin, la République est proclamée. C'est la Troisième République, et elle durera jusqu'en 1940.

14

14. **Le XXe Siècle imaginé par Robida**. Dans ces dessins qui représentent une prédiction fantaisiste de l'avenir, une machine manufacture d'énormes quantités de soupe.

15. Les transports urbains prévus par Robida.

16. Robida avait prévu la télévision dans cette scène "Le théâtre chez soi"

15

16

17

17. Une autre prédiction, réalisée elle aussi, hélas! La pollution de l'air et des rivières.

18. Le téléphone! Robida recommande aux pères de famille ce moyen sans danger de laisser "flirter" leurs filles. C'est, dit-il, "la moralité téléphonique".

18

Vie et littérature

La littérature du XIXe siècle est riche et variée. Après le règne de Napoléon, la liberté de pensée revient, et avec elle le développement du *romantisme*. C'est le mouvement principal de la première moitié du siècle, avec *Victor Hugo, Musset, Vigny, Gauthier, Stendhal*.

Puis la révolution industrielle commence, la vie change de façon profonde, un goût de réalisme se développe. Cela se manifeste, en littérature, par le mouvement *naturaliste* qui remplace éventuellement le romantisme, surtout avec *Balzac*, puis *Maupassant*, *Flaubert* et *Zola*.

Presque parallèlement au naturalisme, un mouvement poétique, le *symbolisme*, apparaît dans l'œuvre de *Baudelaire*. Le symbolisme doit beaucoup au mouvement romantique qui l'a précédé, mais il ajoute ses propres éléments de musique, de délicatesse et de profondeur. Le plus musical des poètes symbolistes c'est probablement *Verlaine*. On associe aussi souvent au nom de Verlaine celui de son ami *Rimbaud*, l'enfant prodige de la poésie qui a écrit toute son œuvre entre l'âge de quinze et de vingt ans.

Victor Hugo

L'œuvre de Victor Hugo est si immense et si variée qu'il est impossible d'en donner une idée en quelques pages. Il y a ses romans, comme *Les Misérables* (qui contient une poursuite célèbre dans les égouts de Paris), comme *Notre-Dame de Paris* (qui a lieu dans la cathédrale Notre-Dame au Moyen-Age). Il y a sa poésie, dont l'inspiration varie de purement poétique, à prophétique, tendre, passionnée, historique, et se termine, tendrement avec *L'Art d'être grand-père*. Il y a sa polémique politique, il y a ses dessins (car cet écrivain était aussi un artiste), son énorme correspondance. Victor Hugo, admiré par beaucoup, critiqué par d'autres, reste un des géants de la littérature française.

Demain, dès l'aube . . . . .

La fille de Victor Hugo, Léopoldine, qu'il aimait beaucoup, est morte, à l'âge de dix-neuf ans. C'est une mort tragique: la jeune femme est noyée dans la Seine, pendant une promenade en bateau avec son jeune mari. Quand Victor Hugo apprend la nouvelle (il la lit dans un journal, car il était en voyage), il est comme fou, et pendant plusieurs mois, il reste enfermé dans sa douleur. Un peu plus tard, il écrit le poème *Demain, dès l'aube ...*

> Demain, dès l'aube, à l'heure où blanchit la campagne,
> Je partirai. Vois-tu, je sais que tu m'attends.
> J'irai par la forêt, j'irai par la montagne,
> Je ne puis demeurer loin de toi plus longtemps.

Je marcherai les yeux fixés sur mes pensées,
Sans rien voir au dehors, sans entendre aucun bruit,
Seul, inconnu, le dos courbé, les mains croisées
Triste, et le jour sera pour moi comme la nuit.

Je ne regarderai ni l'or du soir qui tombe
Ni les voiles au loin descendant vers Harfleur,*
Et quand j'arriverai, je mettrai sur ta tombe
Un bouquet de houx vert et de bruyère en fleur.

Les Contemplations, Livre IV, XIV.

Après la bataille

Vous savez que le père de Victor Hugo était un général de l'armée de Napoléon Ier. Il a fait la campagne d'Espagne, qui est un des premiers souvenirs de l'enfance de son fils. Dans le poème suivant, Hugo, dans le style romantique, raconte un épisode qu'il avait entendu mentionner à son père. Ce poème est un des mieux connus de beaucoup de Français, qui l'ont appris à l'école, et le savent par cœur.

Mon père, ce héros au sourire si doux
Suivi d'un seul hussard qu'il aimait entre tous
Pour sa grande bravoure, et pour sa haute taille
Parcourait à cheval, le soir d'une bataille,
Le champ couvert de morts, sur qui tombait la nuit.
Il lui sembla dans l'ombre entendre un faible bruit.
C'était un Espagnol de l'armée en déroute
Qui se traînait sanglant sur le bord de la route,
Râlant, brisé, livide, et mort plus qu'à moitié
Et qui disait: — A boire, à boire, par pitié! —
Mon père, ému, tendit à son hussard fidèle
Une gourde de rhum qui pendait à sa selle,
Et dit: — Tiens, donne à boire à ce pauvre blessé. —

Tout à coup, au moment où le hussard baissé
Se penchait vers lui, l'homme, une espèce de Maure
Saisit un pistolet qu'il étreignait encore
Et vise au front mon père en criant: — Caramba! —

Harfleur, a town on the Seine.

Le coup passa si près que le chapeau tomba
Et que le cheval fit un écart en arrière.

— Donne-lui tout de même à boire. — dit mon père.

La Légende des Siècles

Musset

Alfred de Musset est un adolescent brillant, puis un jeune homme tourmenté. C'est peut-être le plus romantique des romantiques, et on garde surtout de lui les délicieuses comédies, comme *On ne badine pas avec l'amour, Les caprices de Marianne* et *A quoi rêvent les jeunes filles*.

A quoi rêvent les jeunes filles

Comédie
La scène est où l'on voudra. Acte I, Scène 1

Personnages:
Ninon,
Ninette, *sa sœur*

NINETTE:	Onze heures vont sonner. — Bonsoir, ma chère sœur. Je m'en vais me coucher.
NINON:	Bonsoir. Tu n'as pas peur De traverser le parc pour aller à ta chambre? Il est si tard! — Veux-tu que j'appelle Flora?
NINETTE:	Pas du tout. — Mais vois donc quel beau ciel de septembre! D'ailleurs, j'ai Bacchanal qui m'accompagnera. Bacchanal! Bacchanal!
	(Elle sort en appelant son chien.)
NINON:	*(A genoux près de son lit, commence sa prière.)* Notre père qui êtes au cieux Que votre nom soit sanctifié, Que votre règne arrive,

Que votre volonté soit faite
Sur la terre comme aux cieux . . .

(Elle finit sa prière, et commence à se déshabiller.)

NINETTE: *(Rentre terrifiée, et se jette dans un fauteuil.)*
Ma chère, je suis morte!

NINON: Qu'as-tu? Qu'arrive-t-il?

NINETTE: Je ne peux plus parler.

NINON: Pourquoi, mon Dieu! Je tremble en te voyant trembler.

NINETTE: Je n'étais pas, ma chère, à trois pas de la porte;
Un homme vient à moi, m'enlève dans ses bras,
M'embrasse tant qu'il peut, me repose par terre,
Et se sauve en courant.

NINON: Ah! mon Dieu! Comment faire?
C'est peut-être un voleur.

NINETTE: Oh non, je ne crois pas.
Il avait sur l'épaule une chaîne superbe,
Un manteau d'Espagnol, doublé de velours noir,
Et de grands éperons qui reluisaient dans l'herbe.

NINON: C'est pourtant une chose étrange à concevoir
Qu'un homme comme il faut tente une horreur semblable.
Un homme en manteau noir, c'est peut-être le diable!
Oui, ma chère, qui sait? Peut-être un revenant?

NINETTE: Je ne crois pas, ma chère: il avait des moustaches.

NINON: J'y pense, dis-moi donc, si c'était un amant!

NINETTE: S'il allait revenir! Il faut que tu me caches.

NINON: C'est peut-être papa qui veut te faire peur.
Dans tous les cas, Ninette, il faut qu'on te ramène.
Holà, Flora! Flora! Reconduisez ma sœur.

(La bonne, Flora, paraît à la porte.)

Adieu, va, ferme bien ta porte.

NINETTE: Et toi, la tienne.

(Elles s'embrassent, Ninette sort avec Flora.)

NINON: *(Seule, ferme la porte à clé.)*
Des éperons d'argent, un manteau de velours!
Une chaîne! un baiser! — C'est extraordinaire.

(Elle commence à se décoiffer.)

Je suis mal en bandeaux; mes cheveux sont trop courts.
Bah! J'avais deviné! — C'est sans doute mon père.
Ninette est si poltronne! Il l'aura vu passer . . .
C'est tout simple: sa fille, il peut bien l'embrasser.
Mes bracelets vont bien.

(Elle enlève ses bracelets.)

Ah demain, quand j'y pense,
Ce jeune homme étranger qui va venir dîner!
C'est un mari, je crois, que l'on veut me donner.
Quelle drôle de chose . . . Ah, j'en ai peur d'avance.
Quelle robe mettrai-je?

(Elle se couche.)

Une robe d'été?
Non, d'hiver, cela donne un air plus respectable
Non, d'été: C'est plus jeune et c'est moins apprêté.
On le mettra sans doute entre nous deux à table. . . .
Ma sœur lui plaira mieux . . . — Bah, nous verrons toujours . . .

Des éperons d'argent! — Un manteau de velours!
Mon Dieu, comme il fait chaud, pour une nuit d'automne.
Il faut dormir, pourtant. — N'entends-je pas du bruit?
C'est Flora qui revient; — non, non, ce n'est personne.

Tra, la, la, la. — Qu'on est bien dans son lit!
Ma tante était bien laide avec ses vieux panaches
Hier soir à souper. — Comme mon bras est blanc!

Tra, la, la, la. — Mes yeux se ferment. — Des moustaches . . .
Il la prend, il l'embrasse, et se sauve en courant. . . .

(Elle s'endort.)

Alfred de Musset, *A quoi rêvent les jeunes filles*,
Act I, Scène 1.

Maupassant

Guy de Maupassant est le maître de la «nouvelle.» La plus célèbre de celles-ci est sans doute
La Parure.

La parure

Mme Loisel est jeune et jolie, mariée avec un employé du gouvernement. Ils vivent modestement, et
sont heureux, mais elle souffre de ne pas avoir de jolies robes, un bel appartement, de ne pas aller dans
les soirées élégantes. Mais un soir, son mari arrive à la maison avec une invitation à un bal du
ministère ... Comme elle hésite à accepter, parce qu'elle n'a pas de robe assez élégante, son mari
lui donne ses petites économies pour s'acheter une robe. Alors, elle commence ses préparatifs.

Le jour de la fête approchait, et Mme Loisel semblait triste, préoccupée. Son mari lui dit un soir:

— Qu'as-tu? Tu es drôle depuis trois jours.

Et elle répondit:

— Je regrette de n'avoir pas un bijou, rien à mettre sur ma jolie robe. J'aurai l'air pauvre au milieu
des autres femmes ... Ce n'est peut-être pas une bonne idée d'aller à cette soirée. . . .

Il répondit:

— Tu mettras des fleurs naturelles dans tes cheveux. C'est toujours chic. Pour dix francs, tu auras
deux ou trois roses magnifiques.

Elle n'était pas satisfaite:

— Non ... C'est humiliant d'avoir l'air pauvre au milieu d'autres femmes riches.

Mais son mari s'écria:

— J'ai une idée! Va chez ton amie, Mme Forestier, et demande-lui de te prêter des bijoux. Elle en a
des quantités, et vous êtes de si bonnes amies.

Elle poussa un cri de joie.

— C'est vrai. Je n'y avais pas pensé.

Le lendemain, elle alla chez son amie. Mme Forestier sourit, ouvrit son coffre à bijoux, et lui dit:

— Choisis, ma chère.

Au milieu des colliers de perles, des broches, des croix en or, il y avait une boîte de satin noir. Ouverte,
elle révéla un collier de diamants superbe. Mme Loisel l'attacha sur sa modeste robe et resta en extase
devant elle-même.

— Peux-tu me prêter cela, juste cela?

— Mais oui, certainement.

Elle embrassa son amie et courut chez elle avec son trésor.

* * * * * * * *

Le jour de la fête arriva. Mme Loisel était la plus belle, la plus élégante, gracieuse, souriante, folle de joie. Le collier étincelait à son cou. Tout le monde voulait danser avec elle. C'était un triomphe. Elle resta jusqu'à la fin de la soirée, tard dans la nuit. Son mari qui dormait à moitié dans un coin du salon se réveilla, et ils rentrèrent chez eux à quatre heures du matin . . . En enlevant sa belle robe, elle pensait que c'était la fin d'un rêve. Lui pensait qu'il devait être au bureau à neuf heures.

Soudain, elle poussa un cri terrible.

— Le collier! Je n'ai plus le collier de Mme Forestier! J'ai perdu le collier de diamants!

— Ce n'est pas possible!

Il cherchèrent partout, et comme le collier n'était pas dans l'appartement, il retourna dans la direction qu'ils avaient suivie pendant qu'elle demeurait assise, sans force et sans pensée. Il arriva à sept heures. Son visage disait qu'il n'avait pas trouvé le collier.

Dans la journée il alla aux *Objets Trouvés*, plaça une annonce dans les journaux. Rien. Pas de collier.

Au bout d'une semaine, ils décidèrent de remplacer le bijou. Après avoir visité plusieurs bijoutiers, il trouvèrent un collier exactement semblable à celui de Mme Forestier. M. Loisel avait une petite maison à la campagne qu'il avait héritée de son père. Il la vendit. Comme ce n'était pas assez, il emprunta tout l'argent possible à ses amis: mille francs ici, cinq cents francs là . . . Il signa des quantités de notes, ne discuta pas sur l'intérêt, ni sur les conditions de remboursement. Il fallait cet argent, et il le fallait vite. Enfin, l'argent fut réuni, et Mme Loisel, le cœur tremblant, rapporta le collier à Mme Forestier. Celle-ci, Dieu merci, n'ouvrit pas la boîte. Qu'aurait-elle dit si elle avait vu la substitution?

* * * * * * * *

Maintenant, il fallait payer le collier. Il coûtait plus de trente mille francs. Finis les petits luxes de la vie modeste, mais confortable, des Loisel. Mme Loisel travailla, de longues heures, à toutes sortes de travaux pénibles. Ses mains n'étaient plus délicates, ses cheveux n'étaient plus coiffés. Elle défendait chaque centime car chaque jour semblait apporter une nouvelle somme à rembourser. De son côté M. Loisel travaillait le soir, faisait les comptes d'un marchand, copiait des documents à quelques centimes par page.

Et cette vie dura dix ans.

Au bout de dix ans, ils avaient tout remboursé. Ils avaient aussi perdu leur jeunesse. Sa beauté avait disparu. Elle était devenue forte, énergique et dure.

Quelquefois, quand son mari était au bureau, assise devant la fenêtre, elle pensait à cette soirée d'autrefois où elle avait été si belle et si admirée.

Que serait-il arrivé si elle n'avait pas perdu ce collier? Qui sait? Qui sait? Comme la vie est singulière!

* * * * * * * * *

Peu de temps après, elle rencontra dans la rue une femme avec un enfant. C'était Mme Forestier, toujours belle, toujours séduisante.

Mme Loisel était émue. Allait-elle lui parler? Oui. Et maintenant qu'elle avait payé, elle lui dirait tout. Pourquoi pas?

Elle s'approcha.

— Bonjour, Jeanne.

L'autre ne la reconnaissait pas, étonnée d'être appelée familièrement par cette personne qu'elle ne connaissait pas.

— Mais . . . madame! . . . Je ne sais pas . . . C'est une erreur. . . .

— Non. Je suis Mathilde Loisel.

Son amie poussa un cri.

— Oh! . . . ma pauvre Mathilde, comme tu es changée! . . .

— Oui, j'ai eu des jours bien durs, tu sais . . . Et bien des problèmes! Et c'est un peu à cause de toi . . .

— De moi . . . Explique-moi?

— Tu te rappelles le collier de diamants que tu m'avais prêté pour aller à la fête du ministère?

— Oui. Eh bien?

— Eh bien, je l'ai perdu.

— Comment! Mais tu me l'as rapporté.

— Je t'en ai rapporté un autre pareil. Et nous l'avons payé pendant dix ans. Tu comprends, ce n'était pas facile pour nous, nous n'avions rien. Enfin, c'est fini, et je suis bien contente.

Mme Forestier s'était arrêtée.

— Tu dis que tu as acheté un collier de diamants pour remplacer le mien?

— Oui. Tu ne savais pas? Les deux colliers étaient bien pareils.

Et elle souriait, d'une joie touchante et naïve.

Mme Forestier, émue, prit les mains de son amie.

— Oh, ma pauvre Mathilde, dit-elle. Si j'avais su! Mon collier était faux. Il valait au maximum cinq cents francs! . . .

Abrégé et adapté de Maupassant, La Parure, *Boule de Suif*

Verlaine

La poésie de Paul Verlaine ressemble beaucoup à la musique. Elle est «à mi-chemin entre la parole et la musique.» Lisez plusieurs fois ces petits poèmes et vous sentirez aussi la tristesse d'un jour de pluie et la paix d'une nuit de lune.

Il pleure dans mon cœur

Il pleure dans mon cœur
Comme il pleut sur la ville
Quelle est cette langueur
Qui pénètre mon cœur?

O bruit doux de la pluie
Par terre et sur les toits!
Pour un cœur qui s'ennuie
O le chant de la pluie!

Il pleure sans raison
Dans ce cœur qui s'écœure
Quoi? Nulle trahison?
Ce deuil est sans raison.

C'est bien la pire peine
De ne savoir pourquoi
Sans amour et sans haine
Mon cœur a tant de peine.

Romances sans paroles

La lune blanche

La lune blanche
Luit dans les bois
De chaque branche
Part une voix
Sous la ramée . . .

O bien aimée.

L'étang reflète
Profond miroir
La silhouette
Du saule noir
Où le vent pleure

Rêvons, c'est l'heure . . .

Un vaste et tendre
Apaisement
Semble descendre
Du firmament
Que l'astre irise

C'est l'heure exquise . . . .

Romances sans paroles

Questions sur *Un peu d'histoire*

1. Napoléon pensait que la conquête territoriale était la clé de la prospérité de la France. Avait-il tort, ou raison? Pourquoi? / **2.** Quelles sont les grandes inventions du XIXe siècle? Comment ont-elles transformé la vie? / **3.** Quels sont les rois de France après Napoléon? Pourquoi la France accepte-t-elle le retour des rois? / **4.** Qui est Napoléon III? Comment est-il devenu empereur? Quand a fini son règne? / **5.** Qu'est-ce qu'on appelle la *Guerre de 1870*? Le *siège de Paris*? / **6.** Qu'est-ce que l'Alsace-Lorraine? Pourquoi change-t-elle de mains plusieurs fois au XIXe et au XXe siècles? Est-elle française aujourd'hui? / **7.** Quelles étaient les réactions des contemporains devant les premiers trains? Pouvez-vous comprendre ces réactions? Pourquoi? / **8.** Quelles sont les autres conséquences du développement des machines à vapeur? / **9.** Pourquoi des lois sociales se développent-elles au XIXe siècle? Pensez-vous qu'elles étaient nécessaires? Pourquoi? / **10.** Nommez quelques-uns des monuments de Paris construits ou transformés pendant le XIXe siècle? Qui est Haussman? / **11.** Qui est Pasteur? Pourquoi est-il surtout célèbre? / **12.** Qu'est-ce qu'on appelle la Commune? Est-ce la dernière révolution, jusqu'à ce jour, de la France? Quel est le gouvernement qui suit la Commune?

Sujet de discussion ou de composition

Essayez d'imaginer la vie avant l'invention des trains, de la lampe à gaz, de l'électricité, du téléphone. Comment voyageait-on? Quelle était la vitesse maximum possible? Comment transmettait-on les nouvelles? Le courrier? etc. . . . Expliquez de quelle façon les nouvelles inventions ont transformé la vie.

Questions sur *Vie et littérature*

A. *Demain, dès l'aube* (Victor Hugo)

1. Quel est l'événement de sa vie réelle qui a conduit Victor Hugo à écrire ce poème? / **2.** Quel est le sujet de ce poème? Y a-t-il une surprise à la fin? Qui «attend» Victor Hugo? / **3.** Combien de temps durera la marche du poète vers sa destination? A quel moment de la journée partira-t-il, et à quel moment arrivera-t-il? / **4.** Quelles sont les principales émotions contenues dans ce poème? Vous semble-t-il sincère? Pourquoi? / **5.** Comptez le nombre de syllabes dans chaque vers. Comptez les lignes et leur arrangement. Est-ce que ce poème est un sonnet? Pourquoi?

B. *Après la bataille* (Victor Hugo)

1. Est-ce que ce poème est basé sur une histoire que Victor Hugo a entendu raconter par son père? Où, et dans quelles circonstances son père avait-il eu cette aventure? / **2.** Dans le poème, où était le général Hugo, et qui était avec lui? Qu'est-ce qu'il a entendu, et vu? / **3.** Cet homme blessé, était-ce un ami ou un ennemi? Qu'est-ce qu'il demandait? Qu'est-ce que le général Hugo a voulu lui donner? Qu'est-ce que l'homme a fait? / **4.** Malgré le coup de pistolet, le général Hugo garde sa pitié pour le blessé espagnol. Quelle impression Hugo veut-il donner du caractère de son père? / **5.** Qu'est-ce que ce poème vous indique sur les services médicaux dans les armées du temps de Napoléon? / **6.** Comptez les syllabes dans les cinq premiers vers. Combien y en a-t-il dans chaque vers? Examinez le poème. Est-ce un sonnet? Pourquoi? / **7.** Qu'est-ce que les trois poèmes de Victor Hugo que vous avez lus ont en commun?

C. *A quoi rêvent les jeunes filles* (Musset)

1. Quelle est la terrible aventure qui arrive à Ninette quand elle sort pour aller dans sa chambre? **/**
2. Comment était cet homme: Terrifiant, ou assez impressionnant? Expliquez ce que la jeune fille a vu. **/ 3.** Quelles sont les suppositions sur son identité? Et pourquoi Ninette pense-t-elle que ce n'était pas «un revenant»? **/ 4.** Est-ce que ces jeunes filles sont vraiment terrifiées, ou très intéressées? **/**
5. Est-ce que les jeunes filles d'aujourd'hui sont comme celles du XIXe siècle? Sont-elles un peu, ou très différentes? Expliquez.

D. *La parure* (Maupassant)

1. Résumez, en six phrases et en vos propres termes, l'histoire de *La Parure*. **/ 2.** Pourquoi était-il si important pour Mme Loisel d'avoir un beau bijou pour cette grande occasion? **/ 3.** Qu'est-ce que les Loisel ont fait pour remplacer le collier? Quelles ont été les conséquences? **/ 4.** Quelle est la surprise à la fin de l'histoire? **/ 5.** Quelle impression vous laisse cette histoire?

E. *Poèmes de Verlaine*

1. Comptez les syllabes de chaque vers dans la première strophe de chacun des deux poèmes. Combien de syllabes y a-t-il? Est-ce que cela distingue Verlaine des autres poètes que vous avez vus dans les dernières lectures? **/ 2.** Quel est le thème de *Il pleure dans mon cœur*? Est-ce que ce poème raconte une histoire ou exprime seulement un sentiment? Expliquez. Si c'est un sentiment, lequel est-ce? Est-ce un sentiment que vous connaissez? Quand avez-vous ce sentiment vous-même? **/ 3.** *La lune blanche.* Est-ce que ce poème raconte une action, une histoire, exprime un sentiment, ou décrit une scène? Expliquez. **/ 4.** La poésie de Verlaine est presque de la musique. Lisez ces poèmes à haute voix, et remarquez comment les sons s'harmonisent avec les émotions exprimées. Donnez des exemples.

Perfectionnez votre grammaire

falloir et devoir

Les pronoms interrogatifs

I.   Idée générale de l'usage de **falloir** et **devoir**[*]

   il faut (ou **il a fallu, il fallut, il fallait, il faudra, il faudrait**) indique la nécessité. Il n'y a pas de choix:

   > **Il faut** respirer pour vivre.
   > **Il faut** que vous traversiez l'océan pour aller en Europe.

   devoir (je dois, je devais, j'ai dû, je devrais et **j'aurais dû**) indique l'obligation morale, mais pas absolue *(to be supposed to, to be expected)* ou la probabilité:

   > **Je dois** être à la maison à six heures.   *(I am supposed to be . . .)*
   > **Vous devez** être fatigué.   *(You must be, you are probably tired.)*

II.   Les usages du verbe **falloir.**

   Ce verbe est impersonnel c'est-à-dire qu'il existe seulement à la troisième personne du singulier: **il faut, il a fallu, il fallut, il fallait, il faudra, il faudrait**.

   A.   Avec l'infinitif

   Quand il n'y a pas de changement de sujet, c'est-à-dire quand la phrase est impersonnelle, on emploie l'infinitif après **falloir**:

   > **Il faut respirer** pour vivre.
   > **Il faut** souvent **faire** des choses difficiles.

---

[*]Both *falloir* and *devoir* may be translated by **must** in English:

Il faut respirer pour vivre. (One must breathe in order to live.)
Il faut que vous traversiez l'océan pour aller en Europe. (You must cross the ocean in order to go to Europe.)
Je dois être à la maison à six heures. (I must be home at 6.)
Vous devez être fatigué! (You must be tired!)

That is because **must** has several meanings:

must means $\left\{ \begin{array}{ll} \text{to have to} & \textit{(falloir)} \\ \text{to be supposed to} & \textit{(devoir)} \\ \text{probably} & \textit{(devoir)} \end{array} \right.$

B.   Avec le subjonctif

Quand il y a un verbe conjugué après **falloir**, ce verbe est au subjonctif, parce que **falloir** exprime toujours une idée de nécessité:

> **Il faut que vous compreniez** ce que vous lisez.
> **Il faut que je fasse** des économies.

C.   Les différents temps de **falloir**

1.   passé composé — **il a fallu** *(at a given time, had to)*

> **Il a fallu** que je prenne l'autobus pour venir ici.

2.   imparfait — **il fallait** *(had to, as a situation)*

> J'ai travaillé parce qu'**il fallait** que je gagne de l'argent.

3.   futur — **il faudra** *(will have to)*

> **Il faudra** que vous décidiez un jour de votre avenir.

4.   conditionnel — **il faudrait** *(would have to)*

> **Il faudrait** que je me lève à 6 heures pour arriver ici à 7 heures.

D.   Le sens de **il ne faut pas** *(must not)*

Vous savez déjà que **il faut** à le sens de *to have to*, ou *must*. Mais la négation **il ne faut pas** à seulement le sens de *must not*:

> **Il ne faut pas** dire à une jeune fille qu'elle n'est pas jolie.
> **Il ne faut pas** parker une voiture au milieu de la rue!
> L'agent de police a dit qu'**il ne fallait pas** aller si vite.

Note: Comment exprime-t-on *I don't have to . . .* ? Employez l'expression «je ne suis pas obligé de . . . » ou «je n'ai pas besoin de . . . ».

> Ce garçon a de la chance! **Il n'a pas besoin de** travailler. (Mais moi, **il faut** que je travaille!)
> **Je ne suis pas obligé de** me lever avant sept heures. Mais **il ne faut pas** que je perde mon temps après, ou je suis en retard.

III. Les usages du verbe **devoir**.

A. La conjugaison et les temps de **devoir**.

Présent		Passé composé			Passé littéraire		Imparfait	
je	dois	j'	ai	dû	je	dus	je	devais
tu	dois	tu	as	dû	tu	dus	tu	devais
il	doit	il	a	dû	il	dut	il	devait
nous	devons	nous	avons	dû	nous	dûmes	nous	devions
vous	devez	vous	avez	dû	vous	dûtes	vous	deviez
ils	doivent	ils	ont	dû	ils	durent	ils	devaient

Futur		Conditionnel		Conditionnel passé			Plus-que-parfait		
je	devrai	je	devrais	j'	aurais	dû	j'	avais	dû
tu	devras	tu	devrais	tu	aurais	dû	tu	avais	dû
il	devra	il	devrait	il	aurait	dû	il	avait	dû
nous	devrons	nous	devrions	nous	aurions	dû	nous	avions	dû
vous	devrez	vous	devriez	vous	auriez	dû	vous	aviez	dû
ils	devront	ils	devraient	ils	auraient	dû	ils	avaient	dû

B. Les différents usages de **devoir** et ses différents temps.

1. **devoir** employé seul (sans autre verbe) a le sens de *to owe* :

   Je dois de l'argent à la banque.
   Vous devez un dollar à la cantine.

2. **devoir** employé avec un autre verbe a plusieurs sens possibles:

   a. **je dois** et **je devais** ont deux sens possibles:

   to be supposed to

   Je dois être chez moi à 6 heures.
   Vous deviez me téléphoner, et vous avez oublié!

   probably

   Il doit faire froid en Alaska.
   Paul **devait** être malade: il était absent hier.

   b. **j'ai dû** *(I must have)*

   J'ai dû laisser mes clés à la maison!
   Vous avez dû oublier vos affaires dans l'autobus.

   c. **je devrais** *(I should, I ought to)*

   J'ai un ami à l'hôpital. **Je devrais** aller le voir.
   Vous ne **devriez** pas avoir de difficultés si vous allez en France.

d.   **j'aurais dû** *(I should have, I ought to have)*

> **J'aurais dû** vous écrire plus tôt, mais j'étais occupé.
> **Vous auriez dû** étudier avant votre examen.

Remarquez: C'est peut-être un commentaire défavorable sur la nature humaine, mais très souvent, **je devrais** implique qu'on est conscient d'une obligation, mais qu'on n'a pas l'intention de faire ce dont on parle (si on a l'intention de le faire, on dira: **il faut**).

> **Je devrais** aider ma mère, mettre ma chambre en ordre. **Je devrais** aussi être plus gentil avec mon petit frère. (Mais je ne le fais pas.)

j'aurais dû exprime la même conscience de l'obligation, mais en rétrospective, et quand il est trop tard. On l'appelle quelquefois le mode du regret:

> **J'aurais dû** aller voir mon grand-père plus souvent. (Et je le regrette, maintenant qu'il est mort.)

IV. Les pronoms interrogatifs

A.   Récapitulation des pronoms interrogatifs

Remplace:	*une personne*	*une chose*
sujet	qui (ou: qui est-ce qui)*	qu'est-ce qui
objet direct	qui (ou: qui est-ce que)*	que (ou: qu'est-ce que)
objet de préposition	qui	quoi

Exemples:

1.   Le pronom remplace le sujet

personne	*chose*
Qui a téléphoné?	**Qu'est-ce qui** est tombé?

2.   Le pronom remplace l'objet direct

personne	*chose*
Qui voulez-vous voir?	**Que** voulez-vous voir? (ou: **Qu'est-ce que** vous voulez voir?)

---

*These forms are possible, but they are employed much less frequently than *qui*. Remember that, when the question concerns a person (whether subject, object, or object of a preposition), *qui* is correct.

3. Le pronom remplace l'objet d'une préposition

personne

A qui pensez-vous?

chose

A quoi pensez-vous?

B. L'adjectif interrogatif **quel** et **lequel, auquel, duquel**

adjectif	*pronom*	*pronom (+ à)*	*pronom (+ de)*
quel	lequel	auquel	duquel
quelle	laquelle	à laquelle	de laquelle
quels	lesquels	auxquels	desquels
quelles	lesquelles	auxquelles	desquelles

Exemples:

un ami
{
Quel ami préférez-vous?
Lequel aimez-vous le mieux?
Auquel téléphonez-vous le plus souvent?
Duquel parlez-vous, et duquel avez-vous besoin?
}

Exercices

I. Révision rapide des formes de **falloir** et **devoir**.

A. Quelle est la forme correcte?

1. **falloir (il faut)**

au présent? au futur? au conditionnel? au passé composé? au passé littéraire? à l'imparfait?

2. **devoir**

au présent: je . . . . , vous . . . . , ils . . . . , tu . . . . , nous . . . . , on . . . .
au passé composé: j' . . . . , il . . . . , nous . . . . , ils . . . .
au conditionnel: je . . . . , on . . . . , vous . . . . , ils . . . .
à l'imparfait: il . . . . , nous . . . . , je . . . . , tu . . . . , vous . . . .
au conditionnel passé: j' . . . . , on . . . . , vous . . . . , nous . . . .

B. Comment dit-on en francais avec **falloir** ou **devoir**

EXEMPLE: *I was supposed to*
Je devais

1. *I am supposed to*
2. *he was supposed to*
3. *they must have*
4. *I ought to*
5. *I ought to have*
6. *you probably were* (vous . . . être)
7. *she must have been*
8. *we ought to have*
9. *they were supposed to*
10. *I must have*

II. Employez **falloir** ou **devoir** à la forme et au temps corrects.

> EXEMPLE: Hier soir, ma mère était fatiguée. *(falloir)* . . . que je reste à la maison.
> Hier soir, ma mère était fatiguée, *il a fallu* que je reste à la maison.

1. Lise ne trouve pas son sac. *(devoir)* . . . . . l'oublier dans l'autobus!
2. Pourquoi n'avez-vous pas téléphoné? *(devoir)* . . . . . téléphoner hier soir!
3. L'été dernier, j'ai travaillé. *(falloir)* . . . . . que je fasse des économies.
4. Votre réponse n'était pas correcte. *(devoir)* . . . . . dire que 2+2 font 4.
5. Mes parents *(devoir)* . . . . . faire un voyage, mais ils ont changé d'avis.
6. Il *(falloir)* . . . . . que vous arriviez un peu plus tôt demain.
7. Il *(falloir)* . . . . . que vous veniez à pied. Il n'y avait pas d'autobus.
8. Les trains du XIXème siècle *(devoir)* . . . . . sembler très rapides.
9. Paris *(devoir)* . . . . . bien changer pendant le XIXème siècle.
10. Pasteur a affirmé qu'il *(falloir)* . . . . . avoir une souris* pour donner naissance à une autre souris.

III. Répondez de façon personnelle aux questions suivantes, en employant **falloir** ou **devoir**.

1. A quelle heure devez-vous être chez vous aujourd'hui?
2. Quelle est la première chose que vous devez faire en arrivant à la maison?
3. Qu'est-ce qu'il faut que vous fassiez tous les matins?
4. Vous étiez en retard. Qu'est-ce qu'il a fallu que vous fassiez?
5. Qu'est-ce que vous devriez faire tous les jours?
6. Qu'est-ce que vous auriez dû faire hier soir?
7. Votre père n'arrive pas à la maison à l'heure. Que pensez-vous?
8. Vous ne trouvez pas votre livre de français. Que pensez-vous?
9. Qu'est-ce qu'il faudra que vous fassiez pour le trouver?
10. Vous avez envoyé un cadeau à un ami. Il ne vous a pas écrit, pas téléphoné. Qu'est-ce que vous pensez?
11. Il n'y avait pas de pain pour le dîner. Qu'est-ce qu'il a fallu que vous fassiez?
12. Vous avez une mauvaise note . . . Qu'est-ce que vous auriez dû faire? Qu'est-ce que le professeur aurait dû faire? Qu'est-ce qu'il faudra que vous fassiez à l'avenir?

IV. Les pronoms interrogatifs.

A. Formulez la question correspondante.

> EXEMPLE: J'ai rencontré un de vos amis.
> Lequel?

1. Quelqu'un a téléphoné.

---

*Et même, de préférence, deux.

2. Il m'a dit des choses très intéressantes.

3. Oui. Sur un de vos amis.

4. Nous avons aussi parlé d'une jeune fille.

5. Nous avons décidé d'acheter quelque chose.

6. Et d'en faire cadeau à un type très sympathique.

7. Mais nous avions une petite question.

8. Vous pouvez peut-être nous rendre un petit service.

9. Si vous donnez un coup de téléphone à quelqu'un.

10. Et si vous lui dites quelque chose pour nous.

B. Formulez la question dont nous vous donnons la réponse.

EXEMPLE: *A qui pense cette jeune fille?*
Oh, elle pense probablement à son fiancé.

1. . . . . ? Je pense à vous.
2. . . . . ? Je pense à mes vacances prochaines.
3. . . . . ? Cet été, je dois faire un grand voyage.
4. . . . . ? Mon frère et un copain doivent venir avec moi.
5. . . . . ? Nous devons visiter le Nord et le Sud des Etats-Unis.
6. . . . . ? Il faut que j'emporte assez d'argent, une valise et un appareil photo.
7. . . . . ? Pour le moment, il faut que je fasse des économies.
8. . . . . ? Il ne faut pas que je dépense mon argent stupidement.
9. . . . . ? Je vous rapporterai un souvenir.

V. Sujets de composition

1. Qu'est-ce qu'il faut que vous fassiez tous les jours, ou souvent? Contrastez ce qu'il faut que vous fassiez, avec ce que vous devriez faire pour être absolument adorable à la maison? Avec vos amis? Pour être un élève modèle en classe? Pour bien préparer votre avenir?

2. Votre monologue intérieur dans quelques circonstances de votre vie. Par exemple:

   — quelqu'un a promis de vous téléphoner et . . . . silence. (Ce Paul! Il a dû oublier, ou alors, il a dû trouver quelque chose de plus intéressant à faire. Il doit penser que je n'ai rien d'autre à faire qu'à l'attendre. Il faut que je lui donne une bonne leçon, etc.)

   — Votre tante vous fait un cadeau qui coûte probablement 25 cents.

   — Vous attendez votre petit ami (ou petite amie?) qui n'arrive pas. Vous attendez deux heures!

3. Chez le chef du personnel d'un grand magasin.

   Vous cherchez du travail pour gagner de l'argent pendant les vacances. Le chef du personnel d'un grand magasin vous pose au moins dix questions et vous y répondez. A votre tour, posez-lui au moins cinq questions, et imaginez ses réponses. Quelle est la conclusion de cette conversation?

En voyage

Informations culturelles. Les avions de France-Inter font le service entre les différentes villes de France. Mais les distances ne sont jamais très grandes, les trains sont modernes, confortables, rapides et exactement à l'heure. Donc, pour voyager en France, on prend souvent le train. Le **car** est une autre possibilité. C'est un autobus qui va d'une ville à une autre, ou qui fait des voyages touristiques. Les horaires des avions, trains, cars, suivent le système de 24 heures.*

A l'aéroport ou à la gare

A quelle heure est . l'avion / le train . . . . pour . . Paris . . . . ?

Il est à . quinze heures trente / vingt heures . . quarante . .

Quelle est son heure d'arrivée?

Il arrive à . neuf heures dix / dix-sept heures . . vingt . . .

Combien coûte le billet aller?

Le billet aller (ou: billet simple) coûte . 10 / 100 . francs.

Combien coûte le billet aller et retour?

Le billet aller et retour coûte . 20 / 200 . francs.

A l'hôtel

Avez-vous une chambre pour . une / deux . personnes?

Oui, nous avons une chambre à . un / deux . lits.

Je voudrais une chambre avec . salle de bains / . douche . .

Oui, nous avons le choix: baignoire, ou simple douche.

Quel est le tarif pour la chambre à deux lits, avec douche?

C'est 30 francs par jour, y compris le petit déjeuner.

Servez-vous le petit déjeuner dans la chambre?

— Oui, sonnez quand vous voulez.
— Non, seulement à la salle-à-manger.

---

*France uses very widely the 24-hour system: AM hours go from 1 to 12, PM hours from 13 to 24. This is now used exclusively in all official timetables, and many people use it in everyday conversation.

Une excursion

Comment peut-on aller . . à Versailles / . . . . .
à Chartres / aux châteaux de la Loire / .
. au Mont Saint-Michel . . . . . ?

Il y a un car qui y va . . tous les jours / tous les . . .
lundis / deux fois par semaine . . . . . .

Combien de temps dure l'excursion?

— Elle dure juste la journée.
— Elle prend deux jours.

Divisez la classe en groupes de 2 (ou de plus de 2) personnes. Chaque personne prend un rôle, et chaque groupe prépare sa conversation.

1. *At the Paris airport (Orly).* You ask the airline employee if there is a plane for London. "There are several today," she says. You ask her at what time is the next. "At 2:00 PM," she tells you (using the 24-hour system). You ask her: "How much is the round-trip ticket?" She tells you "It costs 250 francs." You think it's too expensive, so she tells you to call the station and ask the price of the boat-train (du train-bateau).

2. *At the hotel.* You arrive in Paris with your parents. They count on you to communicate with the French. At the hotel you ask the clerk if they have two rooms. He says, "Certainly. What kind of rooms do you want?" You ask for two rooms, one double and one single. "Very well," says the clerk. "Do you want a shower or a tub?" You tell him that a shower in each room will be enough. You ask him the price of the rooms. He tells you: "20 and 30 francs, breakfast included."

3. *Planning a side trip.* You ask the clerk, "How can one go to Versailles?" "There are tour buses every morning at 9:00," he tells you. You want to know how long the trip lasts. "It takes 6 hours, including the visit of the château." You ask him to reserve 3 seats for tomorrow.

4. Compose an imaginative conversation, using as many terms from this and other conversation lessons as possible.

Un peu d'histoire
Le XXᵉ siècle

La Première Guerre Mondiale (1914–1918)

Cette guerre, commencée presque par accident, va durer quatre ans et coûter des millions de vies humaines. Les Anglais sont, depuis peu de temps, alliés aux Français, et en 1917, les Américains viennent à leur tour aider les Alliés.

Les Allemands envahissent la France, et arrivent sur la Marne, une rivière près de Paris. La situation est très grave. Alors, dans une décision historique, les généraux français réquisitionnent les taxis de Paris (ce sont les débuts de l'automobile, les taxis sont une nouveauté), et les soldats sont transportés au front par taxi. Leur arrivée rapide surprend l'ennemi et ils gagnent la Bataille de la Marne, qui arrête l'avance allemande.

C'est une terrible guerre; les armes sont perfectionnées et tuent des régiments entiers. Pour se protéger, les soldats creusent des *tranchées* où ils vont passer des mois de souffrances, dans le froid et dans la boue. Pourtant, cette guerre est la première guerre «moderne»; pour la première fois on emploie des transports motorisés de troupes, et pour la première fois, les avions sont employés pour bombarder les positions ennemies.

1. Le général Charles de Gaulle.

2. Pendant la terrible guerre de 1914-1918.

2

La guerre se termine par la victoire des Alliés (France, Angleterre, Etats-Unis) et le Traité de Versailles. L'Alsace-Lorraine est de nouveau française.

Après la guerre, beaucoup de gens, horrifiés des morts, des souffrances, des destructions, promettent que ce sera la dernière. Hélas!

L'entre deux guerres

C'est ainsi qu'on appelle maintenant la période qui va de la Première Guerre (1918) à la Deuxième Guerre Mondiale (1939). C'est une période de prospérité relative pour la France, qui se remet des terribles pertes de la guerre qui vient de finir.

Mais l'Allemagne, humiliée par les termes du Traité de Versailles, a faim, et passe par une période politique troublée. En 1933, le chef du parti nazi, Adolf Hitler, devient *Reichsführer* (Premier Ministre). Pour enrichir l'Allemagne, il commence une politique d'expansion européenne. D'abord, il décide de «réunir» l'Autriche à l'Allemagne, c'est-à-dire de prendre l'Autriche. Pour éviter la guerre, les gouvernements anglais et français acceptent, et les troupes nazies entrent à Vienne. Puis, il demande une grande partie de la Tchécoslovaquie, et cette fois encore, les gouvernements anglais et français acceptent, dans l'espoir de préserver la paix. Mais c'est en vain. En 1939, Hitler envahit la Pologne.

La Deuxième Guerre Mondiale (1939–1945)

Vingt et un ans après la fin de la Première, et qui devait être la dernière! la Deuxième Guerre Mondiale commence. A l'exception de Hitler et de l'Allemagne nazie (et n'oubliez pas que tous les Allemands n'étaient pas des nazis), l'Europe a peur d'une autre guerre. Mais la Pologne est attaquée, l'Angleterre est alliée de la Pologne, et la France est alliée de l'Angleterre. Dans la consternation, les soldats français partent pour l'est.

3

4

3. Hitler, chef du gouvernement allemand nazi, et Pétain, chef du gouvernement français pendant l'occupation allemande (1940-1944).

4. C'est la défaite. Un Francais pleure en regardant la scène que vous voyez à droite.

5. Un Français pleure, et beaucoup d'autres avec lui, quand les Allemands victorieux passent sous l'Arc de Triomphe.

Ni l'Angleterre ni la France ne sont prêtes, et chacune compte sur l'autre. L'Angleterre est protégée par sa position d'île, mais la France sera bientôt envahie et occupée par les Allemands. Pendant cette période d'occupation, les Français auront faim et froid, ils ont perdu leur liberté. Surtout, ils ont la grande humiliation de voir les troupes allemandes défiler sur les Champs-Elysées, et le drapeau à croix gammée flotter sur les bâtiments publics.

6. Les troupes américaines débarquent en Normandie.

7. Un paysan français prie devant les corps de soldats américains morts pour la liberté.

8. Sur la Route de la Libération

Le général de Gaulle et la Résistance

L'Angleterre tient toujours, dans son île, et maintenant, elle se prépare. Sa flotte est très forte, et elle construit une aviation de guerre considérable. Surtout, elle est aidée par les Etats-Unis qui, en 1942, vont aussi entrer en guerre contre l'Allemagne. Bientôt l'Angleterre ressemble à une énorme base, chargée de matériel, de machines, d'armes et de troupes américains.

Les troupes françaises qui ont échappé aux Allemands se regroupent en Angleterre autour d'un général inconnu, le *Général de Gaulle*. De Gaulle dit que la France a perdu une bataille, mais qu'elle n'a pas perdu la guerre, nomme ses troupes *Forces Françaises Libres* et continue la guerre.

Le Débarquement et la Libération de la France

Enfin, en 1944, les troupes Anglo-Américaines débarquent en France.* Après une dure et héroïque bataille, accompagnés des Forces Françaises Libres, ils arrivent en France et chassent les Allemands. Les Français, libérés, reçoivent les Américains dans un délire de joie et d'enthousiasme.

Une inscription sur un mur

Verdun est une petite ville de l'est de la France, scène de longues et terribles batailles dans les deux guerres mondiales. Les Américains se sont battus héroïquement à Verdun dans ces deux guerres. Sur

---

*In Normandie, not far from the spot where, in 1066, Guillaume gathered his own invasion fleet and from which he sailed to conquer England. (See *Fenêtres sur la France*, pp. 252-261, for the story of *that* expedition.)

9

9. C'est la victoire! De Gaulle, à son tour, marche sous l'Arc de Triomphe.
10. L'arrivée des Américains en France: "Vive la Paix, vive la France, vive l'Amérique!"

10

11. L Europe contemporaine. La France, l'Angleterre, l'Italie, l'Allemagne de l'Ouest, la Belgique, les Pays-Bas, le Luxembourg forment une alliance économique importante. C'est le Marché Commun européen.

Quelques importantes réalisations industrielles de la France:
12. avions à réaction,
13. le paquebot France,
14. la ligne d'assemblage des automobiles Renault.

un mur à demi démoli par les canons, il y a une inscription, gravée dans la pierre avec un couteau de poche: «*Corporal John Brown, US Army, 1917*», et juste au-dessous, une autre inscription plus fraîche: «*Captain John Brown, US Army, 1944. This is the last time I want to be here.*»

Cette inscription rappelle, bien sûr, la présence des Américains dans deux guerres récentes en France. Et les Français restent reconnaissants aux Américains de leur aide. Mais il ne faut pas adopter l'attitude naïve que les Etats-Unis ont «sauvé» l'Europe. Dans les deux guerres, la victoire des Alliés était aussi dans l'intérêt des Etats-Unis.

De 1945 à nos jours

Après quelques années difficiles qui ont suivi la guerre, la France est entrée dans une période de paix et de prospérité. Devenu Président de la République, le général de Gaulle a pendant dix ans guidé la France à travers une période de reconstruction et de développement. Il a compris que le temps des empires coloniaux était passé et il a donné l'indépendance aux colonies françaises d'Afrique. Celles-ci gardent la langue française mais fonctionnent maintenant comme pays indépendants. Malgré son nationalisme, de Gaulle a compris que l'avenir de l'Europe est dans l'unité, pas dans la guerre. Le *Marché Commun* (France, Allemagne, Italie, Belgique, Hollande, Luxembourg, auquel il faut ajouter maintenant l'Angleterre) forme une considérable alliance économique.

La presse américaine a beaucoup parlé de la «haine» de de Gaulle pour les Etats-Unis et l'Angleterre. Cette «haine» est en grande partie imaginaire, et de Gaulle l'a prouvé chaque fois qu'il en avait l'occasion. Par exemple il est venu, âgé et lui-même toujours victime possible d'un assassin, à l'enterrement du Président Kennedy qu'il considérait comme un ami personnel. Mais sa politique, qui désirait garantir la paix pour la France, n'était pas toujours comprise, et dans des actions bonnes pour la France, l'opinion publique a quelquefois vu à tort des intentions hostiles aux Etats-Unis.

12

13

14

Vie et littérature

Les écrivains importants du XXe siècle sont nombreux. On peut nommer, pour le théâtre: *Jules Romains, Jean Anouilh, Jean Giraudoux,* et le maître de l'absurde, *Eugène Ionesco.*

Les romanciers sont nombreux aussi: *Marcel Proust, André Gide, François Mauriac, Colette, Saint-Exupéry,* et parmi les contemporains, *Alain Robbe-Grillet* et *Michel Butor.*

Les poètes introduisent la poésie surréaliste: *Apollinaire, Tzara, Cocteau.* Plus tard dans le siècle, il y a *Eluard* et *Aragon.*

On ne peut pas séparer la littérature de la philosophie. Les grands philosophes du XXe siècle écrivent, non seulement des essais qui exposent leurs idées, mais aussi des romans, des pièces de théâtre et des nouvelles. Les plus importants de ces philosophes-écrivains sont *Camus* et *Sartre,* tous les deux rattachés au mouvement existentialiste. L'oeuvre de Simone de Beauvoir, en particulier son ouvrage *Le Deuxième Sexe,* est considérée par beaucoup comme importante dans l'évolution du féminisme.

Jules Romains

Le théâtre de Jules Romains est varié, mais il excelle surtout dans la farce satirique, qui rappelle un peu, par ses sujets et son dialogue, les comédies de Molière.

La mieux connue de ses pièces, c'est *Knock, ou le Triomphe de la Médecine* dont vous allez lire une scène. Le Dr. Knock est le nouveau docteur du village de Saint-Maurice. Il y a très peu de clientèle et qui paie très mal. Mais Knock applique des méthodes tout à fait nouvelles. Par exemple, il donne chaque semaine une journée de consultations gratuites qui lui donnent l'occasion de prendre contact avec la population. Nous assistons ici au triomphe de la mystification et du charlatanisme. Les points de suspension (....) indiquent les coupures faites dans le texte.

Knock, ou le Triomphe de la Médecine

Scène: Le cabinet de consultation du Dr. Knock

Personnages: Le Dr. Knock

La dame en noir *(Elle a 45 ans, c'est une paysanne riche et avare.)*

KNOCK: Vous êtes de Saint-Maurice même?

LA DAME: J'habite la grande ferme qui est sur la route de Luchère.

KNOCK: Elle vous appartient?

LA DAME: Oui, à mon mari et à moi.

KNOCK: Si vous l'exploitez vous-même, vous devez avoir beaucoup de travail?

LA DAME: Pensez, monsieur! dix-huit vaches, deux bœufs, deux taureaux, six chèvres, une bonne douzaine de cochons . . .

KNOCK: Diable! Vous n'avez pas de domestiques?

LA DAME: Dame si. Trois valets, une servante, et les journaliers dans la belle saison.

KNOCK: Je vous plains. Il ne doit guère vous rester de temps pour vous soigner.

LA DAME: Oh! non.

KNOCK: Et pourtant vous souffrez.

LA DAME: Ce n'est pas le mot. J'ai plutôt de la fatigue.

KNOCK: Oui, vous appelez ça de la fatigue. *(Il s'approche d'elle.)* Tirez la langue. Vous ne devez pas avoir beaucoup d'appétit.

LA DAME: Non . . . .

KNOCK: *(Il l'ausculte.)* Baissez la tête. Respirez. Toussez. Vous n'êtes jamais tombée d'une échelle, étant petite?

LA DAME: Je ne me souviens pas.

KNOCK: *(Il lui presse les reins.)* Vous n'avez jamais mal ici le soir en vous couchant?

LA DAME: Oui, des fois.

KNOCK: *(Il continue de l'ausculter.)* Essayez de vous rappeler. Ça devait être une grande échelle.

LA DAME: Ça se peut bien.

KNOCK: *(très affirmatif)* C'était une échelle d'environ trois mètres cinquante, posée contre un mur. Vous êtes tombée à la renverse. C'est la fesse gauche, heureusement, qui a porté.

LA DAME: Ah oui !

KNOCK: Vous avez envie de guérir, ou vous n'avez pas envie?

LA DAME: J'ai envie.

KNOCK: J'aime mieux vous prévenir tout de suite que ce sera très long et très coûteux.

LA DAME: Ah! mon Dieu! Et pourquoi ça?

KNOCK: Parce qu'on ne guérit pas en cinq minutes un mal qu'on traîne depuis quarante ans . . . .

LA DAME: Et combien est-ce que ça me coûterait?

KNOCK: Eh bien! ça vous coûtera à peu près deux cochons et deux veaux.

LA DAME: Ah! là là! Près de trois mille francs? C'est une désolation! Mais qu'est-ce que je peux donc avoir de si terrible que ça?

KNOCK: *(avec une grande courtoisie)* Je vais vous l'expliquer en une minute au tableau noir. *(Il va au tableau et commence un croquis.) (il trace des flèches .)*

LA DAME: Mon Dieu! Mon Dieu!

KNOCK: Remarquez que vous ne mourrez pas du jour au lendemain. Vous pouvez attendre.

LA DAME: Oh! là là! J'ai bien eu du malheur de tomber de cette échelle!

KNOCK: Je me demande même s'il ne vaut pas mieux laisser les choses comme elles sont. L'argent est si dur à gagner. Tandis que les années de vieillesse, on en a toujours bien assez. Pour le plaisir qu'elles donnent!

LA DAME: Vous ne pourriez pas me guérir à moins cher? A condition que ce soit bien fait tout de même.

KNOCK: Ce que je puis vous proposer, c'est de vous mettre en observation. Ça ne vous coûtera presque rien. Au bout de quelques jours vous vous rendrez compte par vous-même de la tournure que prendra le mal, et vous vous déciderez.

LA DAME: Oui, c'est ça.

KNOCK: Bien. Vous allez rentrer chez vous. Vous êtes venue en voiture?

LA DAME: Non, à pied.

KNOCK: *(Tandis qu'il rédige l'ordonnance, assis à sa table.)* Il faudra tâcher de trouver une voiture. Vous vous coucherez en arrivant. Faites fermer les volets et les rideaux pour que la lumière ne vous gêne pas. Aucune alimentation solide pendant une semaine. Un verre d'eau de Vichy toutes les deux heures. Vous ne direz pas que je vous ordonne des remèdes coûteux! A la fin de la semaine, nous verrons comment vous vous sentez. Si vous êtes gaillarde, si vos forces et votre gaieté sont revenues je serai le premier à vous rassurer. Si, au contraire, vous éprouvez une faiblesse générale l'hésitation ne sera plus permise, et nous commencerons le traitement.

Abrégé de *Knock, ou le Triomphe de la Médecine,* Gallimard, éd.

taureaux bulls
chèvres goats
les journaliers hired help
je vous plains I feel sorry for you
il ne doit guère vous rester de temps pour vous soigner You mustn't have much time left over to care for yourself
Tirez la langue Pull out your tongue
Toussez Cough
les reins (lit. the kidneys) the lower back

la fesse gauche the left buttock
guérir to be cured, to recover
traîne (an illness) you have been living with for . . .
veaux calves
s'il ne vaut pas mieux if it wouldn't be better
la tournure the way it will go, the direction
les volets the shutters
alimentation food
gaillarde vigorous, cheerful
faiblesse weakness

Jean Cocteau

L'œuvre de Cocteau est variée, mais c'est surtout son théâtre et sa poésie qui font de lui un personnage de la littérature. C'est un surréaliste «réformé» qui sera admis à l'Académie Française à la surprise de beaucoup qui croyaient celle-ci trop conservatrice pour accepter dans ses rangs cet «enfant terrible.» Dans *Batterie*, un petit poème qui date du temps du jazz, des cirques, des années vingt, Cocteau s'adresse au soleil.

Batterie

Soleil, je t'adore, comme les sauvages,
à plat ventre sur le rivage.

Soleil, tu vernis tes chromos
tes paniers de fruits, tes animaux.

Fais-moi le corps tanné, salé ;
fais ma grande douleur s'en aller.

Arrache mon mal, tire fort
charlatan au carrosse d'or.

Que j'ai chaud ! C'est qu'il est midi.
Je ne sais plus bien ce que je dis.

Je n'ai plus mon ombre autour de moi
soleil ! ménagerie des mois.

Soleil, Buffalo Bill, Barnum
tu grises mieux que l'opium.

Tu es un clown, un toréador,
tu as des chaînes de montre en or.

Soleil, je supporte tes coups ;
tes gros coups de poing sur mon cou

C'est encore toi que je préfère,
soleil, délicieux enfer.

Gallimard

---

batterie: *drums (like the drums in a jazz band)*
à plat ventre: *flat on my stomach*
chromos: *cheap, bright colored photo*
     reproductions
tanné: *tanned*

tire fort: *pull hard*
tu grises: *you intoxicate*
je supporte tes coups: *I bear your blows*
coups de poings: *the blows of your fist*
sur mon cou: *on my neck*

Sartre

Jean-Paul Sartre est considéré comme le fondateur de l'existentialisme en France. L'existentialisme, c'est la philosophie qui veut que «l'existence précède l'essence.» Cela veut dire que l'homme existe d'abord, qu'il devient ce qu'il se fait, et qu'il détermine par sa vie et ses actions, son essence, c'est-à-dire sa définition.

Le Mur

Le passage suivant est extrait de la nouvelle de Jean-Paul Sartre, **Le Mur**. Les points de suspension (. . .) indiquent les coupures faites dans le texte original.

Pendant la guerre civile d'Espagne (1936–39), Pablo Ibbieta est arrêté par les troupes ennemies. Il est condamné à mort et passe la nuit en prison, avec plusieurs camarades qui sont exécutés le matin. Ibbieta est surpris d'être encore vivant. Il sait que les ennemis veulent savoir où se cache Gris, le chef de son groupe. Ibbieta sait très bien où est Gris, mais refuse de le dire.

. . . . L'officier* qui m'interrogeait était petit et gros. Il avait des yeux durs derrière ses lorgnons. Il me dit:

— Approche . . . . C'est ta vie contre la sienne. On te laisse la vie sauve si tu nous dis où il est . . . . C'est compris?

— Je ne sais pas où est Gris, répondis-je. Je croyais qu'il était à Madrid.

L'autre officier leva sa main pâle avec indolence. Cette indolence aussi était calculée. Je voyais tous leurs petits manèges et j'étais stupéfait qu'il se trouvât des hommes pour s'amuser à ça.

— Vous avez un quart d'heure pour réfléchir, dit-il lentement. Emmenez-le . . . . vous le ramènerez dans un quart d'heure. S'il persiste à refuser, on l'exécutera sur-le-champ.

Ils savaient ce qu'ils faisaient: j'avais passé la nuit dans l'attente; après ça, ils m'avaient encore fait attendre une heure dans la cave, pendant qu'on fusillait Tom et Juan . . . . Il se disaient que les nerfs s'usent à la longue et ils espéraient m'avoir comme ça.

Ils se trompaient bien . . . . Naturellement, je savais où était Gris: il se cachait chez ses cousins, à quatre kilomètres de la ville. Je savais aussi que je ne révèlerais pas sa cachette, sauf s'ils me torturaient (mais ils n'avaient pas l'air d'y songer). Tout cela était parfaitement réglé, définitif, et ne m'intéressait nullement . . . . Et pourtant, j'étais là, je pouvais sauver ma peau en livrant Gris et je me refusais à le faire. Je trouvais ça plutôt comique: c'était de l'obstination. Je pensai:

— «Faut-il être têtu!» Et une drôle de gaieté m'envahit.

---

* «Celui» dans le texte original.

Ils vinrent me chercher et me ramenèrent auprès des deux officiers . . . .

— Eh bien, dit le gros officier, tu as réfléchi?

Je les regardai avec curiosité, comme des insectes d'une espèce très rare. Je leur dis:

— Je sais où il est. Il est caché dans le cimetière. Dans un caveau ou dans la cabane des fossoyeurs.

C'était pour leur faire une farce. Je voulais les voir se lever, boucler leurs ceinturons et donner des ordres d'un air affairé.

Ils sautèrent sur leurs pieds.

— Allons-y. Moles, allez demander quinze hommes au lieutenant Lopez. Toi, me dit le petit gros, si tu as dit la vérité, je n'ai qu'une parole. Mais tu le paieras cher si tu t'es fichu de nous . . . .

Au bout d'une demi-heure, le petit gros revint seul. Je pensai qu'il venait donner l'ordre de m'exécuter. Les autres devaient être restés au cimetière.

L'officier me regarda. Il n'avait pas du tout l'air penaud.

— Emmenez-le dans la grande cour avec les autres, dit-il. A la fin des opérations militaires, un tribunal régulier décidera de son sort.

Je crus que je n'avais pas compris. Je lui demandai:

— Alors, on ne me . . . on ne me fusillera pas? . . . .

— Pas maintenant, en tout cas. Après, ça ne me regarde plus.

Je ne comprenais toujours pas. Je lui dis:

— Mais pourquoi?

Il haussa les épaules sans répondre, et les soldats m'emmenèrent. Dans la grande cour il y avait une centaine de prisonniers . . . Vers le soir, on poussa dans la cour une dizaine de prisonniers nouveaux. Je reconnus Garcia, le boulanger. Il me dit:

— Sacré veinard! Je ne pensais pas te revoir vivant . . . .

Il baissa la voix:

— Ils ont eu Gris.

Je me mis à trembler.

— Quand?

— Ce matin . . . . Il a quitté son cousin mardi parce qu'ils avaient eu des mots. Il ne manquait pas de types qui l'auraient caché, mais il ne voulait plus rien devoir à personne. Il a dit: «Je me serais caché chez Ibbieta, mais puisqu'ils l'ont pris j'irai me cacher au cimetière.»

— Au cimetière?

— Oui, c'était idiot. Naturellement, ils y ont passé ce matin, ça devait arriver. Ils l'ont trouvé dans la cabane des fossoyeurs. Il leur a tiré dessus, et ils l'ont descendu.

— Au cimetière!

Tout se mit à tourner et je me retrouvai assis par terre: je riais si fort que les larmes me vinrent aux yeux . . . .

Abrégé de Sartre, *Le Mur*, Gallimard, éd.

manèges tricks	**la cabane des fossoyeurs** the gravediggers' shack
sur-le-champ right away	**une farce** a joke
l'attente waiting	**boucler leurs ceinturons** snap on their gun belts
pendant qu'on fusillait while they were shooting	**si tu t'es fichu de nous** if you made fun of us
sa cachette his hiding place	**penaud** disappointed, let down
y songer to think of it	**Sacré veinard** Lucky guy!
en livrant Gris by selling out Gris	**ça devait arriver** It was bound to happen
têtu stubborn	**il leur a tiré dessus** He took a shot at them
un caveau a tomb	**ils l'ont descendu** they shot him down

Une chanson-poème de Charles Trenet

Pour terminer nos lectures sur une note joyeuse, voilà une des célèbres chansons-poèmes de Charles Trenet. Comme beaucoup de chansons françaises, c'est un vrai petit poème mis en musique par son auteur.

Je Chante

Je chante!
Je chante soir et matin
Je chante
Sur mon chemin!
Je chante
Je vais de ferme en château
Je chante pour du pain
Je chante pour de l'eau!
Je couche
La nuit sur l'herbe des bois,
Les mouches
Ne me piquent pas.
Je suis heureux, j'ai tout et j'ai rien
Je chante sur mon chemin!

Les elfes
Divinités de la nuit
Les elfes
Couchent dans mon lit
La lune
Se faufile à pas de loup
Dans le bois pour danser
Pour danser avec nous!
Je sonne
Chez la Comtesse aujourd'hui,
Personne,
Elle est partie!
Elle n'a laissé qu'un plat de riz pour moi
Me dit un laquais chinois.

Je chante!
Mais la faim qui me poursuit
Tourmente
Mon appétit
Je tombe
Soudain au creux d'un sentier
Je défaille en tombant
Et je meurs à moitié!
Gendarme,
Qui passez sur le chemin!
Gendarme
Je tends les mains!
Pitié, j'ai faim, je voudrais manger,
Je me sens tout léger, léger!

«Au poste!
D'autres moustaches m'ont dit
Au poste!
Ah mon ami
Oui, oui c'est vous le chanteur, le vagabond,
On va vous enfermer
Oui, votre compte est bon»!
Non! Ficelle,
Tu m'as sauvé la vie!
Ficelle,
Sois donc bénie!
Car grâce à toi j'ai rendu l'esprit
Je m'suis pendu cette nuit!

Et depuis
Je chante
Je chante soir et matin!
Je chante
Sur les chemins!
J'arpente
Les fermes et les châteaux
Un fantôme qui chante,
On trouve ça rigolo!
Et je couche
La nuit sur l'herbe des bois,
Les mouches
Ne me piquent pas!
Je suis heureux, ça va, j'ai plus faim
Je chante sur mon chemin!

Questions sur *Un peu d'histoire*

1. Quelles sont les dates de la Première Guerre mondiale? Quels sont les pays qui participent à cette guerre? / **2.** Qu'est-ce qu'on appelle les *taxis de la Marne*? Quelle innovation représentaient-ils? / **3.** Comment la Première Guerre mondiale a-t-elle fini? Quelles étaient ses conséquences? / **4.** Qu'est-ce qu'on appelle la Deuxième Guerre mondiale? / **5.** Qu'est-ce que l'anecdote de *John Brown* indique? Pourquoi *John* était-il deux fois en France? / **6.** Qu'est-ce qu'on appelle le *Marché Commun*? / **7.** Qui est le général de Gaulle? Qu'est-ce qu'il a fait de remarquable? / **8.** Pourquoi les guerres modernes sont-elles si terribles? / **9.** Pensez-vous que les guerres sont nécessaires, ou qu'il est possible de les éviter? Expliquez. / **10.** Pensez-vous qu'il y aura d'autres guerres à l'avenir, ou pensez-vous que les gouvernements auront peur des guerres mondiales? Expliquez.

Sujet de discussion ou de composition

Le patriotisme. Chaque personne a la responsabilité de défendre son pays. Mais d'autres disent que la responsabilité suprême est envers l'humanité, que tous les hommes sont frères et que Dieu a dit: «Tu ne tueras pas». Est-il possible de réconcilier ces ceux points de vue? Quelle est votre opinion personnelle sur la question? Expliquez et justifiez votre conviction.

Questions sur *Vie et littérature*

A. *Questions générales*

1. Quels sont les principaux écrivains de théâtre (ou dramaturges) du XXe siècle? Quels sont les principaux romanciers? Quels sont les poètes surréalistes? / **2.** Dans quelle catégorie d'écrivains peut-on placer Camus et Sartre? Pourquoi?

B. *Knock, ou le Triomphe de la Médecine* (Romains)

1. Pourquoi Knock donne-t-il des consultations gratuites? / **2.** Pourquoi la dame en noir est-elle venue à cette consultation: parce qu'elle est malade? ou parce que la consultation est gratuite? / **3.** En quoi consiste la mystification de Knock? Cette dame est-elle vraiment malade? Qu'est-ce qu'il fait pour la convaincre? / **4.** Quel traitement lui ordonne-t-il? A votre avis, quelles seront les résultats de ce traitement? Alors, que fera Knock? / **5.** Knock dit, dans une autre scène de la pièce: *"Une personne en bonne santé est un malade qui ne sait pas qu'il est malade."* Que pensez-vous de cette remarque, et comment s'applique-t-elle à la dame en noir?

C. *Batterie* (Jean Cocteau)

1. A qui s'adresse Cocteau dans ce poème? Qu'est-ce que qu'il demande? / **2.** Quelles sont les images que Cocteau emploie pour caractériser le soleil? / **3.** Quelles impressions physiques ce poème exprime-t-il? / **4.** Comptez le nombre de syllabes. Y en a-t-il même nombre dans tous les vers? / **5.** Expliquez le titre du poème *Batterie*. Est-ce un bon titre, à votre avis, ou préférez-vous en suggérer un autre?

D. *Le Mur* (Jean-Paul Sartre)

1. Où est Ibbieta quand l'histoire commence? / **2.** Pourquoi les officiers lui demandent-ils où est Gris? Sait-il où est Gris? S'il ne révèle pas l'endroit où Gris se cache, quelle sera la punition de Ibbieta? / **3.** Ibbieta a-t-il peur? Pourquoi? Qu'est-ce qu'il pense des deux officiers? Où leur dit-il qu'ils trouveront Gris? Pourquoi dit-il cela? / **4.** Après cette conversation, qu'est-ce qu'Ibbieta attend? Est-il surpris? Pourquoi? / **5.** Plus tard, Ibbieta comprend la vérité. Quelle est cette vérité? Quelles sont les implications pour Ibbieta? Expliquez la dernière ligne du texte.

E. *Je Chante* (Charles Trenet)

Lisez attentivement cette chanson-poème. A votre tour, composez un petit poème, sur un autre sujet, mais dans le même style. (Le sujet sera peut-être: *Je pleure*, ou *Je ris*, ou *Je m'amuse*, ou *Je travaille*, mais il y a beaucoup d'autres possibilités.)

Perfectionnez votre grammaire

Les pronoms disjoints. Le pronom cela/ça
Les négations autres que ne . . . pas
Le style affectif

I.   Les pronoms disjoints et leur usage.

Récapitulation des pronoms personnels

sujet	objet		réfléchi	Pronom disjoint
	direct	indirect (à)		
je	me	me	me	moi
tu	te	te	te	toi
il	le	lui	se	lui
elle	la	lui	se	elle
on	le	lui	se	soi
nous	nous	nous	nous	nous
vous	vous	vous	vous	vous
ils	les	leur	se	eux
elles	les	leur	se	elles

A.   Usage des pronoms disjoints

On emploie ces pronoms dans les cas suivants:

1.   Comme objet de préposition

Venez **avec moi**. N'allez pas **avec eux**.
Vous pouvez compter **sur moi**.
Il pense **à elle**. Mais elle ne pense pas **à lui**.
On pense souvent **à soi** avant de penser aux autres.
J'ai besoin **de toi**.

2.   Sujet, ou objet multiple

Ma sœur et **moi**, nous nous entendons bien.
Mon père et ma mère sont très différents: **Lui**, c'est un homme d'affaires;
          elle, c'est une artiste.
Je les aime beaucoup, **elle** et **lui**.

Remarquez: Il est plus poli de placer **moi** le dernier. On dit: **Mes amis et moi.**

3. Accentuation du possessif

> C'est notre maison **à nous**.
> Ce sont mes idées **à moi**.
> J'aime bien avoir ma chambre **à moi**, mes affaires **à moi**.
> Ma mère voudrait avoir sa voiture **à elle**.

On emploie **à + le pronom disjoint** pour insister sur l'idée de possession exclusive.

4. Comme pronom d'accentuation

C'est la forme accentuée du pronom, qui renforce le sujet ou l'objet, insiste par répétition:

> Les escargots? Vous aimez ça, **vous**? **Moi**, je n'aime pas ça.
> Je suis toujours gentil, **moi**. Mais **lui**, il est désagréable.
> J'aime bien votre sœur, **elle**.

5. L'emploi de **nous autres** et de **vous autres**

Employez **nous autres** et **vous autres** au lieu de **nous** et **vous** pour bien marquer l'opposition entre un groupe et l'autre:

> **Nous autres** étudiants, nous avons des problèmes que **vous autres** professeurs vous ne comprenez pas du tout.

Remarquez: **vous autres** indique toujours un pluriel *(you people)*.

II. Le pronom indéfini **cela** et sa forme **ça**.

Le pronom **cela** (**ceci** existe aussi, mais on l'emploie plus rarement, et **cela** est la forme usuelle) est invariable et indéfini. Il veut dire *that, it*.

On emploie **cela** dans le style littéraire, mais dans la conversation ou dans le style sans prétention littéraire on dit **ça** à la place de **cela**.

On peut toujours employer indifféremment **cela** ou **ça**. La seule différence dépend du style qu'on veut employer (conversationnel ou littéraire).

A. Sujet indéfini de tous les verbes excepté **être**.

> **Ça** va? Oui, merci, **ça** va mieux.
> Avez-vous assez d'argent? Oui, merci **ça** (**cela**) va comme **ça** (**cela**).

Remarquez: Le sujet correspondant pour le verbe **être** est **ce**, comme vous le savez depuis votre première leçon de français. On dit:

C'est assez	mais on dit:	**Ça** suffit
C'est bien	mais on dit:	**Ça** va

B.   Pronom d'accentuation (for emphasis).

cela ou **ça** est la forme accentuée de **ce**:

> **Ça**, c'est un bon film.
> C'est bon, **ça**.
> C'est vrai, **ça**?

Remarquez: **ça** employé pour renforcer, pour insister sur **c'est,** peut être placé avant: **Ça, c'est vrai.** Il peut aussi être placé après: **C'est vrai, ça.**

C.   Objet indéfini de tous les verbes et de toutes les prépositions.

1.   Objet direct

> Je prendrai **ça**, **ça**, et **ça**.
> Vous comprenez **ça**?   Moi, je ne comprends pas **ça**.
> Vous croyez **ça**?   Moi, je ne crois pas **ça**.

2.   Objet indirect, après une préposition

> Ce n'est pas difficile. On fait **comme ça**.
> «Et **avec ça**, madame? » dit la vendeuse.
> J'ai étudié tard, c'est **pour ça** que je suis fatigué.
> Nous avons besoin **de ça**.

cela/ça a un usage très général. On l'emploie comme sujet ou objet direct ou indirect de tous les verbes.

D.   **Qu'est-ce que c'est que ça?**

> **Qu'est-ce que c'est que ça?** Ça, c'est un ornithorynque.*
> Une fusée gigogne?** **Qu'est-ce que c'est que ça?**

On emploie la forme **qu'est-ce que c'est que ça** quand on ne sait absolument pas ce que c'est. *(What in the world is that?)* Si vous voyez un objet étrange, si on vous parle de quelque chose que vous ne comprenez pas du tout, vous dites: **Qu'est-ce que c'est que ça?** Le reste du temps, naturellement, vous continuez à employer **Qu'est-ce que c'est?** que vous avez appris dans votre première leçon de français.

---

*a duckbill platypuss
**a multiple stage rocket

III. Les négations autres que ne . . . pas

Récapitulation de ces négations

La négation de:	ne +	
quelqu'un	personne	(ou: pas grand-monde)
quelque chose	rien	(ou: pas grand-chose)
toujours	jamais	(ou: pas toujours, pas souvent)
partout	nulle part	(ou: pas partout)
et . . . et	ni . . . ni	
aussi	non plus, pas non plus	
encore	plus	
déjà	pas encore	

Exemples: **Personne n'**est venu. Je **n'**ai vu **personne.**
                      (**Pas grand-monde n'**est venu.)
                      Je **n'**ai **rien** mangé. (Je **n'**ai **pas** mangé **grand-chose.**)
                      Je **ne** mange **jamais** d'escargots.
                      Nous **n'**allons **nulle part** cet été. *(We don't go anywhere.)*
                      Vous **n'**aimez **ni** les escargots, **ni** les grenouilles?
                      Je **ne** les aime **pas non plus.**
                      Vous **n'**avez **pas encore** compris cette leçon?
                      Vous êtes méchant, alors je **ne** vous parle **plus.**

IV. La construction affective

C'est la construction qu'on emploie pour indiquer un point de vue, une émotion dans la phrase. Par exemple:

    J'ai fait ce gâteau.

est une phrase objective. Mais si vous dites:

    Ce gâteau? **C'est moi qui** l'ai fait!

vous ajoutez une note affective à votre phrase. Voilà comment on exprime cette note affective:

A. La construction affective avec **c'est** (moi/toi/lui, etc.) **qui**

    Mon dieu! Quel désordre! **C'est toi qui** as fait ça?
    Non, **ce n'est** pas **moi.** C'est lui.

    C'est vous qui avez fait ce gâteau?
    Oui, **c'est moi qui** l'ai fait.

B. **L'emploi emphatique de ça**

Ah **ça** alors! Quelle surprise!   *(surprise)*
Ça, c'est mon idée à moi.   *(insistance)*
Ah **ça**, ce n'est pas vrai.   *(indignation)*

C. **L'emploi emphatique des pronoms disjoints: moi, toi, lui/elle, soi, nous (nous autres), vous (vous autres), eux/elles**

Vous croyez ça, **vous**?   Nous ne le croyons pas, **nous**.
Moi, je le crois, parce que **moi**, j'ai vérifié.

Maintenant, vous pouvez mettre une note de subjectivité, une note affective dans votre style.
Ces constructions sont également acceptables dans le style parlé et dans le style écrit.

Exercices

I. L'expression **être à**

Répondez à la question avec l'expression **être à + le pronom disjoint**.

EXEMPLE: A qui est cette bicyclette?   *(Bob)*
Elle est à lui.

1. A qui est cette maison?   *(vos parents)*
2. A qui était le livre qui est resté sur la chaise?   *(moi)*
3. A qui sont ces livres et ces papiers?   *(les étudiants)*
4. A qui étaient les affaires que j'ai trouvées?   *(Jacqueline)*
5. A qui était la voiture en panne dans le parking?   *(ma mère et ma tante)*
6. A qui sont ces compositions?   *(vos voisins de classe)*
7. A qui étaient les deux chats perdus dans la rue?   *(Mme Duval)*
8. A qui est-ce de répondre?   *(André)*

II. Récapitulation des pronoms

Remplacez les mots indiqués par des pronoms. (C'est un exercice de récapitulation, vous aurez besoin de tous les pronoms que vous connaissez.)

EXEMPLE: Allez-vous *à l'aéroport avec M. Duval*?
Y allez-vous avec lui?

1. Jouez-vous *aux cartes* avec *les Bertrand*?
2. Vous entendez-vous bien avec *vos voisines*, et parlez-vous à *vos voisines*?
3. Ecrivez-vous *vos compositions* avec *cet objet*?
4. Je me suis aperçu *de mon erreur* et j'ai corrigé *mon erreur*.
5. Je ne comprends pas toujours *ma mère*, mais je parle *à ma mère* et je reste avec *ma mère*.
6. Vous avez acheté *des disques*, et vous avez mis *les disques* sur l'étagère.
7. Il passe *ses vacances à la campagne*, avec *ses copains*.
8. Ce garçon plaît *à mes parents*. Mais moi, je trouve *ce garçon* impossible et il ne plaît pas *à ma sœur* non plus.

III. Complétez par un pronom disjoint ou par ça.

1. . . . . . . , je ne sors pas pendant la semaine. Et . . . . . . , sortez-vous? Non, ... non plus.

2. . . . . . . , il est prêt en cinq minutes. Mais sa femme, ... , elle met une heure. Alors, ... , je ne les attends jamais à l'heure exacte, ...

3. Un ornithorynque? Mon dieu! Qu'est-ce que c'est que . . . . . . ?

4. Oh, ... , vous êtes formidable. Vous savez tout faire, ... ! Ce n'est pas comme . . . . . . Je ne sais rien faire, ... !

5. La valse? Le menuet? . . . . . . , je ne sais pas danser . . . . . .

6. Les Français ont une longue histoire. Mais . . . . . . , Américains, nous en avons une beaucoup plus courte. C'est pour . . . . . . que . . . . . , Français, vous pensez plus au passé et que . . . . . , nous pensons plus au futur.

IV. Les négations autres que ne . . . pas

Donnez une ou deux formes négatives des phrases suivantes.

EXEMPLE: Nous allons toujours au cinéma le dimanche.
Nous n'allons jamais au cinéma le dimanche.
Nous n'allons pas souvent au cinéma le dimanche.

1. J'ai rencontré quelqu'un dans la rue.
2. Quelqu'un est descendu de l'avion.
3. Je parle français, et je parle russe aussi.
4. Vous avez mangé quelque chose de délicieux à la cantine.
5. Je suis allé partout! Je voyage toujours!
6. Ma sœur et moi nous sommes très ordonnées.
7. Tout est difficile pour une personne déterminée.
8. J'ai besoin de quelque chose, parce qu'il y a quelque chose de beau dans ce magasin.

9. Vous avez souvent mangé des escargots.
10. Nous sommes déjà allés en Europe.
11. Vous êtes encore des enfants!
12. «Tu comprends toujours tout!» dit ma mère quand elle est furieuse.

V. La construction affective avec **c'est . . . qui** et le pronom disjoint.

Les phrases suivantes ont une construction objective. Changez celles-ci pour en faire des phrases affectives. Il y a probablement plusieurs possibilités.

> EXEMPLE: J'ai fait ce gâteau.
> C'est moi qui ai fait ce gâteau.
> Ce gâteau? C'est moi qui l'ai fait.

1. Mon frère a fait cette sculpture.
2. Je voudrais avoir cette maison.
3. Nous avons besoin de vacances.
4. Richard n'a pas de talent. J'en ai.
5. Votre copain dit que je suis idiote.
6. Non, il ne dit pas que vous êtes idiote. Bob le dit.
7. Non, je ne l'ai pas rencontré à New York. Je l'ai rencontré à Chicago.
8. Nous voudrions bien savoir pourquoi nous sommes ici.
9. Elle a demandé un divorce. Elle ne veut plus voir ce monsieur.
10. Louis XIV a dit: «L'Etat, c'est moi!» Louis XV a dit: «Après moi, le déluge.» Napoléon n'a dit ni l'un, ni l'autre.

VI. Sujets de composition

Pour chacun de ces sujets employez des constructions affectives avec **c'est moi qui, c'est vous qui**, etc. Employez ça et les pronoms disjoints. Employez le discours indirect à l'occasion, ainsi que des verbes pronominaux et n'oubliez pas les termes de cohérence.

1. Vous êtes journaliste, ou reporter à la radio ou à la télévision. Interviewez une personnalité célèbre du cinéma, du monde du sport ou autre.

2. Une personne qui se vante *(brags)* beaucoup raconte une aventure. Naturellement, cette personne avait le beau rôle! «C'est moi qui . . . . . .», «Moi, je leur ai dit que . . . . . .», etc.

3. Une histoire policière *(a detective story)*. Racontez une histoire policière avec beaucoup de «Alors, c'est lui qui . . . . . . » et expressions de ce genre.

12   Bavardez avec les Français

Parlez d'un film, de la télévision, de livres

Informations culturelles. La France et les Etats-Unis échangent beaucoup de films qu'on montre en version originale, ou doublés, c'est-à-dire parlés dans la langue de l'autre pays. Beaucoup de programmes de télévision américains sont régulièrement montrés en France, et dans beaucoup d'autres pays où ils ont un succès fou. Si vous allez en France vous serez intrigués d'entendre vos acteurs favoris parler un français . . . impeccable.

Vous venez de voir un film

Le film t'a plu? Comment l'as-tu trouvé?

— Oui, il m'a beaucoup plu. Je l'ai trouvé très bien.
— Il ne m'a pas tellement plu.
— Il ne m'a pas plu du tout. J'ai horreur de ces histoires.

Comment trouves-tu le scénario?

— Je le trouve passionnant.
— Je le trouve absurde.
— Je n'y ai rien compris.

Devant la télévision (la télé)

Qu'est-ce que tu veux qu'on regarde, à la télé?

— Tu sais, en France, il n'y a que trois chaînes.
— Tu sais, en Amérique, on a le choix. Il y a beaucoup de stations.

Veux-tu qu'on regarde . un vieux film / les . nouvelles / une pièce / un documentaire / . . une comédie / un western . ?

Regardons
— les nouvelles pour savoir ce qu'il y a de neuf.
— un documentaire, c'est toujours intéressant.
— un vieux film. Ils sont si drôles!

Quelque chose à lire

As-tu quelque chose de bon à lire?

Je ne sais pas ce qui t'intéresse. Regarde sur mes étagères.

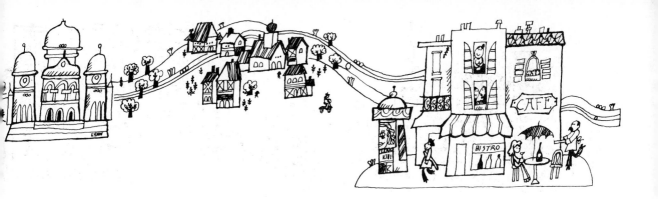

Je voudrais quelque chose de passionnant.

Veux-tu un roman policier / une histoire d'amour ou d'aventure / quelque chose de sérieux / quelque chose de drôle ?

Trouve-moi donc quelque chose de drôle.

J'ai ton affaire. C'est un petit roman, drôle comme tout, et plein d'argot moderne. Il est intitulé *Zazie dans le métro*, de Raymond Queneau.

Divisez la classe en groupes de 2 (ou de plus de 2) personnes. Chaque personne du groupe prend un rôle, et chaque groupe prépare sa conversation.

1. *After a movie.* Jean-Michel and Bill have just seen a detective film (un film policier). "Did you like the movie?" says Jean-Michel. Bill says he didn't like it at all, because he did not understand anything. Jean-Michel says, "I hate those movies, too." Bill says he likes old movies, because they are so funny.

2. *Let's go to the movies.* Marcel calls Betty to ask her to go to a movie. She wants to know what kind of picture. He says, "There is a Western on the boulevard, in original version." She says no, she does not want to go to a movie in English while she is in France. She prefers to see a Western dubbed in French. "There is a good one," says Marcel. "Great," says Betty. "At what time do you want to go?"

3. *Television.* Jean-François and Kenneth compare French and American television: France has only 3 channels, the U.S. has many. What programs does one see? etc. Be imaginative.

4. *Something to read.* You are in France, staying at the home of your French friends. It is a rainy day, and you want something to read. Imagine your conversation: your host asks what kind of book you want, you tell him what you like, etc. . . . .

5. Compose an imaginative conversation using as many as possible of the expressions of this and other lessons.

Appendix A

Poids et Mesures

The Metric System and the American System of Measurement

Measuring length and distance:

1 centimètre	0.3937 in. (less than 1/2 an in.)
1 mètre	39.37 in. (about 1 yd. and 3 in.)
1 kilomètre	.6213 mi. (about 5/8 of a mi.)
(= 1000 m.)	

Measuring weight:

100 grammes	3.52 oz. (a little less than 1/4 lb.)
500 grammes	17.63 oz. (a little more than 1 lb.)
1000 grammes	35.27 oz. (a little over 2 lbs.)
(= 1 kilo)	

Measuring liquids:

1 litre	1.0567 qt. (just a little over 1 qt.)

Temperatures:

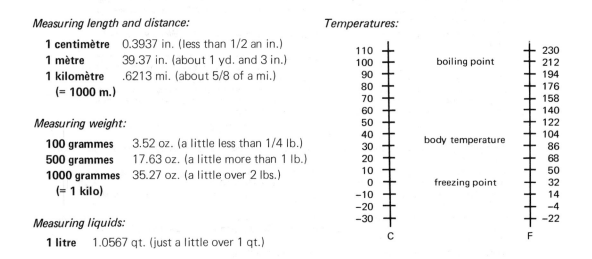

For practical purposes, and when a quick approximation is more important than absolute mathematical accuracy, people who live in France and the United States calculate mentally from the following approximations:

> *1 yard* is the rough equivalent of **1 mètre**.
> *1 foot* is roughly **1/3 of 1 mètre** (there are about 3 ft. in 1 m.).
> *1 mile* is a little less than **2 kilomètres**.
> *1 lb.* is roughly the same as **1 livre**.
> *2 lbs.* are roughly the same as **1 kilo** (10 percent less, actually).
> *1 quart* is the same as **1 litre**.
> *1 gallon* is the equivalent of **4 litres**.

As for temperatures, remember that human body temperature is 98.6° in the Fahrenheit system and 37° in the Centigrade system. Water freezes at 32° in the Fahrenheit, at 0° in the Centigrade. Water boils at 212° in the Fahrenheit, at 100° in the Centigrade.

Appendix B

A few principles of French spelling and pronunciation

I. General Principles

A good pronunciation cannot be acquired without the help of a competent teacher. We will give below only the most general principles to guide the students and serve as reference.

A. *Diacritical marks:* The French alphabet is similar to the English alphabet, but French uses a number of diacritical marks which usually influence pronunciation. These marks never indicate that a syllable should be stressed. They are:

1. *the acute accent:* ´ é (accent aigu). Appears only on the vowel e : été, téléphone, éléphant, élevé

2. *the grave accent:* ` è (accent grave). Used most often in the combination: è + *consonant* + mute e at the end of a word. Whenever this combination of è + *consonant* + mute e occurs at the end of a word, the e *must have a grave accent:** frère, pièce, pèse, achète, etc.

   The grave accent also appears in a few specific words, without altering the pronunciation. These are: à (preposition) to distinguish it from a (verb *to have*, 3rd pers. sing. pres.), là (adverb) to distinguish it from la (article) and où (adverb) to distinguish it from ou (conjunction).

3. *the circumflex accent:* ^ ê â ô î û (accent circonflexe). Used on all vowels, but most often on e : tête, fête, quête, (often before a t) âtre, âme, sûr, vôtre, plaît

4. *the cedilla:* ¸ ç (la cédille). Used only under a c to indicate that it is pronounced s and before a, o, u : français, garçon, reçu

5. *the diaeresis:* ¨ ë (le tréma). Used to show that the vowel on which it is placed should be pronounced clearly separated from the preceding one: Noël, égoïste, naïf

B. *Elision:* Elision occurs when a vowel is dropped before another word beginning with a vowel: L'ami d'Ernest dit qu'il prend l'auto. (le) (de) (que) (la)

Elision occurs only for some vowels and in specific cases. The following will elide:

1. final e of words of one syllable: je (j'ai), me (il m'a dit), te, ce (c'est), se, de (l'ami d'Ernest), le, ne (ce n'est pas), que (il dit qu'il)

2. a elides only in the case of la : l'auto, l'enveloppe, l'adresse (la) (la) (la)

3. i elides only in *one* case: si followed by il(s) : s'il *but:* qui il

4. There is elision in front of words beginning with h, since h is usually mute: l'homme, l'huître

   A few words beginning with h will not cause elision because the h is aspirate (these are usually words of Germanic origin): la Hollande, la hutte, la hache, le hibou

C. *Linking of words, or liaison:* Words closely connected by meaning are run together as one word; this means that the last consonant of an individual word—which is not pronounced otherwise—becomes the introductory consonant of the following word. Liaison happens mostly with the following letters:

s
x } all pronounced z : les amis, dix amis, chez eux, ils ont
z

d
t } both pronounced t : un petit ami, un grand ami, quand il

n   pronounced n : un ami, en avion, il y en a

The liaison is necessary

1. between the article and the noun: les amis, les hommes, un homme

2. between an adjective and the following noun: un petit ami, un grand ami, de beaux enfants

3. between subject pronoun and verb, or between verb and subject pronoun: ils ont, ont-elles? elles arrivent, nous irons, iront-ils?

4. between a monosyllabic preposition and its object: chez elle

   The liaison is absolutely forbidden after the conjunction et : mon frère et / / un ami

D. *Accentuation:* It is often difficult to distinguish individual words in spoken French, because a sentence is composed of a series of *stress-groups*, each composed of words expressing a very simple idea:

Il ne veut pas/sortir avec moi.
J'ai envie/d'aller voir/un bon film.

* *Except in the following two cases: (1) when the consonant is an x—complexe, circonflexe and (2) when an etymological s has disappeared—même, quête, arrête, and in that case the accent is a circumflex instead of a grave.*

There are no accented syllables in French words, as there are in English words. Each syllable has the same stress. But there is a stress on the last syllable of each stress group.

Je suis étudiant.
Je suis étudiant de français.
Marie part en vacances.
Les vacances de Marie / / ont commencé hier.

E. *The syllable:* French words can be divided into syllables (in French poetry, the meter of the verse is based upon the number of syllables, not of accents, as in English).

A syllable is a group of letters which are uttered together. In dividing French words into syllables, each syllable should begin with a consonant and end with a vowel whenever possible. This means that in pronunciation exercises, you must avoid anticipating the next consonant while pronouncing the words. For instance, compare

ENGLISH: an-i-mal   FRENCH: a-ni-mal
         per-im-e-ter   pé-ri-mè-tre
         sal-ad   sa-lade
         pres-i-dent   pré-si-dent

This division applies to writing, where a word must never be cut in such a way that a vowel would be the first letter on the next line: **aca-démie, uni-versité**

In the case of two consonants: **pas-ser, par-tir, pa-trie**

II. The French alphabet and its sounds

A. *The vowels:* Each vowel represents a fixed sound. The French vowel has a pure sound, as compared to the English vowel which represents a combination of several sounds. There is no gliding from one sound to another, as in English, and therefore, no diphthongs. To utter a vowel sound, it is often necessary to advance and round the lips, and hold the position firmly, but with great mobility to go from one sound to another. It you master the vowels, you will be very close to having mastered French pronunciation.

a : la gare, l'accident, papa, la table, Paris

e : je, me, le, que, de, venir, demain, cheval
i : ici, Virginie, la ville, visite, machine, petit
o : joli, l'école, objet, la robe, location

or, when followed by a silent final consonant: le mot, le dos, gros

or by a **z** sound: la rose, la chose, poser,

u : sur, la rue, du café, il a bu

B. *Consonants:* For practical purposes, there is less difference between the sound of French and English consonants, than in the case of vowels. Note the following facts:

1. The final consonant is usually silent: le hasard, trop, le départ, vers

2. The "s" of the plural is also silent: **parent** = parents, **ami** = amis, **fleur** = fleurs

3. There may be more than one final silent consonant: le temps, vingt, le doigt, quatre-vingts, les doigts

4. The only final consonants which are usually pronounced are: c r f l (think of the word *CaReFuL*): avec, l'hôtel, pour, le chef

5. h is silent: l'histoire, l'homme, la honte, la Hollande

6. qu, a very common spelling combination in French, is pronounced like a **k** : quart = kar, quand, quelque, qu'est-ce que c'est?

7. s is pronounced **z** between two vowels: la rose, la chose, une pause, animosité, les amis

and **s** in all other cases:
double: la tasse, la bosse, la tresse, impossible
initial: Suzanne, société, splendide
between vowel and consonant: socialisme, aspérité, obsession

8. w, which is found only in a few words, is pronounced v.

C. *Nasal vowels:* The nasal vowel is a very distinctive sound of French. It occurs when a vowel is followed by an n or m in the same syllable. Then, the vowel is nasalized and the n or m is not pronounced. There are *several spellings for each nasal vowel, but only one sound for each.*

an: grand, Jean, anglais, allemand   (an)
      ambulance, chambre, champ   (am)   one sound: an
      enfant, la dent, vendre   (en)
      emporter, le temps, ensemble   (em)

in:	matin, jardin, invite, fin	(in)	
	impossible, timbre	(im)	
	peintre, teint	(ein)	one sound: **in**
	examen, européen, citoyen	(-en)	
	pain, demain, bain	(ain)	
	faim	(aim)	

on:	mon, bâton, garçon, onze	(on)	one sound: **on**
	compter, le nombre, le nom	(om)	

un:	un, lundi, chacun	(un)	one sound: **um**
	parfum	(um)	

When the **n** or **m** is double, or when it is followed by a vowel, there is usually no nasal sound:

un	but:	u/ne, u/nanime, chacu/ne
an	but	â/ne, A/nne, a/nnée, a/nimal
bon	but:	bo/nne, co/mité, bo/ni/ment, co/mme
fin	but:	fi/ne, i/mmobile, pei/ne

Compare:

nasal		*no nasal*	
américain	Simon	américai/ne	Simo/ne
européen	chacun	europée/nne	chacu/ne
bon	un	bo/nne	u/ne

Note the sound of -**emm** (=amm) in **femme** and in some adverbs: prudemment, intelligemment

D. *Letter groups with a single sound:* There are certain groups of letters which have a fixed, invariable sound:

au or eau	: château, au, aujourd'hui, bateau, auto
oi	: moi, le doigt, la boîte, une fois
eu or œu	: neuf, leur, jeune, la sœur, un œuf
ai or ei	: maison, j'avais, une chaise, la peine, la neige
gn	: montagne, gagner, peigne
ill (or when final may be il)	: la famille, la fille, je travaille, le travail

You see here one of the major differences between French and English. In French, a fixed group of letters will usually have one sound and keep that one sound in different words. (Think of letter groups like ''ough'' in English, and of all the sounds they may have. In French, it is rare that a letter group changes its sound.)

E. *Word ending and gender:* We have already mentioned that the final consonant is usually silent in French. There are several and common word endings which have the same sound, although they have different spellings:

-er*	: papier, aller, marcher	
-et**	: cabaret, ballet, poulet	have one sound: **é**
-ed	: pied, assied	
-ez	: nez, chez, avez	

Also having the same sound is -**es** in: **les, mes, tes, des, ses, ces**

The **s** of the plural, as we have seen, is silent unless it is followed by a word with which it must be linked: **ils parlent, ils arrivent**

F. *Gender:* All nouns in French are either masculine or feminine. In some cases, the ending may indicate the gender:

-er	: le cahier, le papier	
-et	: le ballet, le cabinet	
-ed	: le pied	
-ez	: le nez	are masculine
-eau†	: le chapeau, le gâteau	
two consonants:	le banc, le renard, le temps, le restaurant	

-tion	: la soustraction, la multiplication	are feminine
-té	: la beauté, la générosité, la charité	

Often, but by no means always, a mute e ending indicates a feminine gender:

la vache, la table, la porte, la fenêtre, la blouse, la robe, la chaise, la rose, etc.
(*but:* le livre, le beurre, etc.)

Note: A final e without an accent is always silent: je, que, il parle, je regarde, une, robe, blanche

G. *The* -**ent** *ending of the 3rd pers. plur. of verbs is silent:*
ils parlent   ils parlaient   ils parleraient   ils parlèrent

---

* -**er**. *This is true for all verb endings in* -er *and for other words ending in* -er *unless they are ''short'' words (usually one syllable) The* r *is pronounced:* **la mer, le fer, fier, cher,** *and in* **amer.**

** -**et**. *Phoneticians may disagree. It is true that* -et *has a closed* e *sound except in the conjunction* et. *But the above is meant as helpful hints on pronounciation for the beginning student and it is far better for the novice to pronounce ''cabaret'' with an open* e *than to diphthongize the sound into ''cabaray.''*

† **eau**. *Exception:* l'**eau** (water) *and* la **peau** (skin) *are feminine.*

Appendix C

The Conjugation System of French Verbs

I. The auxiliary verbs **avoir** and **être**

	avoir			être		
Infin. prés.:	avoir	*Part. prés.:*	ayant	*Infin. prés.:* être	*Part. prés.:*	étant
passé:	avoir eu	*passé:*	eu	*passé:* avoir été	*passé:*	été

<table>
<tr><th colspan="4">INDICATIF</th></tr>
<tr><td></td><td>Prés.</td><td>Passé composé</td><td>Prés.</td><td>Passé composé</td></tr>
<tr><td>j(e)</td><td>ai</td><td>ai eu</td><td>suis</td><td>ai été</td></tr>
<tr><td>tu</td><td>as</td><td>as eu</td><td>es</td><td>as été</td></tr>
<tr><td>il</td><td>a</td><td>a eu</td><td>est</td><td>a été</td></tr>
<tr><td>nous</td><td>avons</td><td>avons eu</td><td>sommes</td><td>avons été</td></tr>
<tr><td>vous</td><td>avez</td><td>avez eu</td><td>êtes</td><td>avez été</td></tr>
<tr><td>ils</td><td>ont</td><td>ont eu</td><td>sont</td><td>ont été</td></tr>
<tr><td></td><td>Imparf.</td><td>Plus-que-parf.</td><td>Imparf.</td><td>Plus-que-parf.</td></tr>
<tr><td>j(e)</td><td>avais</td><td>avais eu</td><td>étais</td><td>avais été</td></tr>
<tr><td>tu</td><td>avais</td><td>avais eu</td><td>étais</td><td>avais été</td></tr>
<tr><td>il</td><td>avait</td><td>avait eu</td><td>était</td><td>avait été</td></tr>
<tr><td>nous</td><td>avions</td><td>avions eu</td><td>étions</td><td>avions été</td></tr>
<tr><td>vous</td><td>aviez</td><td>aviez eu</td><td>étiez</td><td>aviez été</td></tr>
<tr><td>ils</td><td>avaient</td><td>avaient eu</td><td>étaient</td><td>avaient été</td></tr>
<tr><td></td><td>Futur</td><td>Futur antér.</td><td>Futur</td><td>Futur antér.</td></tr>
<tr><td>j(e)</td><td>aurai</td><td>aurai eu</td><td>serai</td><td>aurai été</td></tr>
<tr><td>tu</td><td>auras</td><td>auras eu</td><td>seras</td><td>auras été</td></tr>
<tr><td>il</td><td>aura</td><td>aura eu</td><td>sera</td><td>aura été</td></tr>
<tr><td>nous</td><td>aurons</td><td>aurons eu</td><td>serons</td><td>aurons été</td></tr>
<tr><td>vous</td><td>aurez</td><td>aurez eu</td><td>serez</td><td>aurez été</td></tr>
<tr><td>ils</td><td>auraient</td><td>auraient eu</td><td>seront</td><td>auront été</td></tr>
<tr><td></td><td>Passé déf. (litt.)</td><td>Passé antér. (litt.)</td><td>Passé déf. (litt.)</td><td>Passé antér. (litt.)</td></tr>
<tr><td>j(e)</td><td>eus</td><td>eus eu</td><td>fus</td><td>eus été</td></tr>
<tr><td>tu</td><td>eus</td><td>eus eu</td><td>fus</td><td>eus été</td></tr>
<tr><td>il</td><td>eut</td><td>eut eu</td><td>fut</td><td>eut été</td></tr>
<tr><td>nous</td><td>eûmes</td><td>eûmes eu</td><td>fûmes</td><td>eûmes été</td></tr>
<tr><td>vous</td><td>eûtes</td><td>eûtes eu</td><td>fûtes</td><td>eûtes été</td></tr>
<tr><td>ils</td><td>eurent</td><td>eurent eu</td><td>furent</td><td>eurent été</td></tr>
<tr><th colspan="4">CONDITIONNEL</th></tr>
<tr><td></td><td>Prés.</td><td>Antér.</td><td>Prés.</td><td>Antér.</td></tr>
<tr><td>j(e)</td><td>aurais</td><td>aurais eu</td><td>serais</td><td>aurais été</td></tr>
<tr><td>tu</td><td>aurais</td><td>aurais eu</td><td>serais</td><td>aurais été</td></tr>
<tr><td>il</td><td>aurait</td><td>aurait eu</td><td>serait</td><td>aurait été</td></tr>
<tr><td>nous</td><td>aurions</td><td>aurions eu</td><td>serions</td><td>aurions été</td></tr>
<tr><td>vous</td><td>auriez</td><td>auriez eu</td><td>seriez</td><td>auriez été</td></tr>
<tr><td>ils</td><td>auraient</td><td>auraient eu</td><td>seraient</td><td>auraient été</td></tr>
<tr><th colspan="4">IMPERATIF</th></tr>
<tr><td colspan="2">aie, ayons, ayez</td><td colspan="2">sois, soyons, soyez</td></tr>
<tr><th colspan="4">SUBJONCTIF</th></tr>
<tr><td></td><td>Prés.</td><td>Parf.</td><td>Prés.</td><td>Parf.</td></tr>
<tr><td>que j(e)</td><td>aie</td><td>aie eu</td><td>sois</td><td>aie été</td></tr>
<tr><td>que tu</td><td>aies</td><td>aies eu</td><td>sois</td><td>aies été</td></tr>
<tr><td>qu'il</td><td>ait</td><td>ait eu</td><td>soit</td><td>ait été</td></tr>
<tr><td>que nous</td><td>ayons</td><td>ayons eu</td><td>soyons</td><td>ayons été</td></tr>
<tr><td>que vous</td><td>ayez</td><td>ayez eu</td><td>soyez</td><td>ayez été</td></tr>
<tr><td>qu'ils</td><td>aient</td><td>aient eu</td><td>soient</td><td>aient été</td></tr>
</table>

II. Regular verbs — There are 3 groups of verbs. The infinitive of each group ends in **—er, —ir,** and **—re.**

1. —er: **donner**			2. —ir: **finir**			3. —re: **attendre**		
Infin. prés. donner	*Infin. passé* avoir donné		*Infin. prés.* finir	*Infin. passé* avoir fini		*Infin. prés.* attendre	*Infin. passé* avoir attendu	
Part. prés. donnant	*Part. passé* donné		*Part. prés.* finissant	*Part. passé* fini		*Part. prés.* attendant	*Part. passé* attendu	

INDICATIF

	Prés.					*Passé composé*		
j(e)	donn e	fin is		attend s		ai donné	ai fini	ai attendu
tu	donn es	fin is		attend s		as donné	as fini	as attendu
il	donn e	fin it		attend		a donné	a fini	a attendu
nous	donn ons	fin iss ons		attend ons		avons donné	avons fini	avons attendu
vous	donn ez	fin iss ez		attend ez		avez donné	avez fini	avez attendu
ils	donn ent	fin iss ent		attend ent		ont donné	ont fini	ont attendu
	Imparf.					*Plus-que-parf.*		
j(e)	donn ais	fin iss ais		attend ais		avais donné	avais fini	avais attendu
tu	donn ais	fin iss ais		attend ais		avais donné	avais fini	avais attendu
il	donn ait	fin iss ait		attend ait		avait donné	avait fini	avait attendu
nous	donn ions	fin iss ions		attend ions		avions donné	avions fini	avions attendu
vous	donn iez	fin iss iez		attend iez		aviez donné	aviez fini	aviez attendu
ils	donn aient	fin iss aient		attend aient		avaient donné	avaient fini	avaient attendu
	Futur					*Futur antér.*		
j(e)	donner ai	finir ai		attendr ai		aurai donné	aurai fini	aurai attendu
tu	donner as	finir as		attendr as		auras donné	auras fini	auras attendu
il	donner a	finir a		attendr a		aura donné	aura fini	aura attendu
nous	donner ons	finir ons		attendr ons		aurons donné	aurons fini	aurons attendu
vous	donner ez	finir ez		attendr ez		aurez donné	aurez fini	aurez attendu
ils	donner ont	finir ont		attendr ont		auront donné	auront fini	auront attendu
	Passé déf. (litt.)					*Passé antér. (litt.)*		
j(e)	donn ai	fin is		attend is		eus donné	eus fini	eus attendu
tu	donn as	fin is		attend is		eus donné	eus fini	eus attendu
il	donn a	fin it		attend it		eut donné	eut fini	eut attendu
nous	donn âmes	fin îmes		attend îmes		eûmes donné	eûmes fini	eûmes attendu
vous	donn âtes	fin îtes		attend îtes		eûtes donné	eûtes fini	eûtes attendu
ils	donn èrent	fin irent		attend irent		eurent donné	eurent fini	eurent attendu

CONDITIONNEL

	Prés.					*Antér.*		
j(e)	donner ais	finir ais		attendr ais		aurais donné	aurais fini	aurais attendu
tu	donner ais	finir ais		attendr ais		aurais donné	aurais fini	aurais attendu
il	donner ait	finir ait		attendr ait		aurait donné	aurait fini	aurait attendu
nous	donner ions	finir ions		attendr ions		aurions donné	aurions fini	aurions attendu
vous	donner iez	finir iez		attendr iez		auriez donné	auriez fini	auriez attendu
ils	donner aient	finir aient		attendr aient		auraient donné	auraient fini	auraient attendu

SUBJONCTIF

	Prés.					*Parf.*		
que j(e)	donn e	fin iss e		attend e		aie donné	aie fini	aie attendu
que tu	donn es	fin iss es		attend es		aies donné	aies fini	aies attendu
qu'il	donn e	fin iss e		attend e		ait donné	ait fini	ait attendu
que nous	donn ions	fin iss ions		attend ions		ayons donné	ayons fini	ayons attendu
que vous	donn iez	fin iss iez		attend iez		ayez donné	ayez fini	ayez attendu
qu'ils	donn ent	fin iss ent		attend ent		aient donné	aient fini	aient attendu

IMPERATIF

donn e	fin is		attend s	
donn ons	fin iss ons		attend ons	
donn ez	fin iss ez		attend ez	

III. Irregular verbs

A. Irregular verbs in **—er** (1st group). There are only 2 irregular verbs in the first group: **aller** and **envoyer**.

1. aller (to go)

Infin. prés.:	aller	Part. prés.:	allant
passé:	être allé	passé:	allé

		INDICATIF		
	Prés.	*Futur*	*Imparf.*	*Passé lit.*
j(e)	vais	irai	allais	allai
tu	vas	iras	allais	allas
il	va	ira	allait	alla
nous	allons	irons	allions	allâmes
vous	allez	irez	alliez	allâtes
ils	vont	iront	allaient	allèrent

CONDITIONNEL *prés.*: j'irais, etc.

	SUBJONCTIF
	Prés.
que j(e)	aille
que tu	ailles
qu'il	aille
que nous	allions
que vous	alliez
qu'ils	aillent

IMPERATIF: va, allons, allez

2. envoyer (to send)

Infin. prés.:	envoyer	Part. prés.:	envoyant
passé:	avoir envoyé	passé:	envoyé

		INDICATIF		
	Prés.	*Futur*	*Imparf.*	*Passé lit.*
j(e)	envoie	enverrai	envoyais	envoyai
tu	envoies	enverras	envoyais	envoyas
il	envoie	enverra	envoyait	envoya
nous	envoyons	enverrons	envoyions	envoyâmes
vous	envoyez	enverrez	envoyiez	envoyâtes
ils	envoient	enverront	envoyaient	envoyèrent

CONDITIONNEL *prés.*: j'enverrais, etc.

	SUBJONCTIF
	Prés.
que j(e)	envoie
que tu	envoies
qu'il	envoie
que nous	envoyions
que vous	envoyiez
qu'ils	envoient

IMPERATIF: envoie, envoyons, envoyez

B. Irregular verbs in **—ir** (2nd group). There are several irregular verbs in this group. The most important are:

3. dormir (to sleep)

Infin. prés.:	dormir	Part. prés.:	dormant
passé:	avoir dormi	passé:	dormi

		INDICATIF				SUBJONCTIF
	Prés.	*Futur.*	*Imparf.*	*Passé déf.*		*Prés.*
j(e)	dors	dormirai	dormais	dormis	*que j(e)*	dorme
tu	dors	dormiras	dormais	dormis	*que tu*	dormes
il	dort	dormira	dormait	dormit	*qu'il*	dorme
nous	dormons	dormirons	dormions	dormîmes	*que nous*	dormions
vous	dormez	dormirez	dormiez	dormîtes	*que vous*	dormiez
ils	dorment	dormiront	dormaient	dormirent	*qu'ils*	dorment

CONDITIONNEL *prés.*: je dormirais, etc. **IMPERATIF:** dors, dormons, dormez

On the pattern of **dormir**: **s'endormir** (to fall asleep), **partir** (to leave), **sentir** (to feel), **servir** (to serve), **sortir** (to go out).

4. courir (to run)

Infin. prés.:	courir	Part. prés.:	courant
passé:	avoir couru	passé:	couru

		INDICATIF				SUBJONCTIF
	Prés.	*Futur*	*Imparf.*	*Passé lit.*		*Prés.*
j(e)	cours	courrai	courais	courus	*que j(e)*	coure
tu	cours	courras	courais	courus	*que tu*	coures
il	court	courra	courait	courut	*qu'il*	coure
nous	courons	courrons	courions	courûmes	*que nous*	courions
vous	courez	courrez	couriez	courûtes	*que vous*	couriez
ils	courent	courront	couraient	coururent	*qu'ils*	courent

CONDITIONNEL *prés.*: je courrais, etc. **IMPERATIF:** cours, courons, courez

5. mourir (to die)

| Infin. prés.: mourir | Part. prés.: mourant |
| passé: être mort | passé: mort |

	Prés.	Futur	Imparf.	Passé lit.		Prés.
	INDICATIF				**SUBJONCTIF**	
j(e)	meurs	mourrai	mourais	mourus	que j(e)	meure
tu	meurs	mourras	mourais	mourus	que tu	meures
il	meurt	mourra	mourait	mourut	qu'il	meure
nous	mourons	mourrons	mourions	mourûmes	que nous	mourions
vous	mourez	mourrez	mouriez	mourûtes	que vous	mouriez
ils	meurent	mourront	mouraient	moururent	qu'ils	meurent

CONDITIONNEL *prés.:* je mourrais, etc. **IMPERATIF:** meurs, mourons, mourez

6. ouvrir (to open)

| Infin. prés.: ouvrir | Part. prés.: ouvrant |
| passé: avoir ouvert | passé: ouvert |

	Prés.	Futur	Imparf.	Passé lit.		Prés.
	INDICATIF				**SUBJONCTIF**	
j(e)	ouvre	ouvrirai	ouvrais	ouvris	que j(e)	ouvre
tu	ouvres	ouvriras	ouvrais	ouvris	que tu	ouvres
il	ouvre	ouvrira	ouvrait	ouvrit	qu'ils	ouvre
nous	ouvrons	ouvrirons	ouvrions	ouvrîmes	que nous	ouvrions
vous	ouvrez	ouvrirez	ouvriez	ouvrîtes	que vous	ouvriez
ils	ouvrent	ouvriront	ouvraient	ouvrirent	qu'ils	ouvrent

CONDITIONNEL *prés.:* j'ouvrirais, etc. **IMPERATIF:** ouvre, ouvrons, ouvrez

On the pattern of **ouvrir: couvrir (couvert)**, to cover, **découvrir (découvert)**, to discover, **offrir (offert)**, to offer, **souffrir (souffert)**, to suffer.

7. venir (to come)

| Infin. prés.: venir | Part. prés.: venant |
| passé: être venu | passé: venu |

	Prés.	Futur	Imparf.	Passé lit.		Prés.
	INDICATIF				**SUBJONCTIF**	
j(e)	viens	viendrai	venais	vins	que j(e)	vienne
tu	viens	viendras	venais	vins	que tu	viennes
il	vient	viendra	venait	vint	qu'il	vienne
nous	venons	viendrons	venions	vînmes	que nous	venions
vous	venez	viendrez	veniez	vîntes	que vous	veniez
ils	viennent	viendront	venaient	vinrent	qu'ils	viennent

CONDITIONNEL *prés.:* je viendrais, etc. **IMPERATIF:** viens, venons, venez

On the pattern of **venir: devenir** (to become), **revenir** (to come back), **tenir** (to hold), **maintenir** (to maintain), **obtenir** (to obtain), etc.

C.   Irregular verbs in **—re** (3rd group)

8.   boire (to drink)

| *Infin. prés.:* boire | | | | | |
| *passé:* avoir bu | | | | | |

Part. prés.: buvant
passé: bu

| | INDICATIF | | | | SUBJONCTIF | |
	Prés.	*Futur*	*Imparf.*	*Passé lit.*		*Prés.*
j(e)	bois	boirai	buvais	bus	*que j(e)*	boive
tu	bois	boiras	buvais	bus	*que tu*	boives
il	boit	boira	buvait	but	*qu'il*	boive
nous	buvons	boirons	buvions	bûmes	*que nous*	buvions
vous	buvez	boirez	buviez	bûtes	*que vous*	buviez
ils	boivent	boiront	buvaient	burent	*qu'ils*	boivent

CONDITIONNEL *prés.:*   je boirais, etc.   **IMPERATIF:**   bois, buvons, buvez

9.   conduire (to drive)

| *Infin. prés.:* conduire | | | | | |
| *passé:* avoir conduit | | | | | |

Part. prés.:   conduisant
passé: conduit

| | INDICATIF | | | | SUBJONCTIF | |
	Prés.	*Futur*	*Imparf.*	*Passé lit.*		*Prés.*
j(e)	conduis	conduirai	conduisais	conduisis	*que j(e)*	conduise
tu	conduis	conduiras	conduisais	conduisis	*que tu*	conduises
il	conduit	conduira	conduisait	conduisit	*qu'il*	conduise
nous	conduisons	conduirons	conduisions	conduisîmes	*que nous*	conduisions
vous	conduisez	conduirez	conduisiez	conduisîtes	*que vous*	conduisiez
ils	conduisent	conduiront	conduisaient	conduisirent	*qu'ils*	conduisent

CONDITIONNEL *prés.:*   je conduirais, etc.   **IMPERATIF:**   conduis, conduisons, conduisez

On the pattern of **conduire: construire** (to build), **détruire** (to destroy), **produire** (to produce), **traduire** (to translate).

10.   connaître (to know)

| *Infin. prés.:*   connaître | | | | | |
| *passé:* avoir connu | | | | | |

Part. prés.:   connaissant
passé: connu

| | INDICATIF | | | | SUBJONCTIF | |
	Prés.	*Futur*	*Imparf.*	*Passé lit.*		*Prés.*
j(e)	connais	connaîtrai	connaissais	connus	*que j(e)*	connaisse
tu	connais	connaîtras	connaissais	connus	*que tu*	connaisses
il	connaît	connaîtra	connaissait	connut	*qu'il*	connaisse
nous	connaissons	connaîtrons	connaissions	connûmes	*que nous*	connaissions
vous	connaissez	connaîtrez	connaissiez	connûtes	*que vous*	connaissiez
ils	connaissent	connaîtront	connaissaient	connurent	*qu'ils*	connaissent

CONDITIONNEL *prés.:*   je connaîtrais, etc.   **IMPERATIF:**   connais, connaissons, connaissez

On the pattern of **connaître: reconnaître** (to recognize), **paraître** (to seem, to appear).

11.   croire (to believe)

| *Infin. prés.:*   croire | | | | | |
| *passé:*   avoir cru | | | | | |

Part. prés.:   croyant
passé: cru

| | INDICATIF | | | | SUBJONCTIF | |
	Prés.	*Futur*	*Imparf.*	*Passé lit.*		*Prés.*
j(e)	crois	croirai	croyais	crus	*que j(e)*	croie
tu	crois	croiras	croyais	crus	*que tu*	croies
il	croit	croira	croyait	crut	*qu'il*	croie
nous	croyons	croirons	croyions	crûmes	*que nous*	croyions
vous	croyez	croirez	croyiez	crûtes	*que vous*	croyiez
ils	croient	croiront	croyaient	crurent	*qu'ils*	croient

CONDITIONNEL *prés.:*   je croirais, etc.   **IMPERATIF:**   crois, croyons, croyez

12. **dire** (to say)

Infin. prés.: dire	Part. prés.: disant
passé: avoir dit	passé: dit

	INDICATIF				SUBJONCTIF	
	Prés.	Futur	Imparf.	Passé lit.		Prés.
j(e)	dis	dirai	disais	dis	que j(e)	dise
tu	dis	diras	disais	dis	que tu	dises
il	dit	dira	disait	dit	qu'il	dise
nous	disons	dirons	disions	dîmes	que nous	disions
vous	dites	direz	disiez	dîtes	que vous	disiez
ils	disent	diront	disaient	dirent	qu'ils	disent

CONDITIONNEL prés.: je dirais, etc.	IMPERATIF: dis, disons, dites

13. **écrire** (to write)

Infin. prés.: écrire	Part. prés.: écrivant
passé: avoir écrit	passé: écrit

	INDICATIF				SUBJONCTIF	
	Prés.	Futur	Impart.	Passé lit.		Prés.
j(e)	écris	écrirai	écrivais	écrivis	que j(e)	écrive
tu	écris	écriras	écrivais	écrivis	que tu	écrives
il	ecrit	écrira	écrivait	écrivit	qu'il	écrive
nous	écrivons	ecrirons	écrivions	écrivîmes	que nous	écrivions
vous	écrivez	écrirez	ecriviez	écrivîtes	que vous	écriviez
ils	écrivent	écriront	écrivaient	écrivirent	qu'ils	écrivent

CONDITIONNEL prés.: j'écrirais, etc.	IMPERATIF: écris, écrivons, écrivez

On the pattern of **écrire: décrire** (to describe).

14. **faire** (to do, to make)

Infin. prés.: faire	Part. prés.: faisant
passé: avoir fait	passé: fait

	INDICATIF				SUBJONCTIF	
	Prés.	Futur	Imparf.	Passé lit.		Prés.
j(e)	fais	ferai	faisais	fis	que j(e)	fasse
tu	fais	feras	faisais	fis	que tu	fasses
il	fait	fera	faisait	fit	qu'il	fasse
nous	faisons	ferons	faisions	fîmes	que nous	fassions
vous	faites	ferez	faisiez	fîtes	que vous	fassiez
ils	font	feront	faisaient	firent	qu'ils	fassent

CONDITIONNEL prés.: je ferais, etc.	IMPERATIF: fais, faisons, faites

15. **lire** (to read)

Infin. prés.: lire	Part. prés.: lisant
passé: avoir lu	passé: lu

	INDICATIF				SUBJONCTIF	
	Prés.	Futur	Imparf.	Passé lit.		Prés.
j(e)	lis	lirai	lisais	lus	que j(e)	lise
tu	lis	liras	lisais	lus	que tu	lises
il	lit	lira	lisait	lut	qu'il	lise
nous	lisons	lirons	lisions	lûmes	que nous	lisions
vous	lisez	lirez	lisiez	lûtes	que vous	lisiez
ils	lisent	liront	lisaient	lurent	qu'ils	lisent

CONDITIONNEL prés.: je lirais, etc.	IMPERATIF: lis, lisons, lisez

16. **mettre** (to place, to put)

Infin. prés.: mettre passé: avoir mis		Part. prés.: mettant passé: mis				
	INDICATIF				**SUBJONCTIF**	
	Prés.	*Futur*	*Imparf.*	*Passé lit.*		*Prés.*
j(e)	mets	mettrai	mettais	mis	*que j(e)*	mette
tu	mets	mettras	mettais	mis	*que tu*	mettes
il	met	mettra	mettait	mit	*qu'il*	mette
nous	mettons	mettrons	mettions	mîmes	*que nous*	mettions
vous	mettez	mettrez	mettiez	mîtes	*que vous*	mettiez
ils	mettent	mettront	mettaient	mirent	*qu'ils*	mettent
CONDITIONNEL *prés.:* je mettrais, etc.				**IMPERATIF:** mets, mettons, mettez		

On the pattern of **mettre: permettre** (to allow), **promettre** (to promise).

17. **plaire** (to please, to attract)

Infin. prés.: plaire passé: avoir plu		Part. prés.: plaisant passé: plu				
	INDICATIF				**SUBJONCTIF**	
	Prés.	*Futur*	*Imparf.*	*Passé lit.*		*Prés.*
j(e)	plais	plairai	plaisais	plus	*que j(e)*	plaise
tu	plais	plairas	plaisais	plus	*que tu*	plaises
il	plait	plaira	plaisait	plut	*qu'il*	plaise
nous	plaisons	plairons	plaisions	plûmes	*que nous*	plaisions
vous	plaisez	plairez	plaisiez	plûtes	*que vous*	plaisiez
ils	plaisent	plairont	plaisaient	plurent	*qu'ils*	plaisent
CONDITIONNEL *prés.:* je plairais, etc.				**IMPERATIF:** plais, plaisons, plaisez		

On the pattern of **plaire: déplaire** (to displease).

18. **prendre** (to take)

Infin. prés.: prendre passé: avoir pris		Part. prés.: prenant passé: pris				
	INDICATIF				**SUBJONCTIF**	
	Prés.	*Futur*	*Imparf.*	*Passé lit.*		*Prés.*
j(e)	prends	prendrai	prenais	pris	*que j(e)*	prenne
tu	prends	prendras	prenais	pris	*que tu*	prennes
il	prend	prendra	prenait	prit	*qu'il*	prenne
nous	prenons	prendrons	prenions	prîmes	*que nous*	prenions
vous	prenez	prendrez	preniez	prîtes	*que vous*	preniez
ils	prennent	prendront	prenaient	prirent	*qu'ils*	prennent
CONDITIONNEL *prés.:* je prendrais, etc.				**IMPERATIF:** prends, prenons, prenez		

On the pattern of **prendre: apprendre** (to learn), **comprendre** (to understand), **surprendre** (to surprise).

19. **rire** (to laugh)

Infin. prés.: rire passé: avoir ri		Part. prés.: riant passé: ri				
	INDICATIF				**SUBJONCTIF**	
	Prés.	*Futur*	*Imparf.*	*Passé lit.*		*Prés.*
j(e)	ris	rirai	riais	ris	*que j(e)*	rie
tu	ris	riras	riais	ris	*que tu*	ries
il	rit	rira	riait	rit	*qu'il*	rie
nous	rions	rirons	riions	rîmes	*que nous*	riions
vous	riez	rirez	riiez	rîtes	*que vous*	riiez
ils	rient	riront	riaient	rirent	*qu'ils*	rient
CONDITIONNEL *prés.:* je rirais, etc.				**IMPERATIF:** ris, rions, riez		

On the pattern of **rire: sourire** (to smile).

20.   suivre (to follow)

| *Infin. prés.:* suivre | *Part. prés.:* suivant |
| *passé:* avoir suivi | *passé:* suivi |

	INDICATIF				SUBJONCTIF	
	Prés.	*Futur*	*Imparf.*	*Passé lit.*		*Prés.*
j(e)	suis	suivrai	suivais	suivis	*que j(e)*	suive
tu	suis	suivras	suivais	suivis	*que tu*	suives
il	suit	suivra	suivait	suivit	*qu'il*	suive
nous	suivons	suivrons	suivions	suivîmes	*que nous*	suivions
vous	suivez	suivrez	suiviez	suivîtes	*que vous*	suiviez
ils	suivent	suivront	suivaient	suivirent	*qu'ils*	suivent

| CONDITIONNEL *prés.:* je suivrais, etc. | IMPERATIF: suis, suivons, suivez |

21.   vivre (to live)

| *Infin. prés.:* vivre | *Part. prés.:* vivant |
| *passé:* avoir vécu | *passé:* vécu |

	INDICATIF				SUBJONCTIF	
	Prés.	*Futur*	*Imparf.*	*Passé lit.*		*Prés.*
j(e)	vis	vivrai	vivais	vécus	*que j(e)*	vive
tu	vis	vivras	vivais	vécus	*que tu*	vives
il	vit	vivra	vivait	vécut	*qu'il*	vive
nous	vivons	vivrons	vivions	vécûmes	*que nous*	vivions
vous	vivez	vivrez	viviez	vécûtes	*que vous*	viviez
ils	vivent	vivront	vivaient	vécurent	*qu'ils*	vivent

| CONDITIONNEL *prés.:* je vivrais, etc. | IMPERATIF: vis, vivons, vivez |

D.   Irregular verbs in **—oir**. All verbs ending in **—oir** are irregular, and do not belong to any group.

22.   s'asseoir (to sit down)

| *Infin. prés.:* (s') asseoir | *Part. prés.:* (s') asseyant |
| *passé:* { avoir assis / s'être assis } | *passé:* assis |

	INDICATIF				SUBJONCTIF	
	Prés.	*Futur*	*Imparf.*	*Passé lit.*		*Prés.*
j(e)	assieds	assierai	asseyais	assis	*que j(e)*	asseye
tu	assieds	assieras	asseyais	assis	*que tu*	asseyes
il	assied	assiera	asseyait	assit	*qu'il*	asseye
nous	asseyons	assierons	asseyions	assîmes	*que nous*	asseyions
vous	asseyez	assierez	asseyiez	assîtes	*que vous*	asseyiez
ils	asseyent	assieront	asseyaient	assirent	*qu'ils*	asseyent

| CONDITIONNEL *prés.:* j'assierais, etc. | IMPERATIF: assieds, asseyons, asseyez |

23.   devoir (must, to be supposed to)

| *Infin. prés.:* devoir | *Part. prés.:* devant |
| *passé:* avoir dû | *passé:* dû |

	INDICATIF				SUBJONCTIF	
	Prés.	*Futur*	*Imparf.*	*Passé lit.*		*Prés.*
j(e)	dois	devrai	devais	dus	*que j(e)*	doive
tu	dois	devras	devais	dus	*que tu*	doives
il	doit	devra	devait	dut	*qu'il*	doive
nous	devons	devrons	devions	dûmes	*que nous*	devions
vous	devez	devrez	deviez	dûtes	*que vous*	deviez
ils	doivent	devront	devaient	durent	*qu'ils*	doivent

| CONDITIONNEL *prés.:* je devrais, etc. | IMPERATIF: dois, devons, devez |

24. **falloir** (must, to be necessary, to have to)

Impersonal. No conjugation. Only the 3rd person **(il)** exists.

Infin. prés.: falloir	Part. prés.:	(pas de part. prés.)			
passé: avoir fallu	passé:	fallu			
	INDICATIF				**SUBJONCTIF**
	Prés.	*Futur*	*Imparf.*	*Passé lit.*	*Prés.*
il	faut	faudra	fallait	fallut	*qu'il* faille
CONDITIONNEL *prés.*: il faudrait			**IMPERATIF**: (pas d'impératif)		

25. **pleuvoir** (to rain)

Impersonal. No conjugation. Only the 3rd person **(il)** exists.

Infin. prés.: pleuvoir	Part. prés.:	pleuvant			
passé: avoir plu	passé:	avoir plu			
	INDICATIF				**SUBJONCTIF**
	Prés.	*Futur*	*Imparf.*	*Passé lit.*	*Prés.*
il	pleut	pleuvra	pleuvait	plut	*qu'il* pleuve
CONDITIONNEL *prés.*: il pleuvrait			**IMPERATIF**: (pas d'impératif)		

26. **pouvoir** (to be able to, can, may)

Infin. prés.: pouvoir	Part. prés.:	pouvant			
passé: avoir pu	passé:	pu			
	INDICATIF				**SUBJONCTIF**
	Prés.	*Futur*	*Imparf.*	*Passé lit.*	*Prés.*
j(e)	peux	pourrai	pouvais	pus	*que j(e)* puisse
tu	peux	pourras	pouvais	pus	*que tu* puisses
il	peut	pourra	pouvait	put	*qu'il* puisse
nous	pouvons	pourrons	pouvions	pûmes	*que nous* puissions
vous	pouvez	pourrez	pouviez	pûtes	*que vous* puissiez
ils	peuvent	pourront	pouvaient	purent	*qu'ils* puissent
CONDITIONNEL *prés.*: je pourrais, etc.			**IMPERATIF**: (pas d'impératif)		

27. **recevoir** (to receive, to entertain)

Infin. prés.: recevoir	Part. prés.:	recevant			
passé: avoir reçu	passé:	reçu			
	INDICATIF				**SUBJONCTIF**
	Prés.	*Futur*	*Imparf.*	*Passé lit.*	*Prés.*
j(e)	reçois	recevrai	recevais	reçus	*que j(e)* reçoive
tu	reçois	recevras	recevais	reçus	*que tu* reçoives
il	reçoit	recevra	recevait	reçut	*qu'il* reçoive
nous	recevons	recevrons	recevions	reçûmes	*que nous* recevions
vous	recevez	recevrez	receviez	reçûtes	*que vous* receviez
ils	reçoivent	recevront	recevaient	reçurent	*qu'ils* reçoivent
CONDITIONNEL *prés.*: je recevrais, etc.			**IMPERATIF**: reçois, recevons, recevez		

28. **savoir** (to know, to be aware of)

Infin. prés.: savoir	Part. prés.:	sachant			
passé: avoir su	passé:	su			
	INDICATIF				**SUBJONCTIF**
	Prés.	*Futur*	*Imparf.*	*Passé lit.*	*Prés.*
j(e)	sais	saurai	savais	sus	*que j(e)* sache
tu	sais	sauras	savais	sus	*que tu* saches
il	sait	saura	savait	sut	*qu'il* sache
nous	savons	saurons	savions	sûmes	*que nous* sachions
vous	savez	saurez	saviez	sûtes	*que vous* sachiez
ils	savent	sauront	savaient	surent	*qu'ils* sachent
CONDITIONNEL *prés.*: je saurais, etc.			**IMPERATIF**: sache, sachons, sachez		

29. **voir** (to see)

Infin. prés.: voir	Part. prés.: voyant					
passé: avoir vu	passé: vu					

	INDICATIF				**SUBJONCTIF**	
	Prés.	*Futur*	*Imparf.*	*Passé lit.*		*Prés.*
j(e)	vois	verrai	voyais	vis	*que j(e)*	voie
tu	vois	verras	voyais	vis	*que tu*	voies
il	voit	verra	voyait	vit	*qu'il*	voie
nous	voyons	verrons	voyions	vîmes	*que nous*	voyions
vous	voyez	verrez	voyiez	vîtes	*que vous*	voyiez
ils	voient	verront	voyaient	virent	*qu'ils*	voient

CONDITIONNEL *prés.*: je verrais, etc. **IMPERATIF:** vois, voyons, voyez

On the pattern of **voir**: **revoir** (to see again), **entrevoir** (to glimpse).

30. **vouloir** (to want)

Infin. prés.: vouloir	Part. prés.: voulant					
passé: avoir voulu	passé: voulu					

	INDICATIF				**SUBJONCTIF**	
	Prés.	*Futur*	*Imparf.*	*Passé lit.*		*Prés.*
j(e)	veux	voudrai	voulais	voulus	*que j(e)*	veuille
tu	veux	voudras	voulais	voulus	*que tu*	veuilles
il	veut	voudra	voulait	voulut	*qu'il*	veuille
nous	voulons	voudrons	voulions	voulûmes	*que nous*	voulions
vous	voulez	voudrez	vouliez	voulûtes	*que vous*	vouliez
ils	veulent	voudront	voulaient	voulurent	*qu'ils*	veuillent

CONDITIONNEL *prés.*: je voudrais, etc. **IMPERATIF:** veuille, veuillons, veuillez

Where to find, in this index, the irregular verb you are looking for:

You will find the following irregular verbs under the numbers of the model verbs in the preceding index. For instance, if you are looking for the verb **apprendre** (to learn), the number 18 means that you will find **apprendre** under **18, prendre**, since it follows the same pattern of irregularity as **prendre**.

Vocabulaire français-anglais

A

a *(verb* avoir) has / il y —, there is, there are
à at, to, in, by, on, upon, for, from / — ces mots, upon these words / — peu près, nearly, about, approximately
abandon, *m.* abandonment
abandonné(—e) abandoned, given up
abandonner to abandon, to leave, give up, forget
abdiquer to abdicate
abolir to abolish
abondance, *f.* abundance
abonder to abound, to be plentiful
abord d' at first
abréger to shorten, to abridge
abricot, *m.* apricot
abriter to shelter / s'—, to take shelter
absolu(—e) absolute
Académie, *f.* Academy
accabler to overwhelm, to weigh down
accent, *m.* accent
accepter to accept
accessible accessible, within reach
accident, *m.* accident / par —, accidentally
acclamer to acclaim, to cheer
accompagner to accompany
accomplir (s') to fulfill itself
accord, *m.* agreement / être d'—, to agree / d'accord (Dac), OK
accorder to grant / s'—, to agree
accrocher to hang up, to hook up
accumuler to accumulate
accusation, *f.* accusation
accuser to accuse, to blame
achat, *m.* purchase, buy
acheter to buy, to purchase
acier, *m.* steel
acquérir to acquire, to get
acteur, *m.* actor / actrice, *f.* actress
action, *f.* action / share (of stock)
activer activate, hasten
activité, *f.* activity / active service
adaptation, *f.* adaptation
adapter to adapt
adepte, *m.* follower (of a religion)
adieu, *m.* farewell, goodbye
adjectif, *m.* adjective
administrateur, *m.* administrator, director
administration, *f.* administration
admirablement wonderfully well
admiration, *f.* admiration
admirer to admire
adopter to adopt
adorer to adore, to worship, to love
adulte, *m./f.* adult
aéroport, *m.* airport
affaiblir to weaken
affaire, *f.* affair, case, matter / *pl.* belongings
affectif(—ve) affective, pertaining to emotions
affection, *f.* affection
affirmer to affirm, to assert
affolé(—e) panic-stricken
affreux(—se) awful, frightful
afin —de, —que, so that, in order to
âge, *m.* age / à l'— de, at the age of / time, period
agence, *f.* agency, office, bureau / — de publicité, advertising agency
agenouiller (s') to kneel
agile agile, light-footed

agir to act / s'— de to be a question of
agrandir to enlarge
agréable pleasant
aider to help
aïeul, *m.* (aïeux, *pl.*) ancestor, forebear
aigle, *m.* eagle
aigu, aiguë acute, sharp
aiguille, *f.* needle
aile, *f.* wing, flank
ailleurs d'— moreover
aimable nice, kind
aimer to like, love / — bien, to like a lot / — mieux, to prefer
ainsi thus
air, *m.* air / avoir l'—, to look like, seem
aise, *m.* ease / j'en suis fort —, it makes me very glad
ajouter to add
alignement, *m.* alignment
alléché(—e) tempted
allemand(—e) German
aller to go / s'en —, to go away / Je m'en vais, I am going
alliance, *f.* alliance, wedding ring
allier to join, to ally, to blend
allongé(—e) lying, stretched out
allumer to light
almanach, *m.* almanac
alors then, so
alphabet, *m.* alphabet
amant, *m.* lover
amateur, *m.* amateur, connoisseur
ambition, *f.* ambition
âme, *f.* soul
améliorer to improve
amener to bring, take, supply
américain(—e) American
Amérique America, US
ami(—e), *m./f.* friend
amiral (amiraux) admiral
amour, *m.* love
amoureux(—se) in love / lover / tomber —, to fall in love
amour-propre, *m.* self-esteem, pride
amusement, *m.* amusement
amuser to amuse, to entertain / s'—, to have fun, to have a good time
an, *m.* year (calendar year) / il a cinq —s, he is five years old
ancestral(—e) ancestral
ancien(—ne) ancient, old, former / le passé —, the ancient past
ancre, *f.* anchor / être à l'—, to be anchored
ange, *m.* angel
angevin(—e) of Anjou province
anglais(—e) English
animal, animaux, *m.* animal
animé(—e) animated, alive
année, *f.* year (activities of) / Bonne Année!, Happy New Year!
annexer to annex
anniversaire, *m.* birthday
annoncer to announce, to advertise
annuel(—le) yearly
anonyme anonymous
antilope, *f.* antelope
antiquité, *f.* antiquity, antique
anxieusement anxiously
apaisement, *m.* calm
apercevoir s'— de to realize
Apôtre, *m.* Apostle
apparaître to appear
apparence, *f.* appearance

appartement, *m.* apartment
appartenir to belong
appeler to call / Je m'appelle, My name is / faire appel à, to call upon / qu'on appelle, called
applaudir to applaud
application, *f.* application
appliquer(s') to apply oneself
apporter to bring
apprendre to learn
approcher to near, to come near
approuver to approve
appuyer to press on / s'—, to lean on
âpre harsh
après after / d'—, according to
aqueduc, *m.* aqueduct
arbitraire arbitrary
arbre, *m.* tree
arche, *f.* arch
architecte, *m.* architect
architecture, *f.* architecture
ardeur, *f.* ardor
ardoise, *f.* slate / ardoise fine, delicate slate
arène, *f.* arena
argent, *m.* money, silver
argot, *m.* slang
argument, *m.* argument
aristocrate, *m./f.* aristocrat
arme, *f.* weapon / les armes, coat of arms
armé(—e) (de) armed (with)
armée, *f.* army, armed forces
arracher to pull out, tear out
arrangé(—e) arranged, set up / mariage —, marriage of convenience
arranger to set up, arrange / Arrangez votre temps, Manage your time / C'est arrangé gentiment, That's nicely turned out
arrêter to stop, arrest
arrière-garde, *f.* rear guard
arrivée, *f.* arrival / arrivé là, once arrived there
arriver to arrive / reach / arriver au pouvoir, to attain power
artère, *f.* artery, important road
artichaut, *m.* artichoke
article, *m.* article
artifice, *m.* craftsmanship
artillerie, *f.* artillery
artiste, *m./f.* artist, actor
artistique artistic
ascenseur, *m.* elevator
asiatique Asiatic
aspect, *m.* aspect
assassin, *m.* assassin
assassiner to murder, to assassinate
assemblage, *m.* assemblage/ligne d'—, assembly line
Assemblée Nationale, *f.* National Assembly
assembler to gather
asseoir (s') to sit down
assez quite, rather, fairly / enough
assiéger to besiege
assistance, *f.* assistance, help
assister to assist / — à, to attend
associer to associate
assorti(—e) assorted, matching
assurance, *f.* assurance, insurance
assurer to assure, insure
astre, *m.* star
astrolabe, *m.* astrolabe (instrument used by early navigators)
atelier, *m.* workshop, studio
atmosphère, *f.* atmosphere
atrocité, *f.* atrocity, horror

attaquer to attack
attendre to wait
attention, f. attention / faire —, to pay attention, be careful
attirer to attract, lure
attentivement attentively, carefully
attitude, f. attitude
au (contraction of à le), to the, with
aux (contraction of à les), to the, with
auberge, f. inn
aucun(—e) none
audacieux(—se) daring, bold
au-dessus above, over
audience, f. hearing
auditoire, f. audience
augmenter to increase (salary) / raise (prices)
aujourd'hui today
auroch, m. prehistoric buffalo
aurore, f. dawn
ausculter to sound
aussi also, so
aussitôt right away
austère austere
auteur, m. author
autocratique autocratic, despotic
auto(mobile), f. car
autorité, f. authority
autostop, m. hitchhiking
autre other / l'un l'autre, one another / l'un de l'—, of one another
autrefois formerly
autour around
auxiliaire auxiliary
avance, f. advance / en —, early, ahead of time / d'—, in advance
avancer to advance, move up
avant before / — Jésus-Christ, B.C.
avantage, m. advantage
avare stingy
avec with
avenir, m. future
aventure, f. adventure / à l'—, aimlessly
aventurer(s') to venture
aveugler to blind
aviation, f. air force
avide greedy
avion, m. plane
avis, m. opinion, advice / change d'—, to change one's mind / à mon —, to my mind / quel est votre —?, What do you think of?
avoir to have / — à dire, to have to tell / — l'air, to seem / — tort, to be wrong / — raison, to be right
avouer to confess
ayant having

B

baccalauréat, m. (or bachot) exam at end of secondary studies in France
badiner to trifle
bagarre, f. fight
bague, f. ring
baguette, f. long, thin loaf of bread
bah (interj.) bah!, well!
baignoire, f. tub, bathtub
bailler to yawn
bain, m. bath
baiser to kiss
baisser to lower / se —, to bend down, stoop
bal, m. ball, dance
balai, m. broom
balance, f. scale / la Balance, Libra
balayer to sweep
balle, f. bullet, ball
bande, f. bunch, group / — magné-

tique, magnetic tape
bander to bandage
baptême, m. baptism
baptiser to baptise, to christen
barbare barbaric, barbarian
barde, m. bard
baron (baronne) baron (baroness)
barricader to barricade
bas(—se) low / en bas, downstairs
bas, m., pl. stockings, hose
base, f. base, basis
baser (sur) to base (upon)
basilique, f. basilica
bassin, m. basin
bataille, f. battle
batailleur(—se) quarrelsome
bateau, m. boat, ship / — à vapeur, steamship
bâtiment, m. building
bâtir to build
bâton, m. stick
battre to beat
battu(—e) beaten, defeated
bavarder to talk, chat, gossip
beau (belle) beautiful, handsome / les belles-lettres, literature / une belle voix, a fine voice
beaucoup much, a lot, a great deal
beau-frère, m. brother-in-law
beau-père, m. father-in-law
beauté, f. beauty
bébé, m. baby
bec, m. beak / il ouvre un large bec, he opens his beak wide
Belgique, f. Belgium
bélier, m. ram / le Bélier, Aries
belle-mère, f. mother-in-law
bercer to rock, cradle, swing
besogne, f. task, chore
besoin, m. need / avoir — de, to need / être dans le —, to be in need (to be poor)
bête (adj.) silly, dumb
bête, f. animal, beast / — sauvage, wild beast
beurre, m. butter
Bible, f. Bible
bibliothèque, f. library
bien well, really, quite / indeed / bien sûr, of course / ouvrez bien la bouche, open your mouth wide
bientôt soon
bienveillance, f. benevolence
bijou(—x) jewel / bijoux, jewelry
bijoutier, m. jeweler
billet, m. ticket, note / — aller, one-way ticket / — aller et retour, round-trip ticket / — doux, love letter
bise, f. north wind
bison, m. bison, buffalo
blanc, blanche white
blanchir to whiten
blanchissage, m. wash, laundry
blanchisserie, f. laundry / voiture de la —, laundry truck
blanchisseuse, f. laundress, washer-woman
blé, m. wheat / champ de —, wheat field
blesser to wound
blessure, f. wound
bleuet, m. blueflower, bachelor's button
blocus, m. blockade
blondir to bleach, to turn blond
bœuf, bœufs, m. ox, oxen
boire to drink
bois, m. wood
bombarder to bomb
bon, bonne good
bonheur, m. happiness

bonjour, m. good morning, hello, hi
bonnet, m. cap / — de nuit, nightcap
bonsoir, m. good evening
border to edge, to limit
bouche, f. mouth
bouclier, m. shield
boue, f. mud
bouffi (slang) idiot
bougie, f. candle
bouillabaisse, f. Provençal fish-soup
bouillant(—e) boiling
bouillir to boil
boulanger, m. baker
boulangerie, f. bakery
boulet, m. bullet
bouleverser to upset, to overthrow
bourgeois(—e) bourgeois, member of the middle class
bourgeoisie, f. middle class
boussole, f. compass
bout, m. end, tip / au —, at the end, on top
bouteille, f. bottle
boutique, f. shop
boutonnière, f. buttonhole
branche, f. branch
brandir to brandish
brave brave
bravement bravely, courageously
bravoure, f. courage
bref in short, briefly
Bretagne, f. Brittany
briller to shine
brin, m. sprig, shoot
brioche, f. brioche (a sweet break-fast roll)
briser to break
brocard, m. brocade
broche, f. brooch
broder to embroider
broderie, f. embroidery
bronze, m. bronze
brouiller(se) to break up
bruit, m. noise
brûler to burn / — vif (vive), to burn at the stake
brume, f. mist
brunir to turn brown, tan
brusquement suddenly
bruyère, f. heather
bûcher, m. stake
bureau, m. office, desk / — de tabac, tobacco shop / — de poste, post office
buste, m. bust
but, m. goal, aim, objective
butin, m. booty

C

ça that / tout —, all that
cabine, f. booth
cabinet, m. study, office
cacher to hide
cadeau, m. gift
cahier, m. notebook
caillou, m. pebble
calculer to calculate, plan
calendrier, m. calendar
calomnie, f. calumny, slander
calviniste, m./f. Calvinist
campagne, campaign (f.) country-side
canal(—aux), m. channel
candélabre, m. chandelier
caniche, m. poodle
canon, m. cannon
cantonnement, m. barracks (mil.)
capable capable, able
capacité, f. capacity, ability
capitaine, m. captain
capitale, f. capital

caprice, *m.* caprice, whim
car, *m.* touring bus
car for, since, because
caractériser to characterize
caractéristique characteristic
cardinal(—aux), *m.* cardinal
carrefour, *m.* intersection
carrière, *f.* quarry, career
carte, *f.* map, card, chart, menu / jouer aux —s, to play cards
cas, *m.* case / dans ce —, in that case / au — où, in the event that
caserne, *f.* barracks
casque, *m.* helmet
cathédrale, *f.* cathedral
catholicisme, *m.* Catholicism
catholique, *m./f.* Catholic
cause, *f.* cause / à — de, on account of, because of, due to, given
causer to cause, to converse
caverne, *f.* cave
œ it, this, that / cet, cette, this, that
ceci/cela this/that
céder to yield, cede, give up
cédille, *f.* cedilla
cela that / à tout —, to all (of) this
célèbre famous
célébrer to celebrate
Celte, *m./f.* Celt
celtique Celtic
celui-ci, *m.* the latter / celle-là, *f.*
cendre, *f.* ash
centaine, *f.* hundred
central(—e) central / *f.,* powerplant; — nucléaire, atomic power plant
centraliser to centralize
centre, *m.* center
cercle, *m.* circle
cérémonie, *f.* ceremony
certain(—e) some, a few, certain, given
certes indeed, certainly
cesser to cease, stop
cet(—te) this, that
ceux/celles those / —-ci, the latter, these
chacun(—e) each
chagrin, *m.* grief, sorrow
chaîne, *f.* chain / en —s, put to chains / — de télévision, TV station
chaise, *f.* chair
chaleur, *f.* heat
chambre, *f.* room, bedroom, hotel room
champ, *m.* field
changement, *m.* change
changer to change / — contre, to exchange (for)
chanson, *f.* song / la même —, the same old story
chant, *m.* song
chanter to sing
chapeau, *m.* hat
chapitre, *m.* chapter
chaque each, every
charger to load / se — de, to take charge of, care for
charité, *f.* charity
charmant(—e) charming
charrette, *f.* cart
chasser to hunt, chase, expel, drive away
chasseur, *m.* hunter
chat, *m.* cat
château(—x), *m.* castle
chaud(—e) warm, hot
chauffer to heat, warm up
chaussettes, *f. (pl.)* socks
chaussure, *f.* shoe
chaux, *f.* lime
chef, *m.* chief / — de cuisine, head cook / — de famille, head of the house

chemin, *m.* path
cheminée, *f.* chimney, fireplace
chemise, *f.* shirt
chêne, *m.* oak
cher/chère expensive, dear
chercher to look for, go get
chétif(—ve) sickly
cheval(—aux), *m.* horse(—s) / faire du —, to ride a horse
chevalier, *m.* knight
cheveux, *m.* hair
chez at the house, home . . . of among
chien, *m.* dog
choisir to choose
choix, *m.* choice
chose, *f.* thing / peu de —, little / pas grand —, not much / des tas de —, lots of things
chouette, *f.* owl
choux, *m.* cabbage
choux-fleur, *m.* cauliflower
chrétien(—ne) Christian
Christianisme, *m.* Christianity
chronique chronic
chroniqueur, *m.* chronicler, columnist
chute, *f.* downfall, fall
ciel, *m.* sky, heaven
cierge, *m.* candle, taper
cigale, *f.* cicada
circonférence, *f.* circumference
circonstance, *f.* circumstance
circulation, *f.* traffic
circuler to circulate
cirque, *m.* circus
citer to cite, quote
citoyen(—ne) citizen
citron, *m.* lemon / — pressé, lemonade
civil(—e) civil, civilian
civilisation, *f.* civilization
civiliser to civilize
clair clear, bright, plain / — de lune, moonlight
clairement clearly
clairon, *m.* trumpet
classe, *f.* class / jour de —, school day
classifier to classify
classique classic, classical
clause, *f.* clause
clef *(or clé), f.* key
clergé, *m.* clergy
climat, *m.* climate
clocher, *m.* steeple
clos, *m.* yard
cochon, *m.* pig
code civil, *m.* civil code
Code Napoléon, *m.* Napoleon(—ic) Code
cœur, *m.* heart / par —, by heart / avoir du —, to be kind-hearted
coffre, *m.* box
coiffe, *f.* headdress
coiffer to comb, wear headdress
coin, *m.* corner, angle
col, *m.* mountain pass
colère, *f.* anger / en —, to get angry
coléreux(—se) choleric
collé(—e) (à un examen) failed, flunked
collectionner to collect
collier, *m.* necklace
colline, *f.* hill
collyre, *m.* eyedrops
Colomb, *m.* Columbus
colombe, *f.* dove, pigeon
colonialisme, *m.* colonialism
colonie, *f.* colony
combat, *m.* fight, battle
combien how much, how many

comédie, *f.* comedy
comique comic
commandement, *m.* command
commander to order, command
comme like, as
commémorer to commemorate
commencement, *m.* beginning, start
commencer to start, begin
commerce, *m.* commerce
commettre to commit
commode comfortable, easygoing
commun(—e) common, ordinary
communication, *f.* communication
communiqué, *m.* communique, official report
communiquer to communicate
compagnie, *f.* company / en —, together
compagnon, *m.* companion / un gai —, a pleasant fellow
comparer to compare
complément, *m.* complement
complet(—ète) complete, perfect
compléter to complete, finish
complication, *f.* complication
comploter to plot
composer to compose, make up
composition, *f.* composition
comprendre to understand, comprehend, comprise, include
comprimer to compress
compris included, understood / y —, included
compte, *m.* account
compter to count, number, have / — sur, count on
concordance, *f.* agreement
condamner to condemn
conditionnel, *m.* conditional
conduire to lead, to take
conduite, *f.* behavior
conférence, *f.* lecture
confiance, *f.* confidence, trust
confidence, *f.* confidence, secret
confirmer to confirm
confisquer to confiscate
confortable comfortable
confus(—e) confused, confusing, embarrassed
congé, *m.* time off, vacation
conjugaison, *f.* conjugation
connaissance, *f.* knowledge, acquaintance / faire —, to meet
connaître to know
conquérant(—e) conqueror
conquérir to conquer
conquête, *f.* conquest
consacrer to consecrate, sanction
conscience, *f.* conscience consciousness
conseiller to counsel, advise
conseiller(—ère) councilor, counselor, adviser
consentir to consent, approve, agree
conséquence, *f.* consequence
conserver to keep, preserve
considérable important, large, great
considération, *f.* consideration
considérer to consider
consommateur, *m.* consumer
consonne, *f.* consonant
constamment constantly
constant(—e) continuous
consternation, *f.* dismay
consterner to dismay
constituer to constitute, form, make up
constitution, *f.* constitution
constitutionnel(—le) constitutional
constructeur, *m.* builder
construction, *f.* construction
construire to build, construct
conte, *m.* story

contempler to contemplate
contemporain(—e) contemporary
contenir to contain
content(—e) happy
continent, *m.* continent
continental(—e) continental
continuellement constantly
continuer to continue, last
continuité, *f.* continuity
contraire opposite, contrary / au —, on the contrary
contrarier to upset, vex
contre against, versus, nearby, opposite
contredire to contradict
contrôle, *m.* check, supervision
contrôler to control
convaincre to convince
convaincu(—e) convinced
convenir to agree
conversation, *f.* conversation
converti(—e) converted, convert
convertir to convert / se —, to convert oneself
conviction, *f.* conviction
convoquer to convoke, summon
copain, *m.* / copine, *f.* pal, buddy
coquelicot, *m.* poppy
coquille, *f.* shell
corbeau, *m.* crow
cordial(—e) cordial
corps, *m.* body
correcte (—e) correct
corriger to correct
Corse, *f.* Corsica, Corsican
cortège, *m.* cortege, parade
costume, *m.* suit, dress, costume
côte, *f.* coast
côté, *m.* side / de tous les —s, from all sides
cou, *m.* neck
couchage (sac de), *m.* sleeping bag
coucher to set down, lie down
coude, *m.* elbow
coudre to sew
couler to sink
couleur, *f.* color / elle perd la —, she turns pale
coup, *m.* blow, strike / — de bâton, blow with a stick / time: du 1er —, on the first time / shot: boire un —, drink a shot
coupable guilty
couper to cut
coupole, *f.* dome
cour, *f.* court
courage, *m.* courage
courant running
courbe curved / *f.*, curve
courir to run
couronnement, *m.* coronation
couronner to crown
cours, *m.* course / au — de, in the course of, during
court(—e) short
courtisan(—e) courtier, courtesan
courtois(—e) courteous, courtly
couteau, *m.* knife, blade / — de poche, pocketknife, jack knife
coûter cost
coûteux(—se) expensive
coutume, *f.* custom, habit
couvert(—e) covered
couverture, *f.* cover
couvrir to cover
craint(—e) feared
créer to create
crème cream
créole, *m./f.* Creole
creuser to dig
creux(—se) hollow
crever to poke, to burst
cri, *m.* cry, shout

crier to shout
critique, *f.* criticism
critiquer to criticize, to find fault (with)
croire to believe
croisade, *f.* crusade
croisé(—e) crossed, in shape of a cross / *m.*, crusader
croix, *f.* cross / — gammée, swastika
croquis, *m.* sketch
cruel(—le) cruel
cruellement cruelly
cueillir to pick
cuillère, *f.* spoon
cuir, *m.* leather
cuire to cook, bake
cuisine, *f.* kitchen, cooking / chef de —, head cook
cuisinier(—ère) cook
cuivre, *m.* copper
culte, *m.* worship
cultiver to cultivate
culture, *f.* culture
curieux(—se) curious
curiosité, *f.* curiosity
cuvier, *m.* washtub
cynisme, *m.* cynicism

D

dame, *f.* lady
damner to damn
danger, *m.* danger
dangereux(—se) dangerous
dans in, into
danser to dance
datant (de) dating (from)
dater to date / — de, to date from
dauphin, *m.* dauphin (son of the king and future king)
davantage more
de concerning, about, of, some (of) / — nos jours, nowadays
débarquement, *m.* disembarkment, landing
débarquer to disembark
débarrasser to rid, get rid of
debout standing
début, *m.* beginning, start / au —, at first
décapiter to decapitate, behead
déchirer to tear
décider to decide
décimal decimal
décimé(—e) decimated
décisif(—ve) decisive
déclaration, *f.* declaration
déclarer to declare, proclaim, state / se —, to declare oneself, arise
décor, *m.* decoration
décoratif(—ve) decorative, ornamental
découverte, *f.* discovery
découvrir to discover, uncover
décrire to describe
déesse, *f.* goddess
défaillir to faint
défaite, *f.* defeat
défaut, *m.* defect, fault
défendre to defend / se —, to defend oneself
défiler to walk (one by one), to march by
définition, *f.* definition, meaning
déguiser to disguise
dehors, *m.* outside / en —, outside
déjà already
déjeuner, *m.* lunch / petit —, breakfast
délice, *f.* delight
délire, *m.* delirium
délivrer to deliver, free
déluge, *m.* deluge

demain, *m.* tomorrow
demander to ask / se —, to wonder
demeure, *f.* dwelling, residence
demeurer to live, stay, dwell
demi half / à —, halfway
démocratique democratic
démolir to demolish
démon, *m.* devil
dénier to deny, refuse
dénoncer to denounce, expose
dent, *f.* tooth
dentelle, *f.* lace, lacework
dentelier(—ère) lacemaker
dentifrice, *m.* toothpaste
départ, *m.* start, departure
département, *m.* department
dépasser to surpass
dépêcher to hurry, hasten
dépendre to depend
dépens aux — de, at the expense of
dépense, *f.* expense
dépenser to spend
déplaire to displease
déployer to unfurl
déposer to deposit, leave off
dépourvu(—e) destitute, lacking in (food)
depuis since
député, *m.* deputy
déranger to disturb
dériver to derive
dernier(—ère) last, latter
dérouler to unroll
des of, from the, some (of)
dès from, by (date), as early as (time)
désarmer to disarm
désastreux(—se) disastrous
descendant(—e) descendent, heir
descendre to come down, go down
descente, *f.* descent
descriptif(—ve) descriptive
description, *f.* description
désert, *m.* desert, deserted
désespérer to despair, be hopeless
déshonneur, *m.* dishonor
déshonorer to dishonor
désir, *m.* desire / — de connaissance, desire for knowledge
désirable desirable, wanted
désirer to desire, wish
désormais henceforth
despote, *m./f.* despot, tyrant
dessert, *m.* dessert
dessin, *m.* drawing, sketch
destination, *f.* destination / à — de, bound for
destiner to destine, set aside for / — à, to be meant or intended for
destruction, *f.* destruction
détail, *m.* detail
déterminer to determine, decide
détester to despise, hate
détour, *m.* detour, turn
détresse, *f.* distress
détruire to destroy
dette, *f.* due, debt
deuil, *m.* mourning
devant in front of, before
devanture, *f.* storefront
dévaster to devastate
développement, *m.* development
développer to develop, give rise (to)
devenir to become
deviner to guess
devoir, *m.* duty, homework
devoir to owe, must, be supposed to
dévorer to devour
dévouer to devote
diable, *m.* devil / pauvre —, poor guy
dialogue, *m.* dialogue
diamant, *m.* diamond
dicter to dictate

dictionnaire, *m.* dictionary
diem perdidi *(latin)* The day is lost.
dieu(—x), *m.* god(—s)
différent(—e) different
difficile difficult
diligence, *f.* stagecoach
dimanche, *m.* Sunday
diminuer to diminish, shorten
dîner to dine
dîner, *m.* dinner
diplomate, *m.* diplomat
dire to say, tell / c'est à —, that is, in
　other words / vouloir —, to mean
direct direct
directement directly
directeur, *m.* director
diriger to direct / se — vers, to head
　for
dis *(interj.)* Say!
disant saying
discipline, *f.* discipline
discours, *m.* discourse, speech
discuter to discuss
disgrâce, *f.* disfavor, misfortune
disons let us say, assume
disparaître to disappear
disperser to disperse
dispute, *f.* quarrel
disputer (se) to fight, to quarrel
disque, *m.* record
dissimulation, *f.* dissemblance
distinguer to distinguish
distraction, *f.* entertainment
distraire to distract / se —, to have fun
distribuer to distribute
divan, *m.* sofa
divers(—e) various
divin(—e) divine
divinement divinely
diviser to divide
docteur, *m.* doctor
doctrine, *f.* doctrine
document, *m.* document
documenter (se) to document
　(oneself)
doléances, *f./pl.* grievances
dolmen, *m.* dolmen
domaine, *m.* domain
domestique, *m./f.* domestic
domicile, *m.* residence / à —, at home,
　to your door
domination, *f.* domination
dommage too bad / c'est —, it's a
　pity
donc then, therefore, thus
donner to give, present / — naissance
　à, to give rise to / — du bout de la
　langue, to strike with the tip of
　the tongue / — des fêtes, to throw
　parties
dont of which, those
dorée golden
dormir to sleep
dos, *m.* back
double, *m.* double
doublé(—e) dubbed (film or TV show)
douceur, *f.* softness, sweetness,
　gentleness
douche, *f.* shower
douleur, *f.* pain, sorrow
douloureux painful
doute, *m.* doubt / sans —, no doubt
douter to doubt, suspect, distrust
doux(—ce) dear, mild, gentle, sweet
dramatique dramatic
dramaturge, *m.* dramatist
drap, *m.* cloth, sheet
drapeau, *m.* flag
dresser to raise, draw up, erect /
　— catholique contre "huguenot,"
　to turn Catholic vs "Huguenot"
droit, *m.* right, law / — divin, divine
　law / tout —, straight ahead

drôle funny / Ce n'est pas —, It's no fun.
druide, *m.* druid
duc, *m.* duke
duel, *m.* duel
dupe, *f.* dupe
dur(—e) hard, tough, difficult,
　strict
durable durable
durer to last

E

eau water / pièce d'—, ornamental
　pond
éblouissant(—e) dazzling
écarter to spread
échanger to exchange
échapper s'—, to escape
échecs, *m. (pl.)* chess
échelle, *f.* ladder
éclater to burst
éclipser to eclipse
école, *f.* school
économie, *f.* economy / *pl.*, savings /
　faire des —s, to save money
écouter to listen (to)
écraser to run over, crush
écrier (s') to exclaim
écrire to write
écrit written / *m.*, writing
écrivain, *m.* writer
écrouler (s') to collapse
écurie, *f.* stable
édifier to build
édit, *m.* edict
éducatif(—ve) educational
éducation, *f.* education
éduquer to educate, train, bring up
effet en —, as a matter of fact,
　indeed
effondrer to collapse, fall apart
effrayant(—e) frightening
effroyable frightful, frightening
égaler to equal
égalité, *f.* equality
église, *f.* church
égoïste selfish, egoist
égout, *m.* sewer
électrique electric, electrical
élégant(—e) elegant
élément, *f.* element
éléphant, *m.* elephant
élève, *m./f.* student
emblème, *m.* emblem, coat-of-arms
embrasser (s') to kiss
embrouiller to confuse, obscure
émeute, *f.* riot
émigrer to emigrate
emmener to take along
emparer (s') to grab
empereur, *m.* emperor
emplette, *f.* purchase
emploi, *m.* use, job
employer to employ, use, hire
empoisonner to poison
emporter to take along
emprunter to borrow
emprunteur(—se) borrower
en in
enchanter to enchant, please, delight
encore, again, still, yet
encourager to encourage
encrier, *m.* inkwell
encyclopédie, *f.* encyclopedia
endroit, *m.* place, spot, location
énergie, *f.* energy
énergique energetic
enfance, *f.* childhood
enfant, *m./f.* child
Enfer, *m.* Hell
enfermer to lock up
enfin at last, finally
enfler to swell

enfoncer to break open, into
engager to engage, involve / s'—
　dans, to begin (discussion, battle,
　. . .), to plunge into
enlever to remove, steal, kidnap
ennemi(—e) enemy
ennuyer to bore / s'—, to be bored
ennuyeux(—se) boring, annoying
énorme enormous
enrager to enrage, to be angry
enrichir to enrich
enrôler to enroll, enlist
enseignement, *m.* education, teach-
　ing, learning / suivre l'—, to take
　up learning
enseigner to teach
ensemble together
ensuite then, later, next, afterwards,
　after
entendant hearing, upon hearing
entendre to hear, understand / il ne
　voulait rien —, he wanted to know
　nothing (of the matter)
enterrement, *m.* burial
enterrer to bury
enthousiasme, *m.* enthusiasm
enthousiaste enthusiastic
entier(—ère) whole, entire
entièrement completely
entorse, *f.* sprain
entourer to surround
entraîner to involve
entre (in) between
entrée, *f.* entrance
entrepôt, *m.* warehouse
entreprise, *f.* enterprise
entrer to enter
envahir to invade
envahisseur, *m.* invader
envie, *f.* desire, wish
envieux(—se) envious
environ about, approximately /
　les —s, the whereabouts
envoyer to send
épargner to spare
épatant(—e) wonderful, sensational
épaule, *f.* shoulder
épée, *f.* sword
éperon, *m.* spur
épice, *f.* spice (usually used as a
　masculine noun)
épicerie, *f.* grocery, groceries
épidémie, *f.* epidemic
épique epic
épisode, *m.* episode
époque, *f.* epoch, time, period, age
époux(—se) husband, wife, spouse
éprouver to experience, feel
épuiser to exhaust
équipement, *m.* equipment
équiper to equip
équitable equitable
ère, *f.* era
erreur, *f.* mistake, error
escalier, *m.* staircase
escarpé(—e) steep
esclave, *m.* slave
Espagne, *f.* Spain
espagnol(—e) Spanish
espérance, *f.* hope
espérer to hope (for)
espoir, *m.* hope
esprit, *m.* wit, intelligence, spirit,
　mind / état d'—, state of mind
essai, *m.* essay / try, first attempts
　(of an artist, writer, . . .)
essayer to try, attempt
essence, *f.* fuel, gasoline, essence
essentiel(—le) essential
essentiellement essentially
est, *m.* east
est is
est-ce (?) is . . . (?), does . . . (?)

est-ce que (?) does . . . (?), do . . . (?)
estomac, *m.* stomach
et and
établir to establish (oneself), settle (down)
établissement, *m.* establishment
étagère, *f.* shelf
était was
étalage, *m.* display
état, *m.* state, condition / — d'esprit, state of mind
Etats-Unis, *m.* United States
été, *m.* summer
étendre to extend, spread out, stretch
éternel(—le) eternal, everlasting
étiquette, *f.* etiquette
étoffe, *f.* material, fabric
étoile, *f.* star / à la belle —, in the open
étonner to astonish, surprise
étouffer to suffocate, choke
étrange strange
étranger(—ère) foreigner, stranger; foreign, strange
être to be
étreindre to grasp
étroit(—e) narrow
étudier to study
Europe, *f.* Europe
Europe du Nord Northern Europe
eux/elles them
eux-mêmes, *m. (pl.)* themselves
événement, *m.* event
éventuellement finally
évêque, *m.* bishop
évident(—e) evident
éviter to prevent
exactement exactly
examiner to examine
exaspérer to exasperate, make worse
excellent(—e) excellent
excès, *m.* excess
excepter to except / excepté, with the exception of
exception exception / à l'— de, with the exception of
exceptionnel(—le) exceptional
excitant(—e) exciting, stimulating; stimulant, enticing, provocative
excommunier to excommunicate
excursion, *f.* trip, outing, excursion
exécuter to carry out, execute, make, do
exécution, *f.* execution
exemple example / par —, for instance, example / sans —, unprecedented / avoir point d'autre —, unprecedented
exercer to exercise, to perform
exil, *m.* exile
exiler to exile
existence, *f.* existence
exister to exist
expansion, *f.* expansion
expédition, *f.* expedition
expérience, *f.* experience
explication, *f.* explanation
expliquer to explain
exploitation, *f.* exploitation
exploiter to exploit
exploration, *f.* exploration
expression, *f.* expression
exprimer to express
exquis(—e) exquisite
extraordinaire extraordinary
extérieur(—e) exterior, external
extrême extreme
exubérant(—e) exuberant

F

fable, *f.* fable

face, *f.* face, side / en —, in front, facing / faire — à, to face up to
facile easy
façon, *f.* manner, way, fashion
faible weak
faiblesse, *f.* weakness
faillite, *f.* bankruptcy
faim, *f.* hunger
fainéant (—e) lazy
faire to make, do, have / se — à, to become used to / faire —, to have done / — construire, to have built / — du (sport), to practice (sport) / — partie de, to belong to
fait, *m.* deed, act, fact / en —, in fact, as a matter of fact
falloir must, have to, be necessary
fameux(—se) famous
familier(—ère) familiar
famille, *f.* family
fanatique, *m./f.* fanatic
fantastique fantastic (incredible)
farce, *f.* farce, trick, joke
farine, *f.* flour
fatal(—e) fatal, inevitable
fatalité, *f.* fate
fatiguer to tire, wear out (from tiredness)
faucille, *f.* sickle
faute, *f.* fault, mistake
fauteuil, *m.* armchair
faux(—sse) fake, false, wrong
faveur, *f.* favor
favori(—te) favorite
favori(—te) favorite / *f.,* mistress / *pl.,* sideburns
félicité, *f.* happiness
féliciter to congratulate
femelle, *f.* female
féminin(—e) feminine
femme, *f.* woman, wife
fenêtre, *f.* window
fer, *m.* iron / masque de —, iron mask
ferme, *f.* farm
fermenter to ferment
fermer to close
fermeté, *f.* firmness
fertile, fertile
ferveur, *f.* fervor
festin, *m.* feast, banquet
fête, *f.* festival, holiday, party / jour de —, holiday
feu, *m.* fire, light / faire le —, light (start) the fire
fiancé(—e) fiance / être —, to be engaged
ficelle, *f.* string
fiction, *f.* fiction
fidèle, *m./f.* faithful
fier to trust / se — à, to have confidence in, rely upon
fier(—ère) proud
fièvre, *f.* fever, temperature
figure, *f.* face, figure / faire —, to act a figure
figurer to appear
fille girl, daughter
film, *m.* film, movie
fils, *m.* son (s/pl)
fin, *f.* end, ending
final(—e) final
finalement eventually
finance, *f.* finance
financer to finance
financier, *m.* financier
fini(—e) ended, delicate
finir to end, finish
fiole, *f.* phial
flamme, *f.* flame
flatteur(—se) flatterer
fleur, *f.* flower
fleuri(—e) bloom, flowery, florid style

flocon, *m.* flake
flotte, *f.* fleet
flotter to float, to fly (a flag)
foi, *f.* faith, word (of honor) / ma —!, upon my word!
foie, *m.* liver
fois, *f.* time / une —, once
folie, *f.* folly, madness, insanity
fonctionnaire, *m./f.* government employee, official
fonctionner to function, work
fond, *m.* bottom, back / à —, completely / au —, in the background
fondamental(—e) fundamental, basic
fondateur(—trice) founder
fonder to found
fondre to melt
fontaine, *f.* fountain, spring, well
force, *f.* force, strength
forêt, *f.* forest
forme, *f.* form, shape / en — de, in the form of (as)
formel(—le) strict, formal
former to take place, shape, to form, make up
formulaire, *m.* blank, form
fort(—e) strong, hard, large, quite / — bien, very well
forteresse, *f.* fortress, fort
fortification, *f.* fortification
fortifier to fortify
fortune, *f.* fortune
fou/fol/folle crazy, unusual, madman (woman) / avoir un *succes* —, to be very popular
foule, *f.* crowd
four, *m.* oven
fourchette, *f.* fork
fourmi, *f.* ant
fraise, *f.* strawberry
Franc, *m.* Franc
Français(—e) French (person); le *français*, *m.* French language / *adj.*, French
française à la —, French style
franchement frankly
franchise, *f.* frankness
frapper to knock (at the door), hit, strike
fraternité, *f.* brotherhood
frère, *m.* brother
frivole frivolous, trifling
frivolité, *f.* frivolity
froid(—e) cold
froidure(=froideur), *f.* cold
frôler to brush against
fromage, *m.* cheese
front, *m.* facade, forehead, front
frontière, *f.* frontier
fruit, *m.* fruit
fuire to flee
fumée, *f.* smoke
furieux(—se) furious
fusil, *m.* rifle
futur, *m.* future

G

gagnant, *m.* winner
gagner to earn, win, make (money)
gai(—e) gay, happy
gaillard, *m.* fellow
galant(—e) gallant
galerie, *f.* gallery
gallo-romain(—e) gallo roman
gamée croix —, swastika
garantir to guarantee
garçon, *m.* boy
garde, *m.* guard
garder to protect, guard, keep / — en vie, to keep alive

gare, f. station
gâté(—e) spoiled
gâteau(—x), m. cake
gauche left
Gaule, f. Gaul
gaulois(—e) Gaulish, Gallic
gaz, m. gas / lampe à —, gaslight
géant(—e) giant
geler to freeze
gémir to moan
général, m. general
généralement in general
génération, f. generation
généreux(—se) generous
génial(—e) endowed with genius
genou, m. knee
genre, m. type, kind, gender
gens, m. (pl.) people
gentil(—le) kind
gentilhomme, m. nobleman
gentiment nicely, gracefully
géographie, f. geography
géographique geographical
géologique geological
germe, m. germ
geste, m. gesture / f., epic poem
gigantesque gigantic
gilet de corps, m. underwear, under-
　shirt
givre, m. frost
glace, f. mirror, ice, ice cream
glacial(—e) glacial
gladiateur, m. gladiator
gloire, f. glory
Goth Barbarian
gothique Gothic
goût, m. taste, flavor, sense of taste
goûter to taste, sample
goutte, f. drop
gouvernement, m. government
grâce, f. grace / de —, for mercy's
　sake / — à, thanks to
gracieux(—se) graceful, gracious
grain, m. grain
grand(—e) big, great, large, huge /
　comme un —, like a big boy
grandeur, f. size, height, greatness
grandir to grow (up)
grave serious, grave
graver to engrave
grec/grecque Greek
Grèce, f. Greece
grenouille, f. frog
grille, f. gate
grippe, f. grippe, influenza
gris(—e) gray
gros(—se) thick, fat
grotte, f. cave
groupe, m. group
guerre, f. war / Guerre de Cent Ans,
　the Hundred Year War
guerrier, m. warrior
gui, m. mistletoe
guichet, m. window, ticket window,
　box office
guide, m. guide, guidebook
guider to guide
Guillaume William
guillotine, f. guillotine
guillotiner to guillotine
guitare, f. guitar
gymnastique, f. gymnastics (physi-
　cal education)

H

habile skillful, clever
habilement adroitly, skillfully, cleverly
habiller(s') to dress
habitable inhabitable
habitant, m. inhabitant
habitation, f. dwelling, habitation

habiter to live (in, at)
habituel(—le) habitual
hache, f. ax
haine, f. hate
harmonie, f. harmony
harmoniser to harmonize
hasard, m. chance
hâte, f. hurry
haut(—e) high, upper / m., — parleur,
　speaker
hélas! alas!
herbe, f. grass, herb
herbé(—e) containing herbs, herb
　seasoned
herbicide, m. weed killer
hérétique, m./f. heretic
héritage, m. heritage, inheritance
hériter to inherit
héroïque heroic(—al)
héroïquement heroically
héros, m. hero
hésitation, f. hesitation
hésiter to hesitate
heureux(—se) happy
hisser to hoist, raise
histoire history, story / un peu
　d'—, a bit of history
historique historical
hiver, m. winter
homme, m. man
honnête honest
honneur honor / faire — à, to do
　justice (honor) to
honteux(—se) ashamed
horaire, m. timetable, schedule
horizon, m. horizon
horloge, f. clock
horoscope, m. horoscope
horreur, f. horror / J'ai — de,
　I hate . . .
horrible horrible
hors d'œuvre first course in a
　French meal; assorted salads
hors-la-loi outlaw
hospitalité, f. hospitality
hostile hostile
hostilité, f. hostility
hôte(—esse) host, hostess
hôtel, m. hotel, inn, mansion /
　— particulier, town house
huguenot name given to Protestants
huile, f. oil
huître, f. oyster
humain(—e) human
humeur, f. humor, mood
humiliation, f. humiliation
humilié(—e) humiliated
hussard, m. cavalry soldier
hypocrisie, f. hypocrisy

I

ici here
idéal(—e) ideal
idée, f. idea
identité, f. identity
ignorant(—e) ignorant
il, m. he, it (there)
île, f. isle, island
illégal(—e)(—aux) illegal
illustrer to illustrate
il y a there is (are)
image, f. image, picture
imaginaire imaginary
imiter to imitate
immense immense, huge
immensité, f. immensity
immeuble, m. apartment building
immortel(—le) immortal
imparfait, m. imperfect
impératrice, f. empress
impérial(—e) imperial

importance, f. importance
important(—e) important
importe n'—, no matter (which,
　what); any
imposer to impose
impossible impossible
impôt, m. tax
imprimer to print
imprimerie, f. printing
improviser to improvise
impudence, f. impudence
inadmissible not admissible
incomparable incomparable
incontestable incontestable
incorporer . to incorporate
inconnu(—e) stranger, unknown
indéfiniment indefinitely
indépendance, f. independence
Indes, f. (pl.) Indies
indescriptible undescribable
indifférence, f. indifference
indigène, m./f. native
indiquer to indicate, show
indirect(—e) indirect
indiscuté(—e) unquestioned
indispensable indispensable, essential
indisputé(—e) undisputed
indulgence, f. indulgence
industrie, f. industry
industriel(—le) industrial
inégalite, f. inequality
infatigablement tirelessly
inférieur(—e) inferior / machoire —,
　lower jaw
infernal(—e)(—aux) infernal
infinitif, m. infinitive
infixe, m. infix
influence, f. influence
information, f. information
informer to inform
inhumain(—e) inhuman
injustice, f. injustice
innocent(—e) innocent
innomable unspeakable, terrible
innombrable innumerable
innovation, f. innovation
inoubliable unforgettable
inouï(—e) unheard of
inquiet(—ète) worry
inquiéter(s') to worry
inquiétude, f. uneasiness, worry
inscription, f. inscription, writing
inséparable inseparable
installer to install
instant, m. instant, moment / de
　tous les —s, at all times
instituer to found, institute
Institut, m. Institute
instruire(s') to educate (oneself)
insulter to insult
insupportable bad, unbearable
intelligent(—e) intelligent
interdiction. f. interdiction
interdire to forbid, prohibit, prevent
intéresser s'— à, to be interested in
intérêt, m. interest
intermédiaire intermediary, middle-
　man
interprétation, f. interpretation
interrogation, f. interrogation,
　questioning
interrompre to interrupt
intervalle dans l'—, in the mean-
　time
intolérance, f. intolerance
invariable invariable
invasion, f. invasion
invective, f. invective
invisible invisible
inviter to invite
iris, m. iris / — d'eau, water iris
iriser to make iridescent
ironie, f. irony

irrégulier(—ère) irregular
irremplaçable irreplaceable
irréparable irreparable / une perte
  —, an irretrievable loss
isoler to isolate
italien(—ne) Italian

J

jaloux(—se) jealous
jamais never
jardin, *m.* garden / — à la française,
  French-style garden with geomet-
  ric design
jargon, *m.* jargon
jaune yellow
jaunir to turn yellow
Jeanne d'Arc Joan of Arc
jeter to throw
jeudi, *m.* Thursday
jeune young / *m./f.,* young man,
  woman
jeunesse, *f.* youth
joie, *f.* joy
joindre to join
joli(—e) pretty
jonquille, *f.* jonquil
jouer to play
jour, *m.* day / un —, one day
journée, *f.* day; day's journey
joyeux(—se) joyful, cheerful
jugement, *m.* judgment
juger to judge
juillet, *m.* July
Jules César Julius Caesar
jumeau(—melle) twin
jument, *f.* mare
jupe, *f.* skirt
jurer to swear
jusqu'à (en) until, till, (up) to
juste just, right, correct, barely,
  hardly
justement precisely, as a matter
  of fact

K

kilogramme, *m.* about 2 lbs (1000
  grams)
kilomètre, *m.* kilometer (1000
  meters)

L

là here, there / *(suffix)* this, that
lac, *m.* lake
là-dessus concerning this
laid(—e) ugly
laine, *f.* wool
laisser to leave, allow / laissons
  cela, let's leave that (alone),
  let's forget that
  to let, quit, abandon / — faire,
  to allow (one to do . . .)
lait, *m.* milk
laitier produit —, milk product
laitue, *f.* lettuce
lame, *f.* blade
lampadaire, *m.* lamp-post
lampe, *f.* lamp, light / — à gaz,
  gaslight
lance, *f.* spear
langage, *m.* conversation
langue, *f.* tongue, language
langueur, *f.* languor
lanterne, *f.* lantern
larme, *f.* tear
latin(—e) Latin / *m.,* Tibre latin,
  Italian ("Latin") River
latitude, *f.* latitude

laver to wash
lecture, *f.* reading
légal(—e) legal, lawful
légende, *f.* legend
léger(—ère) light, carefree
légion, *f.* legion / — romaine, Roman
  Legion
Légion d'Honneur, *f.* Legion of
  Honor
légume, *m.* vegetable
lendemain, *m.* next day, following
  day / au — de, right after
lequel/laquelle which / par —,
  through which
lessive, *f.* laundry, wash
lettre, *f.* letter
leur their, (to) them
lever to raise / se —, to stand up,
  get up
lèvre, *f.* lip
libération, *f.* liberation
liberté, *f.* liberty, freedom / statue
  de la Liberté, Statue of Liberty
licorne, *f.* unicorn
lier to tie, bind
lieu place / au — de, instead of
ligne, *f.* line / pêcher à la —, rod
  fishing
limite, *f.* limit
limiter to limit
lin, *m.* linen
linge, *m.* laundry
lion, *m.* lion
liquide, *m.* liquid
lire to read
lisant en —, (by) reading
liste, *f.* list
lit, *m.* bed
littéraire literary
littérature, *f.* literature
livre, *f.* pound / *m.,* book
livrée, *f.* appearance, outfit
livrer to hand over, deliver /
  — bataille, to make war
livreur, *m.* delivery man
loger to lodge
loi, *f.* law
loin far
lointain(—e) far away, distant
loisir, *m.* leisure, spare time
long(—ue) long / le long de —, along
  (the)
longer to go along (beside), to walk
  along (beside)
longitude, *f.* longitude
longtemps long, long time, long ago
lorgnon, *m.* pince-nez
lorsque when
Louisiane, *f.* Louisiana
loup, *m.* wolf / avoir une faim de —,
  to be hungry as a bear
lourd(—e) heavy, difficult, hard /
  impôts —, high taxes
lui him; of him (her), to him (her)
lui-même himself
luire to shine
lundi, *m.* Monday
lune, *f.* moon / clair de —, moonlight
luthérien(—ne) Lutheran
lutter to fight, to struggle
luxe, *m.* luxury
luxueux(—se) luxurious
lycée secondary school
lyrique lyrical
lys, *m.* lily

M

ma, mon, mes my (ta, ton, tes —
  your / sa, son, ses — his, her)
machine, *f.* machine, engine /

— à vapeur, steam engine
mâchoire, *f.* jaw
madame, *f.* Mrs., lady, madame,
  mistress
mademoiselle, *f.* miss
madrigal, *m.* madrigal
magasin, *m.* shop, store / grand —,
  department store
magique magical
magnifique magnificent
maigre lean, thin
maillot de bain, *m.* bathing suit
main hand
maintenant now
maintenir to stay, to maintain, keep
  up / — au pouvoir, stay in power
maire, *m.* mayor
mais but, yet
maison, *f.* house
maître, *m.* master, chief, Mr. /
  — d'armes, fencing master
maître(—esse) teacher; master,
  mistress
majesté, *m.* majesty / votre —,
  your majesty
majestueux(—se) majestic
mal bad, evil, pain, ache /
  avoir — à l'estomac, to have
  a stomachache
maladie, *f.* sickness, disease
maladroit(—e) clumsy, awkward
mâle, *m.* male
malgré in spite of
malheur, *m.* misfortune / ne parle
  pas de —, don't talk like that
malheureusement unfortunately
malin clever
Manche, *f.* English Channel
manger to eat
manière, *f.* manner, fashion /
  belles —s, etiquette
manifestation, *f.* manifestation
manifeste manifest / *m.,* manifesto
manifester to manifest (show)
manœuvre, *f.* maneuver, handling
manquer to be short of, to miss,
  fail / je n'y manquerai pas, I won't
  fail to be there (I'll be there)
manteau, *m.* overcoat
manufacture, *f.* factory, plant
marbre, *m.* marble
marchand(—e) vendor
marche, *f.* march, step (of stairway),
  movement, progress, course
Marché Commun, *m.* Common
  Market
marcher to walk
marécage, *m.* marsh, swamp
maréchal(—aux), *m.* marshal
marguerite, *f.* daisy
mari, *m.* husband
mariage, *m.* marriage
marier to marry / se —, to get
  married
marin(—e), *m.* sailor, seaman /
  m./f., marine / air marin, ocean
  air
marquer to mark, take note
marquis(—e) marquis, marquise
martyriser to torture
masculin(—e) masculine
masquarader to masquerade
masque, *m.* mask / — de fer, iron
  mask
massacrer to massacre
masse, *f.* mass
Massif Central, *m.* Central Mountains
  of France
mât, *m.* mast
matériel, *m.* materiel, material,
  equipment
matin, *m.* morning
mauvais(—e) bad, wrong, evil

méchant(—e) mean, nasty
mécontentement, *m.* discontent
médecin, *m.* doctor
médecine, *f.* medicine
médiocre mediocre
Méditerranée, *f.* Mediterranean Sea
mégalithique megalithic
meilleur(—e) better, best
mélancolie, *f.* melancholy
mélange, *m.* mixture
mêler se — de, to meddle with, interfere with
membre, *m.* member / être — de, to belong to
même also, same, even, own / leurs familles —, their own families / de —, in the same manner
mémoire, *f.* memory
menace, *f.* threat
ménage de —, (pertaining to the household) / femme de —, housemaid
mendiant, *m.* beggar
mener to lead, take
menhir, *m.* menhir
mentir to lie
mentonnière, *f.* chin rest
menuet, *m.* minuet
mer, *f.* sea
mercredi, *m.* Wednesday
merveille, *f.* marvel, wonder
merveilleux(—se) marvelous
message, *m.* message
messager(—ère) messenger
messe, *f.* mass
mesure, *f.* measure, measurement / dans une large —, to a large extent
métal, *m.* metal
métrique metric
mettre to put, place / — au monde, to give birth (to) / se — à (en), to start to
meuble, *m.* furniture
microbe, *m.* microbe
mieux; *m.* better, best
mignon(—ne) cute, darling
migration, *f.* migration
milieu, *m.* middle, milieu
militaire, *m.* soldier / *f./m.,* military
mille, *m.* thousand
milliers, *m.* thousands (of)
million, *m.* million
millionième, *m.* (one) millionth
mine, *f.* mine / — d'or, gold mine
minéral(—aux) mineral
minime tiny
ministre, *m.* minister
miraculeux(—se) miraculous
misérable miserable
misère, *f.* misery
mitraille, *f.* grapeshot
mobile mobile, movable
mode, *f.* fashion
modèle model
modérer to moderate
moderne modern
modernisation, *f.* modernization
moderniser to modernize
modification, *f.* modification
moindre least
moine, *m.* monk
moins less / beaucoup —, far less / du (au) —, at least
mois, *m.* month
moitié, *f.* half
moment, *m.* moment / à partir de ce —, from that time on / au — de (où, que), when, at the time of
monarchie, *f.* monarchy
monastère, *m.* monastery
monde, *m.* world / mettre au —, to give birth (to) / tout le —, everybody

mondiale guerre —, world war
monnaie, *f.* money, change
monsieur/messieurs gentleman/men, mister, sir
montagnard(—e) mountaineer
montagne, *f.* mountain
monter to go up, climb, mount (a horse) / — à l'arbre, to climb a tree / la misère monte à Paris, misery reaches Paris
montrer to show
monument, *m.* monument
moquer s' — de to make fun of
morale, *f.* ethics, moral
moraliste, *m./f.* moralist
morceau(—x), *m.* piece
mort(—e) dead / mort *(f.),* death / condamné à —, condemned to death
mot, *m.* word
motel de toile, *m.* "canvas" motel where you rent a tent for the night
motoriser to motorize
mouche, *f.* fly
mouchoir, *m.* handkerchief / — à jeter, tissue
moue, *f.* pout / faire la —, to pout
mouiller to wet
mourir to die
mousseline, *f.* muslin
moustache, *f.* mustache
mouton, *m.* sheep
mouvant sable —, quicksand
mouvement, *m.* movement
moyen, *m.* means / moyenne, *f.,* average
Moyen-Age, *m.* Middle-Ages
muet(—te) mute
multicolore multicolor
multiplier to multiply, increase
multitude, *f.* multitude
munition, *m.* ammunition
mur, *m.* wall
mûrir to ripen
musée, *m.* museum
musicien(—ne) musician
Musulman(—e) Moslem
mutiler to mutilate
mystérieux(—se) mysterious

N

nager to swim
naïf/naïve naive / *m./f.,* simple-minded person
naissance, *f.* birth / donner — à, to give rise (birth) to
naître to be born / être né(—e), to be born
naïveté, *f.* innocence
napoléonien(—ne) Napoleonian
nappe, *f.* tablecloth / mettre la —, to set the table
narration, *f.* narration
natal(—e) natal, native, of birth
national(—e) national
nationalisme, *m.* nationalism
nationalité, *f.* nationality
nature, *f.* nature
naturellement naturally, of course
navigateur(—trice) navigator, seafaring
naviguer to navigate, sail
nazi Nazi
ne . . . pas not
né(—e) born
nécessaire necessary
nécessiter to be necessary
négligé(—e) neglected
négligemment carelessly

négliger to be neglected, to neglect
négotiation, *f.* negotiation
neige, *f.* snow
nettoyer to clean
neuf/neuve new
neveu/nièce nephew/niece
ni . . . ni neither . . . nor
nier to deny
noble noble / *m.,* nobleman
noblesse, *f.* nobility, nobleness
Noël, *m.* Christmas
noix, *f.* nut
nom, *m.* name / sous le — de, as, known as
nombre, *m.* number, quantity / grand —, numerous
nommer to name
non not, no
nord, *m.* north
normal(—e) normal, usual
normalement normally
normand(—e) Norman / *(cap.)* Norseman
nostalgie, *f.* nostalgia
note, *f.* note, (musical key); bill
nourrice, *f.* wet nurse
nourrir to nourish
nous we, us
nouveau/nouvelle new / de — *(m.),* again, once more / à — *(m.),* anew
Nouveau-Monde, *m.* New World
nouveauté, *f.* newness, novelty
Nouvel An, *m.* New Year
nouvelles, *f. (pl.)* news / *(s.),* piece of news
noyer to drown
nuit, *f.* night
numéro, *m.* number

O

obéir to obey
objectif(—ve) objective
objet, *m.* object / — d'art, work of art
obligé(—e) obliged / être —, to be grateful, forced
obliger to force
obscur(—e) obscure
obtenir to obtain, get
obus, *m.* shell, bomb
occasion avoir l'—, to have the opportunity
occupation, *f.* occupation / d'—, occupying
occuper to occupy / s'— de, to take care (charge) of
océan, *m.* ocean
odeur, *m.* smell, odor, scent
œil, *m.* eye / *(pl.),* yeux
œuf, *m.* egg
œuvre, *f.* work
offense, *f.* offense
officiel(—le) official
officier, *m.* officer
offrir to offer
ogival(—e) arche —, pointed arch
oh *(interj.)*
oie, *f.* goose
oignon, *m.* onion
oiseau(—x), *m.* bird
oliphant, *m.* (sort of) horn
olive, *f.* olive
ombrageux(—se) quick to take offense
ombre, *m.* shade
on one / e.g., — est roi, one is king (impersonal) / — les trouve, they are found
oncle/tante uncle/aunt
onde, *f.* wave

opinion, f. opinion
opposer to oppose, object to
oppresser to oppress, impede (respiration)
oppression, f. oppression
or gold / en —, (d'—), golden
or now, therefore
oral(—e)(—aux) oral
oralement orally
orange, f. orange
ordinaire ordinary
ordre, m. order / mettre en —, to tidy up
oreille, f. ear
orfèvrerie, f. gold (or silver) jewelry
organisation, f. organization
organiser to organize
orgueil, m. pride, conceit
oriental(—e) oriental
original(—e)(—aux) original
origine, f. origin
orner to adorn, decorate
orthographe, f. orthography, spelling
orthographique spelling
oser to dare
ostensiblement ostensibly
où where, when
ou or
oublier to forget
ouest, m. west
oui yes / Cela sera galant, —?, it will be gallant, won't it?
ouvert(—e) open
ouverture, f. opening
ouvrage, m. work, piece of work
ouvrier(—ère) worker
ouvrir to open

P

pacte, m. pact
page, m. page
païen(—ne) pagan
paille, f. straw
pain, m. bread
pair (au) at no expense
paix, f. peace
palace, m. palace
pâlir to grow pale
pan bagnat, m. a regional sandwich of the Riviera
panache, m. plume
panier, m. basket
panique, f. panic
panne, f. breakdown
pantoufle, f. slipper
pape, m. pope
papillon, m. butterfly
par by, through, for
paradis, m. heaven, paradise
paraître to appear
paralyser to paralyze
parapluie, m. umbrella
parbleu (interj.) You bet!
parc, m. park
parce que because
parchemin, m. parchment
pardon, m. pardon, forgiveness
pardonner to forgive
parent, m. parent, relative / chez des —s, at the home of relatives
paresseux(—se) lazy
parfumer to perfume
parisien(—ne) Parisian / (cap.) Parisian
parler to speak, talk (about) / entendre —, to hear about (something)
parmi among
parole, f. word
part part, share, role / d'autre —,

on the other hand
partager to share, divide
partenaire, m./f. partner
parti, m. party
participe, m. participle
particulier(—ère) special, individual, private, particular / en — (m.), especially
partie, f. part / faire — de, to belong to
partir to leave / à — de ce moment, from this (that) time on / — pour, to go to
partout everywhere
parure, f. adornment
parvenir to reach
passage, m. passage(way), crossing, pass
passé(—e) happened, passed, past, gone by / participe —, past participle
passer to go through, to spend (some time), to go by / se —, to happen / avoir à —, to have to spend
passionnant(—e) fascinating
passionner (se) to be fascinated by
pasteur, m. pastor, minister
pasteurisation, f. pasteurization
pâtisserie, f. pastry shop, pastry
patrie, f. mother country
patriotisme, m. patriotism
patron(—ne) boss
patronage, m. patronage, protection, sponsorship
pauvre poor, wretched / — diable, wretched fellow
pauvreté, f. poverty
payer to pay
pays, m. country, region, town, nation
paysage, m. landscape, scenery
paysan(—ne) peasant
peau, f. skin
péché, m. sin
pêche, f. fishing
pêcher to fish / — à la ligne, rod fishing
pêcheur, m. fisherman
pécore silly goose
pédalo, m. pedal-boat
peigner (se) to comb one's hair
peindre to paint
peintre, m. painter
peinture, f. painting
pèlerin(—e) pilgrim
pèlerinage, m. pilgrimage
pencher to bend over, lean
pendant during, while, for
pendre to hang
pénible painful
péninsule, f. peninsula
penser to think
penseur, m. thinker
perché(—e) perched
perdre to lose / où elle se perdait, where it disappeared / — du temps, to waste time
père, m. father / grand- —, grandfather
perfectionner to perfect, improve
périlleux(—se) dangerous
période, f. period, time, age
perle, f. pearl
permettre to allow, permit, make it possible
permis(—e) allowed
perplexe perplexed
perron, m. front steps
persécuter to persecute
personnage, m. character, figure
personnalité, f. personality
personne, f. person
personne . . . ne no one, nobody

personnel(—le) personal
perspective, f. perspective
perte, f. loss
peste, f. plague, pest
pétillant(—e) sparkling
petit(—e) small, tiny
petit à petit little by little
petit-fils grandson / arrière —, great grandson
peu little / un —, a little / un — d'histoire, a bit of history
peuple, m. people, nation
peuplier, m. poplar
peur, f. fear, fright / avoir —, to be scared, frightened
peut-être perhaps
pharmacie, f. drugstore
phase, f. phase
phénix, m. phoenix
phénomène, m. phenomenon
philosophe, m. philosopher
philosophie, f. philosophy
philtre, m. philter, magic potion
photo, f. snapshot
photographe, m. photographer
phrase, f. sentence
physique physical
pièce, f. piece / une — de monnaie, a coin / — de théâtre, a play / — d'eau, ornamental pond
pied, m. foot / mettre —à, to set foot on
pierre, f. stone
piéton, m. pedestrian
pieux(—se) pious
piller to pillage, loot, plunder
pin, m. pine tree
pique, m. pike, pique
piquenique, m. picnic
pirate, m. pirate
piscine, f. pool (swimming)
pistolet, m. pistol
pitié, f. pity
pittoresque picturesque
place, f. place, spot / — publique, public square / sur —, on the spot
placé(—e) located / mal —, badly located
placer to put, place
plafond, m. ceiling
plage, f. beach
plaindre to pity / se —, to complain
plaine, f. plain
plainte, f. complaint
plaire to please; to feel like it / ça me plaît, I feel like it
plaisant(—e) pleasant
plaisanter to joke, to kid
plaisanterie, f. joke
plaisir, m. pleasure / faire — à, to please (someone)
plaît s'il vous —, please, if you please
plan au premier —, in the foreground
planche, f. board
planète, f. planet
plante, f. plant
plat(—e) flat
plat, m. dish
plein(—e) full / Faites le —, Fill her up.
pleurer to cry
pleuvoir to rain
plu (from plaire) Le film t'a plu?, Did you like the movie?
pluie, f. rain
plumage, m. plumage
plume, f. feather, pen
plupart, f. most; majority
pluriel, m. plural
plus more

plusieurs several
plutôt rather
pluvieux(—se) rainy
poche, *f.* pocket / couteau de —,
 pocketknife, jack knife
poème, *m.* poem
poèsie, *f.* poetry
poignant(—e) poignant
poing, *m.* fist
point, *m.* point; period (=pas)
pointer to point to (toward)
poisson, *m.* fish
poissonneux(—se) rivière — se, fish
 river (rich in fish)
poivre, *m.* pepper
poli(—e) polite
police, *f.* police
policier(—ère) detective / roman —,
 murder mystery
politicien(—ne) politician
politique, *f.* politics, political
poltron(—ne) cowardly
pommier, *m.* apple tree
pont, *m.* bridge, deck
populace, *f.* populace, rabble
populaire popular
popularité, *f.* popularity
population, *f.* population
port, *m.* port, harbor
porter to carry, bear, wear
portrait, *m.* portrait
poser to place, put down / — des
 questions, ask questions
position, *f.* position
posséder to possess, own
possesseur, *m.* owner
possession, *f.* possession
possibilité, *f.* possibility
poste, *m.* station, post office; set;
 position / — de télévision, TV
 set / — à transistor, transistor
 radio
postillon, *m.* carriage driver
pot, *m.* pot
poteau, *m.* post
potion, *f.* potion (with magical
 powers)
poule, *f.* hen, chicken / poulet, *m.*,
 chicken
poupée, *f.* doll
pour to, in order to, so that
pourquoi why / c'est —, that's why
poursuivre to pursue, chase
pourtant yet, however, neverthe-
 less, though
pousser to grow, push, urge / — les
 migrations, to carry (take)
 migrations
pouvoir, *m.* power
pouvoir can, to be able to / on peut
 être, one can be
pratique, *f.* practice
pratique practical
précédent(—e) previous
prêcher to preach
précieux(—se) precious, valuable
précipiter to hasten, hurry, rush
précisément precisely
Prédestination, *f.* Predestination
préfabriquer to prefabricate
préhistoire, *f.* prehistory
premier(—ère) first / au — plan, in
 the foreground
premièrement first, first of all
prendre to take, capture, steal,
 seize / se faire —, to be taken,
 caught (fig.)
préparer to fix, prepare / se —, to
 get (oneself) ready
préposition, *f.* preposition
près near, by / — de, close to
présence, *f.* presence, influence
présent, *m.* present / (—e), *f.*, present

pressant(—e) pressing, urgent
presse, *f.* press (journalism)
presser to press, squeeze, hurry
prestigieux(—se) famous, prestigious
prêt(—e) ready
prétendre to claim
prétentieux(—se) pretentious
prêter to lend
prêteur(—se) lender
prêtre, *m.* priest
preuve, *f.* proof
prévu anticipated
prie je vous en —, by all means,
 please
prier to pray
prière, *f.* prayer
primitif(—ve) primitive
prince(—cesse) prince, princess
principal(—e)(—aux) main / m.,
 principal
principe, *m.* beginning, principle
printemps, *m.* spring(time)
prison, *f.* prison, jail
prisonnier(—ère) prisoner / fait —,
 made prisoner
privé(—e) private
privilège, *f.* privilege, right
prix, *m.* price, cost / à tout —, at
 all cost
probable probable, likely
probablement probably
problème, *m.* problem
procédé, *m.* process
prochain(—e) next
proche near
proclamer to proclaim
produit, *m.* product, produce /
 — laitier, milk product
profit, *m.* profit / au — de, to take
 advantage of
profitable advantageous, profitable
profiter en —, to take advantage of
professionnel(—le) professional
profond(—e) deep, profound
progrès, *m.* progress / faire des —, to
 make progress
projet, *m.* project / faire des —s, to
 make plans
proie, *f.* prey
promener to stroll,
 to walk
promesse, *f.* promise
promettre to promise, make a
 promise
promontoire, *m.* promontory
prononcer to pronounce / — sur,
 to decide on
prononciation, *f.* pronunciation
prophète, *m.* prophet
propice propitious
proportion, *f.* proportion
propos à —, regarding, concerning
proposer to propose
propre own, clean
propriétaire, *m./f.* proprietor,
 owner
prose, *f.* prose
prospérer to prosper
prospérité, *f.* prosperity
protéger to protect
Protestant(—e) Protestant
protester to protest
prouver to prove
province, *f.* province
provision, *f.* supply / *pl.,* provisions,
 food
provocation, *f.* provocation
prudent(—e) prudent, careful
psychologique psychological
psychiatre, *m.* psychiatrist
psychologue, *m.* psychologist
public (—que) public
publicité, *f.* advertising

publier to publish
puisque since, given that
puissance, *f.* power
puissant(—e) powerful
punir to punish
punition, *f.* punishment
pur(—e) pure
pureté, *f.* purity
Purgatoire, *m.* Purgatory
Puritain(—e) Puritan

Q

qualifier to qualify
qualité, *f.* quality
quand when
quant à in regard to
quantité quantity / une grande —,
 a great many / des —s, lots of
quart, *m.* fourth
quartier, *m.* neighborhood, quarter
que that, than
quel(—le) what, which
quelque some, few / *pl.,* some, a few /
 quelqu'un, someone / quelque
 fois, sometimes
querelle, *f.* quarrel
qu'est-ce que what is . . .
question, *f.* question
quête, *f.* collection
qui who, which, that, whom
quinze jours two weeks
quitter to leave, abandon, give up
quoi what / pas de —, you are
 welcome (lit.: it's nothing)

R

race, *f.* race
racheter to buy again
racine, *f.* root
raconter to tell
radio, *f.* radio
radium, *m.* radium
raffiné(—e) refined
raffinement, *m.* refinement
raide stiff
raie, *f.* line
raisin, *m.* grapes
raison, *f.* reason / avoir —, to be
 right
raisonnable reasonable
rajeunir to rejuvenate
râler to wheeze
ramage, *m.* warbling of birds
ramasser to pick
ramée, *f.* branches
ramener to bring back
rameur, *m.* rower
rancune, *f.* grudge
ranimer to revive
rapetisser to shorten, become short
rapidité, *f.* speed
rappeler to remember, remind
rapport, *m.* connection, relation
rapporter to have a bearing with;
 bring back
rapprocher to bring together
rare rare, scarce
rassembler to gather (together)
rat, *m.* rat
ravi(—e) être —, to be delighted
ravissant(—e) ravishing, entrancing
rayon, *m.* department (in a store);
 ray (of the sun)
re— again, anew; back
réaliste realist, realistic
réalité, *f.* reality / en —, in (truth)
 fact
récapitulation, *f.* recapitulation
récemment recently

récent(—e) recent, new
réception, f. reception
recette, f. recipe
recevoir to receive, receive guests, accommodate (guests)
recherche, f. research
récit, m. recital, account, narrative
recommencer to start again
récompenser to reward
reconnaître to recognize
reconstruction, f. reconstruction
recours, m. recourse / avoir — à, to resort to, appeal to
reçu(—e) (être — à un examen) to pass an exam
redevenir to become again
rédiger to draw up
réduire to reduce
réfléchir to reflect, think
réflexion, f. reflection
réforme, f. reform / (cap.), Reformation
réfrigération, f. refrigeration
refuser to refuse
regard, m. look, glance, watch
regarder to watch
Régence, f. Regency
régent(—e) regent
régime, m. regime, system, government
régiment, m. regiment
région, f. region, place
règle, f. rule
régler to settle
règne, m. reign
régner to reign
regrouper to form groups again, gather
regretter to regret, miss, long for; be sorry
régulier(—ère) regular
régulièrement regularly
Reims Rheims
reine, f. queen
relatif(—ve) relative
relief, m. relief
religieux(—se) religious
relire to reread
remarquable remarkable, unusual
remarquer to notice, remark / faire —, to point out / se faire —, to make oneself conspicuous
rembourser to reimburse
remède, m. remedy
remercier to thank
remettre to put back, hand over; to deliver / se —, to recover
rémission, f. remission
remonter to remount, go up again
remplacer to replace
remplir to fill
renaissance, f. rebirth / (cap.), Renaissance
renard, m. fox
rencontrer to meet
rendez-vous, m. rendezvous, appointment, date
rendre to return, give back; surrender; make; render
renommé(—e) renowned / La Renommée, Fame
renouveler to renew
renseignement, m. information
renverser to overthrow
répandre to spread, propagate
réparation, f. repair
repas, m. meal
répéter to repeat
répondre to answer, reply; talk back
réponse, f. answer
repos, m. rest
reposer (se) to rest

reprendre to take again
représentant(—e) representative
représentation, f. performance
représenter to represent, stand for
républicain(—e) republican
république, f. republic
réputé(—e) of high repute
réputation, f. reputation
requête, f. request
réquisitionner to requisition
réserver to reserve, set aside
résidence, f. residence, dwelling
résider to reside, live at
résistance, f. resistance
résolu(—e) resolute, resolved
respirer to breathe
responsabilité, f. responsibility
responsable, responsible
ressembler to resemble, look like
ressort, f. spring (mechan.)
ressource, f. resource
ressusciter to resurrect
restaurant, m. restaurant
restaurer to restore
reste, m. rest, remaining, remainder / au —, as for the rest
rester to stay, remain / — à ne rien faire, to 'continue' doing nothing / ce système reste employé, this system still is used
résultat, m. result
rétablir to reestablish
retenir to remember
retirer to pull out
retorquer to retort
retour, m. way back, return; comeback / de —, back
retourner to go back, return; turn over
retraite, f. retreat
réunion, f. meeting, gathering, reunion
réunir to reunite, join / se —, to meet, convene
réussi(—e) successful
réussir — à, to succeed in
réussite, f. success
revanche, f. revenge
réveiller se —, to wake up
révéler to reveal
revenant, m. ghost
revenir to come back
revoir au —, see you later, good-bye
révolte, f. revolt, rebellion
révolution, f. revolution
révolutionnaire revolutionary
révolutionner to revolutionize
rhum, m. rum
riche rich
richement richly
richesse, f. wealth, richness
rideau, m. curtain
ridicule, f. ridicule; ridiculous
rien nothing
rigide, rigid, stiff, strict
rigolo funny
riposte, f. riposte, retort, back talk
rire to laugh
rituel, m. custom, ritual
rivage, m. shore
rival(—e) rival
rivière, f. river
robe, f. robe, gown, dress
rocher, m. rock
roi, m. king
Romain, m. Roman
roman(—e) Romance language; Romanesque (arch.)
roman, m. novel
rompre to break
ronce, f. bramble
rond(—e) round / m., circle
roseau, m. reed

rôti, m. roast
rotir to roast
rôtisserie, f. shop where roasts are sold
rôtisseur(—se) grill cook, owner of the roasting shop
rouge, m. red
rougir to turn red
rouiller to rust
rouler to roll / faire —, to roll down (push down)
route, f. road, highway, itinerary / en —, on the way
royal(—e) royal
royaume, m. kingdom
ruban, m. ribbon
rudement roughly
rue, f. street
ruelle, f. small street, alley
ruine, f. ruin
ruisseau, m. brook
rumeur, f. rumor
russe Russian

S

sable, m. sand / — mouvant, quicksand
sabot, m. wooden shoe
sac de couchage, m. sleeping bag
sacré(—e) sacred
sage wise, witty
saint(—e) saint
saisir to seize, grasp / se — de, to take possession of
saison, f. season
saladier, m. salad bowl
salaire, m. salary, wage
sale dirty
saler to salt
salle, f. room
salon, m. living room, parlor, saloon
sang, m. blood
sanglant(—e) bloody
sanglier, m. boar
sans without / — doute, undoubtedly
santé, f. health
satirique satirical
sauf except
saule, m. willow
saumon, m. salmon
sauvage savage, wild
sauvagerie, f. savagery, wilderness
sauver to save / se —, to run away
savant(—e) knowledgeable, scientist, learned, scholarly
savoir to know, to know how to
savoureux(—se) tasty
scandinave, Scandinavian
scénario, m. script, plot
scène, f. stage
sceptique skeptical
science, f. science
scientifique scientific
scorpion, m. scorpion
sculpture, f. sculpture
séance, f. session
secondaire secondary
secouer to shake / Secouez-le! Keep after him!
secours, m. help, aid
secte, f. sect
section, f. section
seigneur, m. lord
Seine, f. Seine River
séjour, m. stay, visit; place of stay, visit
sel, m. salt
selle, f. saddle
semaine, f. week

semblable similar, like
sembler to appear, seem, look like
sens, *m.* sense, manner / dans ce —, toward that goal, meaning
sensas (short for sensationnel) great, splendid
sensibilité, *f.* sensitivity
sentence, *f.* sentence (law)
sentiment, *m.* sentiment, feeling
sentir to feel; smell
séparation, *f.* separation
séparer to separate
sépulture, *f.* burial place
sera will be, shall be
serait (conditional of être) would be
serez (you) will be
sérieux(—se) serious
serpenter to wind
serrure, *f.* lock
service, *m.* service / rendre un —, to do a favor, to be useful
servir to serve (as) / — à, to be used for / — de, to be used as / se — de, to use
serviteur, *m.* servant
seuil, *m.* threshold
seul(—e) sole, alone, only
seulement only, even
sévère strict, stern, severe
sévèrement sternly, severely
sévérité, *f.* strictness
shampooing, *m.* shampoo
si if, so
Sibérie, *f.* Siberia
siècle, *m.* century
siéger to seat; to be in session; besiege
siffler to whistle
signe, *m.* sign
signer to sign
simple simple
simplement simply, just
simplicité, *f.* simplicity
simplifier to simplify
singulier(—ère) singular
sire, *m.* sire
situation, *f.* situation; location
slip, *m.* bathing trunks, underpants
snobisme, *m.* snobbery
social(—e)(—aux) social
socialisme, *m.* socialism
sœur, *f.* sister
soie, *f.* silk
soif, *f.* thirst
soigneusement carefully, meticulously
soir, *m.* evening, night
soit 3rd p. subj. of être
sol, *m.* soil, ground
soldat, *m.* soldier
soleil, *m.* sun
solide solid, strong
sombre dark, gloomy, somber
somme, *f.* amount; sum
sommeil, *m.* sleep
sommeiller to doze
sommet, *m.* top
somptueux(—se) sumptuous
son, *m.* sound
son its, his, hers
sonner to ring, to blow (mus. instr.), sound, strike
sonnet, *m.* sonnet
sont are / ce —, it is, they are
soutenir to sustain; support
sorcier(—ère) witch
sort, *m.* destiny, fortune, lot
sorte, *f.* sort, kind, type / de — que, so that, such as
sortir to go out, take out / — la tête, to stick out the head
sot(—te) fool; foolish; silly, stupid
sou, *m.* "penny" (fig.)
souci, *m.* sorry
soudain(—e) sudden

souffler to blow
souffrance suffering
soumettre to subject (to)
soumis(—e) subjected (to)
soumission, *f.* submission
soupçonner to suspect
soupe, *f.* soup
souper, *m.* supper
soupir, *m.* sigh
soupirer to sigh
souris, *f., s/pl.,* mouse
sous under, below / — leur règne, during their reign
sous-sol, *m.* basement
soustraire —à, to escape from, remove
soutenir to support
souvenir, *m.* souvenir, reminder
souvent often, frequent(ly)
spécial(—e)(—aux) special
spectre, *m.* ghost
splendeur, *f.* splendor
splendide splendid
spontané(—e) spontaneous
sport, *m.* sport
sportif(—ve) sportsman, athlete, player
statue, *f.* statue
stimulant, *m.* stimulant
strophe, *f.* stanza
stupéfait(—e) dumbfounded, amazed
stupide stupid, fool
style, *m.* style
stylisé(—e) stylized
stylo, *m.* pencil
subjectif(—ve) subjective
subsister to subsist
succéder to succeed, to succeed to the throne
succès, *m.* success / avoir du —, to be a success (successful)
successeur, *m.* successor
succession, *f.* succession; inheritance
suffire to be sufficient, suffice
suggestion, *f.* suggestion
suicide, *m.* suicide
suivant(—e) next, following / according to
suivre to take (a course), follow
sujet, *m.* subject
supérieur(—e) superior / mâchoire —, upper jaw
supplément, *m.* supplement / en —, in addition
supplier to implore
support, *m.* support
supprimer to suppress, abolish
suprême supreme
sûr(—e) certain, sure / bien —, of course
sur on, over, concerning
sûrement certainly, surely
surmonter to surmount
surprendre to surprise, puzzle
surpris(—e) surprised
surtout above all, especially
surveiller to watch over, look after
survivre to survive
suspense, *m.* suspense
syllabe, *f.* syllable
symbole, *m.* symbol
symboliser to symbolize
sympa (short for sympathique) nice, pleasant
sympathie, *f.* sympathy
système, *m.* system

T

table, *f.* table
tableau(—x), *m.* painting, picture; table

tâcher to try
taille, *f.* size, waist(line)
taire se —, to be quiet, hush
talent, *m.* talent
tambour, *m.* drum
tandis que while, whereas
tant so much, so many (as)
tapis, *m.* rug
tapisserie, *f.* tapestry
tapissier, *m.* weaver
tard late / plus —, later
tarder to delay, be late / — à, to be long in
tarif, *m.* rate
tas, *m.* lots of / des — de gens, lots of people / des — de choses, lots of things
taxi, *m.* taxi
tel(—le) such
téléphoner to phone
téléphonique appel —, telephone call / cabine —, phone booth
télévision, *f.* television
tempête, *f.* storm, tempest
temple, *m.* temple
tempora O tempora, o mores! *(latin)* O times, o manners! (quote from Cicero: "What's the World Coming To?")
temps, *m.* time, weather, climate / — chaud, warm days, season (i.e., summer) / de — en —, now and then
tendance, *f.* tendency
tendre to extend, stretch / — la main, give the hand (for handshake)
tendresse, *f.* tenderness
tenir to hold, keep / tiens!, well!
tentation, *f.* temptation
tenter to tempt
tenu(—e) kept (maintenance)
terme, *m.* term
terminaison, *f.* ending
terminer to end, finish
terrasse, *f.* terrace, sidewalk cafe
terre, *f.* earth, land, ground, soil / par —, on the ground, floor
Terre Sainte, *f.* Holy Land
terreur, *f.* terror / La Terreur, The Reign of Terror
terrible terrible
terrifier to terrify
territoire, *m.* territory
territorial(—e) territorial
terroriser to terrorize
tête, *f.* head / mal à la —, headache
texte, *m.* text
théâtre, *m.* theater / une pièce de —, a play
théologie, *f.* theology
théorie, *f.* theory
Tibre, *m.* river of Rome
Tiers Etat, *m.* Third Estate
timbre, *m.* stamp
tint passé littéraire de tenir
tirer to pull / s'en —, to get out of / — sur, to shoot at
tiret, *m.* hyphen
tissage, *m.* weaving
tissu, *m.* fabric, cloth
titre, *m.* title
Toison, *f.* Golden Fleece
tomate, *f.* tomato
tombe, *f.* grave, tombstone, tomb
tombeau, *m.* tomb
tomber to fall
tordre to twist
tort, *m.* wrong / à —, wrongly / avoir —, to be wrong
torture, *f.* torture
tôt early
total, *m.* total, complete

touchant(—e) touching (phys. and sent.) / concerning
toucher to touch / — à, concerning, regarding
toujours always / pour —, forever
tour, f. tower
tour, m. turn / à son —, in his turn / — du monde, around the world
tourmenter to torment
tourner to turn / La tête me tourne, I feel dizzy.
tout(—e) all, every
tout cela à —, to all (of) this
tout à fait quite
trace, f. trace, footstep, track
tradition, f. tradition
traditionnel(—le) traditional
tragédie, f. tragedy
trahir to betray
trahison, f. treason
train, m. train / en — de, in the course (way) of / en — de manger, (while) eating
traîner to drag, pull
traité, m. treaty, treatise
traiter to treat, deal (with)
trajet, m. trip, distance
tranchée, f. trench
tranquille at ease, calm
tranquillement slowly, quietly
transatlantique transatlantic (ship)
transformation, f. transformation
transformer to transform, change, turn
transmettre to transmit
transport, m. transportation
transporter to transport, carry
travail, m. work
travailler to work
travailleur(—se) worker
travers à —, through, across
traverser to cross
tremblement, m. trembling
trembler to tremble, shake
trente thirty
très very, quite
trésor, m. treasure
tresse, f. braid
tribu, f. tribe
tribunal(—aux), m. tribunal, court
trimestre, m. trimester, quarter
triomphal(—e) triumphant
triomphe, m. triumph
triple, m. triple / —ment, three times (more)
tristement sadly
tristesse, f. sadness, sorrow
trompette, f. trumpet
tronc, m. trunk
trône, m. throne
trop too . . . , too much, too many
trotter to trot
troubler to trouble
troupeau, m. herd
trouver to find, feel / se —, to find oneself, to be, to find each other; to be located / aller —, to look for
truc, m. trick, way, system, shortcut
tu you (familiar, informal)
tuer to kill
Turc, m. Turk
tuteur(—rice) guardian
type, m. type, sort / un —, guy
tyran, m. tyrant

U

un / une a, one
unanimité, f. unanimity
unifier to unify
union, f. union

unique unique, only, single
unité, f. unity, unit
universel(—le) universal
université, f. university
usage, m. use, usage; custom, habit; experience
user (s') to wear away
usine, f. factory
utile useful / être —, to be useful

V

va is going (to)
vacances, f./pl. vacation(s)
vache, f. cow / pleurer comme une —, to cry his heart out
vain(—e) vain
vaincre to defeat, conquer, beat
vaincu(—e) defeated
vainqueur, m. conqueror, victor
vaisseau, m. vessel
val, m. valley
valet, m. valet
valeur, f. worth, value
valise, f. suitcase
vallée, f. valley
valoir to be worth, to value
valse, f. waltz
vanter (se) to brag
vapeur, f. vapor, steam / machine à —, steam engine
varier to vary
vase, m. container, vase
veille, f. eve / — de Noël, Christmas Eve / C'est pas demain la —, Tomorrow's not the day.
veine, f. vein
venant à tout —, to all comers
vendeur(—se) seller
vendre to sell
vendredi, m. Thursday
venger to avenge
venir to come, arrive / — de, to have just (done something)
vent, m. wind
vente, f. sale
verbe, m. verb
verdure, f. greenery / une "verdure," a landscape
verglas, m. frost
vérifier to verify
véritable genuine / un — cirque, quite a circus
vérité, f. truth
vermisseau, m. small worm
verre, m. glass
vers toward, to; about
vers, m. verse; poetry
versant, m. slope, side
version, f. version
vert(—e) green
vertu, f. virtue
vêtement, m. garment / pl., clothes
vêtir to dress
viande, f. meat
victime, f. victim
victoire, f. victory
victorieux(—se) victorious
vide empty, void
vider to empty
vie, f. life
vieillir to grow old; to age
vienne subj. of venir
vieux / vieil(—le) old, old man, woman
vif / vive quick / brûlée vive, burned at the stake
vigoureux(—se) vigorous
vigne, f. vine; vineyard
village, m. village
ville, f. city, town / aller en —, to go downtown

vin, m. wine
vinaigrette, f. French dressing
violent(—e) violent
visage, m. face
viser to aim at
visite, f. visit, inspection / en —, visiting / also with faire, rendre — à
visiter to visit, inspect
visiteur(—se) visitor
vite fast, soon, rapidly
vitesse, f. speed
vitrail, (—aux) m. stained glass window
vivant(—e) alive
vive . . . ! long live . . . !
vivre to live
vocabulaire, m. vocabulary
voguer to float
voici here is (are)
voile, f. sail
voir to see, look
voisin(—e) neighbor
voiture, f. carriage, car
voix, f. voice
vol, m. flight
voler to steal, rob; to fly
voleur(—se) thief
volontaire voluntary / m./f., volunteer
volonté, f. will, wish
volontiers gladly, willingly
voter to vote
vouloir to want, will / ils voudraient, they would like / Je veux bien, It is o.k. with me.
vous, m./f. you (polite, formal)
voûte, f. vault
voyage, m. trip, journey, voyage
voyant seeing
voyelle, f. vowel
vrai(—e) true, real
vraiment really, truly
vue, f. view
vulgaire vulgar, coarse, common / latin —, vernacular Latin

W

week-end, m. weekend / also: fin de semaine

X

XXX et XL (30 et 40) a dice game

Y

yeux, m./pl. eyes (plural of œil)

Z

zoo, m. zoo / parc zoologique, zoological park

Index